State of the Art of Winemaking

Der letzte Stand der Entwicklung bei der Vinifizierung großer Weine

RUDOLF LANTSCHBAUER · SEPP L. BARWIRSCH

Mit Beiträgen von
Georges Spengler, Stephan Neipperg, Paul Pontallier, Gerhard Redl, Pascal Chatonnet

Fotos von Rudolf Lantschbauer, Yulan Müller-Cai

VINOTHEK VERLAG

Inhaltsverzeichnis

State of the Art of Winemaking

Der letzte Stand der Entwicklung bei der Vinifizierung großer Weine

Stephan Graf von Neipperg
Château Canon-la-Gaffelière, La Mondotte
St. Emilion, Bordeaux

Paul Pontallier
Direktor
Château Margaux
Margaux, Bordeaux

Christian Moueix
Petrus
Pomerol, Bordeaux

Sandrine Garbay
Önologin
Château d'Yquem
Sauternes, Bordeaux

Pierre Lurton
Direktor
Château Cheval Blanc
St. Émilion, Bordeaux
und Château d'Yquem

THE STATE OF THE ART OF WINEMAKING

Der letzte Stand der Entwicklung bei der Vinifizierung großer Weine

Paul Pontallier, Château Margaux: "The State of the Art of Winemaking involves a set of techniques and methods, the choice and the practice of which proceed from the global vision the winegrower and winemaker has of his trade, in other words, his `philosophy'. This book presents some ideas on the `philosophy' that we endeavour to put into practice, its foundation and some of the tracks and trails it implies. Winemaker philosophy in action, i.e. that which is done at every step of harvesting and winemaking, has value only through its results: the successful creation of a great wine."

„The State of the Art of Winemaking", der letzte Stand der Entwicklung bei der Vinifizierung großer Weine, bedeutet nach den Worten von Paul Pontallier, dem Direktor von Château Margaux, eine ganze Reihe von Techniken und Methoden, die von den besten Weinproduzenten und Kellermeistern der Welt im Laufe vieler Jahre erprobt und umgesetzt werden, um ihre Visionen und Philosophien im Zusammenhang mit großen Weinen aus besten Lagen zu verwirklichen. Im vorliegenden Buch werden einige dieser Philosophien, und die Art und Weise wie diese in der Praxis umgesetzt werden, vorgestellt. Man begleitet die Trauben von der Ernte bis in den Weinkeller und kann die Entstehung eines großen Weines anhand von hunderten Fotos sozusagen hautnah miterleben.

Der Leser dieses Buches wird zu den besten und berühmtesten Weingütern geführt und erfährt praktisch bis ins letzte Detail, worauf es ankommt, um aus den besten Trauben unterschiedlichster Rebsorten einen Wein zu bereiten, für den Liebhaber bereit sind, auch kleine Vermögen auszugeben.

Im einzelnen handelt es sich um folgende Weingüter, die sich wie ein Auszug aus dem „who is who" lesen:

„Canon la Gaffelière", Merlot, Cabernet Franc, Cabernet Sauvignon, und „La Mondotte", Merlot, Cabernet Franc, St. Émilion,

Daniel Gantenbein, Pinot Noir und Chardonnay, Fläsch (Schweiz),

Domaine Jean Chartron, „Chevalier Montrachet", Chardonnay aus Puligny Montrachet (Burgund),

Didier Dagueneau, „Silex"-Sauvignon Blanc, Saint Andelain,

Manfred Tement, „Sauvignon Blanc-Zieregg", Berghausen, Südsteiermark,

Domaine Romanée Conti, Pinot Noir in Vosne Romanée,

„Hermitage La Chapelle", Syrah, Paul Jaboulet Ainé,

Château Angelus, Merlot, Cabernet Franc, Cabernet Sauvignon, St. Émilion,

Daniel Gantenbein

*Martha und Daniel Gantenbein
Fläsch, Schweiz*

Manfred Tement

*Weingut Tement
Südsteiermark
Österreich*

Jacques Thienpont

*Le Pin
Pomerol, Bordeaux*

Julien Pascal de Rothschild

Château Mouton Rothschild, Pauillac, Bordeaux

*Bernard Noblet
Chef des Caves*

Domaine Romanée Conti, Burgund

„Château Cheval Blanc", Cabernet Franc, Merlot, St. Émilion,
„Le Pin", Merlot, Cabernet Franc, Pomerol,
„Petrus", Merlot, Cabernet Franc, Pomerol,
„Château Margaux", Cabernet Sauvignon, Merlot, Cabernet Franc und Petit Verdot, Margaux,
„Château Mouton Rothschild", Cabernet Sauvignon, Cabernet Franc und Petit Verdot, Pauillac,
„Château Lafite Rothschild", Cabernet Sauvignon, Cabernet Franc und Petit Verdot, Pauillac
„Château d'Yquem", Semillon, Sauvignon Blanc, Sauternes,
Weinlaubenhof Kracher, Edelsüße Weine, Illmitz,
FX Pichler, „Unendlich", Grüner Veltliner, Riesling, Oberloiben, Wachau,
Bodega Langes, „Bodega Langes Reserve" (Cabernet Sauvignon, Merlot), „10 Years Collectors" (Cabernet Sauvignon, Merlot), Changli, China.

Die Autoren haben im Laufe von zwei Jahren all diese Weingüter mehrfach besucht. In vielen Gesprächen mit den Gutsbesitzern, Weingartenmanagern und Kellermeistern, die weit über das Fachliche hinausgingen, wurde ihnen ihre Weinbau-Philosophie erklärt und dann im Weinkeller deutlich vor Augen geführt.

So durften sie noch mit Didier Dagueneau nicht nur über seine Weine, sondern auch über seine fliegerischen Ambitionen reden, die ihm letztlich zum Verhängnis wurden, so wurden sie von Christian Moueix persönlich durch das Château Petrus geleitet und darauf hingewiesen, dass er nur dann glücklich ist, wenn die Beeren seiner Merlot-Trauben auf dem Leseband wie Beluga-Kaviar aussehen. Seine Aussage „nur glückliche Trauben ergeben einen besseren Wein" bezog sich auf ein neues Gerät, das die Traubenbeeren nur ganz zart quetscht, ehe sie ebenso schonend in die Gärbehälter gepumpt werden.

Höchst beeindruckend war auch die Begegnung mit Joseph Hubert Graf von Neipperg, der im Jahre 1971 vier Weingüter in St. Émilion, darunter Canon la Gaffeliere, kaufte. Er führte die Autoren im Schein einer Taschenlampe in die Unterwelt des Weingutes La Mondotte, wo früher Kalksteinblöcke als Baumaterial für Häuser bis Bordeaux abgebaut wurden. Als ungemein hilfreich bei der Entstehung dieses Buches erwies sich auch dessen Sohn Stephan Graf von Neipperg, zur Zeit einer der innovativsten Önologen weltweit. Sehr zuvorkommend waren auch Sandrine Garbay, Kellermeisterin des Château d'Yquem, die die Türen zum „Allerheiligsten", den Weinkeller des Châteaus, öffnete, und Bernard Noblet, der Kellermeister des Weingutes Romanée Conti, der es ermöglichte, die gelesenen Trauben bis in die Gärbehälter zu begleiten. Faszinierend war auch die Begegnung mit Pierre Luton vom Château Cheval Blanc oder jene mit Jacques Thienport, der sein „Garagenweingut" Le Pin zwar nur als Hobby betreibt, für seine Weine allerdings Höchstpreise erzielt. Ein „Heimspiel" hatten die Autoren im Weingut von Manfred Tement in der Südsteiermark, schließlich verkehren sie das ganze Jahr über immer wieder dort, um den Wein, die Aussicht und intensive Gespräche zu genießen.

All diese Begegnungen, die letztendlich zu freundschaftlichen Beziehungen führten, finden ihren Niederschlag in diesem Buch.

Gleich nach dem Fällen des Baumes wird er mit einer Nummer und Farbmarken versehen. Dadurch ist die Herkunft des Stammes immer nachvollziehbar.
Die Baumstämme werden in ein Meter lange Bloche („Billon") zersägt.
Die Bloche werden dann in 16 gleich große Stücke aufgespalten. Das Spalten erfolgt immer exakt nach der Maserung des Holzes. Die dreieckigen Holzstücke werden „Quartier" genannt.

VOM BAUM ZUM HOLZFASS DIE FERTIGUNG DER BARRIQUES

Die Herstellung eines Holzfasses ist wie schon vor hunderten Jahren ein Handwerk geblieben. Bis jedoch der Stamm einer Eiche dick genug ist, um daraus Fässer machen zu können, vergehen einige Jahrhunderte. Fünf Generationen müssen einen Wald pflegen, bevor ein Baum die nötige Stärke erreicht hat, um als Grundprodukt für die Weinfässer gebraucht zu werden. Für ein 225-l-Barrique braucht man einen halben Kubikmeter ausgesuchte Bretter – eine ausgewachsene Eiche mit ungefähr 200 Lebensjahren ergibt etwa 10 Kubikmeter Holz, wovon die Hälfte aus Ästen besteht. Nur der untere Teil des Baumes mit etwa einem Kubikmeter Holz kann für die Holzfassherstellung verwendet werden. Für einen Kubikmeter „Douelles" – den Holzrohlingen –, die aus dem aufgespaltenen Holz herausgeschnitten werden, braucht man etwa 5 m^3 Eichenholz. Wenn der Stamm sorgfältig verarbeitet wird, kann man gerade zwei Kleinfässer daraus bauen.

Die Aufbereitung der Baumstämme

Als erstes werden die Baumstämme, die für Fässer in Barriquegröße verwendet werden, in Einmeterstücke (Billon) geschnitten. Diese Holzbloche werden anschließend hydraulisch aufgespalten und in die benötigten Stückgrößen zerkleinert. Die Spaltbarkeit entlang der Markstrahlen ist eine der wichtigsten Eigenschaften des Holzes. Die Bruchfläche erfolgt entlang der Wachstumsfaser. Dabei werden nur wenige Gefäße angeschnitten, und die Holzoberfläche ist dadurch in sich für Flüssigkeit und Gas dichter. Die Abteilung, in der die Stämme zerkleinert werden, bietet eine imposante Geräuschkulisse. Von einem Arbeiter gelenkt, treibt ein starker Elektromotor den schweren Spaltkeil in das Holz. Dem wilden Knirschen des Holzes, wenn es entlang der Längsfasern aufsplittert, folgt ein kurzer Moment der Ruhe, bevor das neuerliche Niederdrücken des Stahlkeiles wieder einsetzt. Dabei versucht er mit jedem weiteren Spaltstoß die größtmögliche Nutzung aus den rund 50 Zentimeter Durchmessern eines Stammes zu erreichen.
Das Rohmaterial für die Fassdauben, die Eichenstämme aus Wäldern unterschiedlicher europäischer Regionen, werden immer der gewachsenen Maserung folgend gespalten, nicht gesägt. Wenn die Spaltfläche glatt verläuft, ist die weitere Verarbeitung, das Zuschneiden des Holzkeiles zum Brett, leicht, und man hat nur einen geringen Abfall.
Der Stamm der amerikanischen Weißeiche (Quercus alba) kann für die Fassherstellung aufgesägt werden. Bei gesägtem Holz hängt die Qualität des zukünftigen Fasses vom geraden Wuchs des Baumes und der Technik beim Aufsägen des Stammes ab.
Beim „Spiegelschnitt" soll der Schnitt annähernd durch die Markstrahlebenen verlaufen, sodass die Jahresringe an den Daubenköpfen aufrecht stehen und die Xylemstrahlen an der Stirnseite sehr flach verlaufen. „Spiegel" werden die angeschnittenen Markstrahlen, die als glatte und helle Holzzonen auf den Längsflächen der Dauben sichtbar sind, genannt.

Das Zuschneiden der Rohbretter

Die dreieckigen Holzkeile (Quartier) werden im nächsten Arbeitsgang mit einer Bandsäge aufgeschnitten und anschließend zu etwa drei Zentimeter dicken Brettern (Douelles) gehobelt.

Die einzelnen Fassdauben werden zur Grundform des künftigen Fasses zusammengebaut. Durch zwei Metallreifen beringt, wird die Form mit den Fassdauben zusammengehalten. In dieser Phase gleichen die Holzstücke einer geöffneten Rosenblüte.

Nach abgeschlossener Trocknung werden die Bretter zu Dauben gehobelt. Die Fassdauben sind verschieden breit, auf der Assemblagebank legt der Fassbindermeister die passenden Stücke für ein Barrique auf.

Rund dreißig Stück der schmalen Eichenbretter werden für ein Kleinfass benötigt. Dabei berücksichtigt der Küfer gleich die passende Daube, in die als Abschluss der Bindearbeit das Spundloch gebohrt wird.

Diese rohen Bretter werden das erste Mal selektioniert. Jedes Brett, das auch nur einen noch so kleinen Ast hat, wird ausgeschieden. Und falls ein Holzwurm seine Spuren in einer der zukünftigen Dauben hinterlassen hat, kommt dieses Brett ebenfalls zum Brennholz.

Bevor die Kurzbretter weiterverarbeitet werden, trocknen die Rohlinge zwei bis drei Jahre im Freien. Feinsäuberlich in Stößen aufgeschichtet, den Jahreszeiten und jeder Witterung, ob Sonne, Wind oder Regen, ausgesetzt, werden im Laufe der Jahre bei dieser Lufttrocknung die bittersten Gerbstoffe und Tannine aus dem Holz gewaschen. Unter der Einwirkung von Holz- und Mikroorganismen und Enzymen kommt es auch zu einer chemischen Veränderung der Inhaltsstoffe, der Gerbstoffe und der Zellulose.

Jeder Stapel muss so gesetzt sein, dass von allen Seiten die Luft gleichmäßig zum Holz kommt. Die Trocknung geht sehr langsam vor sich, ein bis zwei Jahre pro Zentimeter Dicke beim Hartholz besagt eine Regel. Die Bretter trocknen immer von der Außenseite her ab. Der Unterschied zwischen außen und innen baut sich im Laufe des Trocknungsprozesses ab, und bei vollständiger Durchtrocknung herrschen im ganzen Eichenbrett fast die gleichen Feuchtigkeitswerte.

Einige französische Tonnellerien wenden verschiedene Methoden an, um die groben Gerbstoffe schon während der Trockenphase aus dem Holz auszuwaschen. Bei Seguin Moreau werden die Holzstapel regelmäßig beregnet. Jede der einzelnen Tonnellerien hat eine etwas andere Technik zur Reduzierung der Gerbstoffe entwickelt. Eine verwendet ein Verfahren, bei dem die aufgeschichteten Eichenholzbretter mit starken Wassersprühdüsen bespritzt werden, die Stapel werden so geduscht und die Gerbstoffe dabei ausgewaschen. Bei den ersten Duschdurchgängen ist das abfließende Wasser dunkelbraun, so stark wird das Holz ausgeschwemmt.

Durch diese Behandlung wird die Eiche weicher, gleichmäßiger ausgewaschen und milder. Es sind dadurch von Beginn des Trocknungsprozesses an weniger harte und bittere Gerbstoffe im Holz.

Nach dem Spalten hat das Eichenholz 35–40% Feuchtigkeit und ist somit recht nass. Nach zwei Jahren der Trocknung beträgt die natürliche Feuchtigkeit nur mehr 12–18%.

Der Wassergehalt des Holzes und der Luft liegen dann so nahe beieinander, dass Feuchtigkeit weder aufgenommen noch abgegeben wird, durch die Lufttrocknung ist das „hygroskopische Gleichgewicht" zwischen Holz und Umgebungsluft erreicht. Die Elastizität und der Biegepunkt des Holzes sind bei dieser Feuchtigkeit ideal für die weitere Verarbeitung.

Eichenbretter, die in Trockenkammern bei 40 bis 60°C während eines Monats getrocknet wurden, verfügen nicht über dieselben Voraussetzungen wie luftgetrocknetes Holz. Sie haben ein schwächeres Holzaroma, sind im Wein aber adstringierender und bitterer.

Zur Holztrocknung werden auch Verfahren mittels Infrarotstrahlen und Hochfrequenzwärme angewandt, doch sind diese Verfahren für Weinfässer ebenfalls ungeeignet.

Die Herstellung der Fassdauben, der Fassbau beginnt

Der Zuschnitt der Eichenbretter auf die gewünschte Länge des zukünftigen Fasses ist nach dem jahrelangen Trocknen die erste Tätigkeit. Trockenrisse am Ende der Bretter werden weggeschnitten und alle Fassdauben auf ihre Qualität überprüft.

Die rohen Bretter werden mit einer speziellen Maschine in ihre zukünftige Form gebracht, was zwei Arbeitsgänge bedeutet, einerseits soll die Daube in der Mitte dicker sein als an den beiden Enden, andererseits sind die Außenseiten konvex. Diese 2-seitige Hobelmaschine führt beide Arbeitsgänge auf einmal aus.

Die gehobelten Fassdauben werden nebeneinander trocken aufgelegt. Die etwas breiteren Mittelteile müssen dabei eng zusammenliegen, die Breite des Stapels ist gleich dem künftigen Fassumfang. Bei dem 225-l-Fasstyp „Bordelaise" beträgt der Umfang an der dicksten Stelle 2,18 Meter. 28 bis 32 Dauben werden für ein Fass benötigt. Der Umfang des

Die Fassrose wird über eine Feuerstelle gestellt, die mit den Eichenholzresten befeuert wird. Damit sich die Dauben leichter biegen lassen, muss das Feuer während dieser Erwärmung gleichmäßig sein.

Zum Formen der Fässer werden provisorische Fassbänder aufgezogen. Sie halten das Fass zusammen und verhindern, dass sich die Form verändert und es dadurch später sogar undicht werden kann. Mit Maschinenkraft werden die Eisenreifen auf das geformte Fass gedrückt.

Barriquetyps „Bourguignonne" beträgt 2,28 Meter bei einem Fassungsvermögen von 228 Liter.
Diese Arbeit muss sorgfältig ausgeführt werden, die Enddichte des Fasses hängt von der genauen Selektion der einzelnen Dauben ab. Der Inhalt sorgt dafür, dass das Fass später auch dicht ist. Durch den Wein quillt das Holz auf und verhindert so das Ausrinnen der Flüssigkeit.

Das Zusammensetzen der Fassdauben zu einem Fass – die „Rose" blüht auf ...

Jetzt beginnt die „Handarbeit". Die einzelnen Fassdauben werden in einen metallenen Setzreifen geschlichtet, der an einem Ende dem zukünftigen Fass die Form gibt und es vorerst zusammenhält. Daube um Daube wird nebeneinander gestellt, bis der Kreis sich geschlossen hat. Durch die vorberechneten Breiten ergibt sich ein exakter Kreis, am anderen Ende stehen die Holzstreifen weit auseinander. Die konische Form der Dauben ist genau auf die gewünschte Fassgröße abgestimmt. Mit zwei Eisenreifen werden die Dauben in der gewählten Form gehalten. Die Fassrose ist nun bereit für die Feuerbiegung.

Das Biegen des Holzes

Die Holzdauben der Rose werden noch innen und außen befeuchtet, bevor mit ihnen weitergearbeitet wird. Mit Feuchtigkeit und Hitze wird das Holz für das weitere Biegen geschmeidig gemacht.
Mehrere Befeuerungsplätze stehen in dieser Abteilung nebeneinander. Der Mittelpunkt jedes dieser Plätze ist immer ein kleiner Ofen, über den die Fassrose gestellt wird. Diese Öfen werden mit den kleinen Eichenholzresten von der Daubenproduktion beheizt.
Das Fass, das nur einseitig beringt ist, soll in seine bauchige Form gebracht werden. 12 bis 20 Minuten dauert die Aufwärmphase, ganz langsam wird das Eichenholz erwärmt. Der Küfer befeuchtet dabei immer wieder die Außen- und die Innenwand des Fasses, um das Holz geschmeidiger zu machen. Hitze und Feuchtigkeit sind notwendig, um Holz zu formen. Nach dieser Erwärmphase, die ungefähr 20 Minuten dauert, ist das Holz bereit zum Biegen. Mittels einer Seilwinde werden die Fassdauben am offenen Bodenteil langsam zusammengezogen und damit das Fass in seine vorgegebene Form gebracht. Immer wieder befeuchtet der Fassbinder das Fass, beobachtet dabei die Spannung des Holzes, und ganz langsam kommen sich die Fassdauben näher, bis sie aneinanderstoßen. Damit die Form erhalten bleibt, wird ein massiver Eisenreifen über das noch offene Ende gesteckt.
Zu diesem Zeitpunkt ist das Holz in einem sehr gespannten Zustand, und es kann durch die Spannung leicht splittern. Die einzelnen Dauben müssen eng aneinandergepresst sein, damit das Fass in Zukunft auch dichtet.

Das „Toasten" der Fässer

Um die Spannung langsam zu nehmen, wird das Fass nach dem Aufsetzen der Bodenringe noch einmal gewärmt. Dieses erneute Erwärmen der Fässer bei ungefähr 200°C nennt man Ausbrennen oder „Toasting". Dabei wird die Temperatur des Holzes mit einem Laserthermometer ständig kontrolliert. Zwischen 70° und 90°C beträgt die Temperatur an der Außenfläche des Holzes, im Inneren des Fasses das Doppelte.
Beim „Toasten" wird dem Fass ein wesentlicher Charakterzug eingebrannt. Der Grad des Ausbrennens wird in der Zeitdauer der zusätzlichen Befeuerung und Erwärmung unterschieden: ein leichtes Toasting (light, chauffé légère) dauert zirka 5 Minuten, mittleres (medium, chauffé moyenne) bei 200°C Holzaußentemperatur um die 5-10 Minuten, und ein starkes Toasting (heavy, chauffé forte) bei 220°C über 15 Minuten.
Beim geringen Toasting wird die innere Holzoberfläche des Fasses nur wenig angesengt, die chemische Zusammensetzung der Holzstruktur wird dadurch nur geringfügig verändert. Das mittlere Toasting ist deutlicher sichtbar, die Fassinnenfläche ist mittelbraun, bis in eine Tiefe von 1 mm wird dabei die Holzstruktur beeinflusst. Bei starkem Aus-

Das Anlegen der Metallreifen. Diese werden auf das fertige Fass aufgeschlagen.
Die Fässer warten auf das Einsetzen der Fassböden.
Mit einem Hobel und der Bandschleife wird die Oberfläche der Fässer gereinigt.

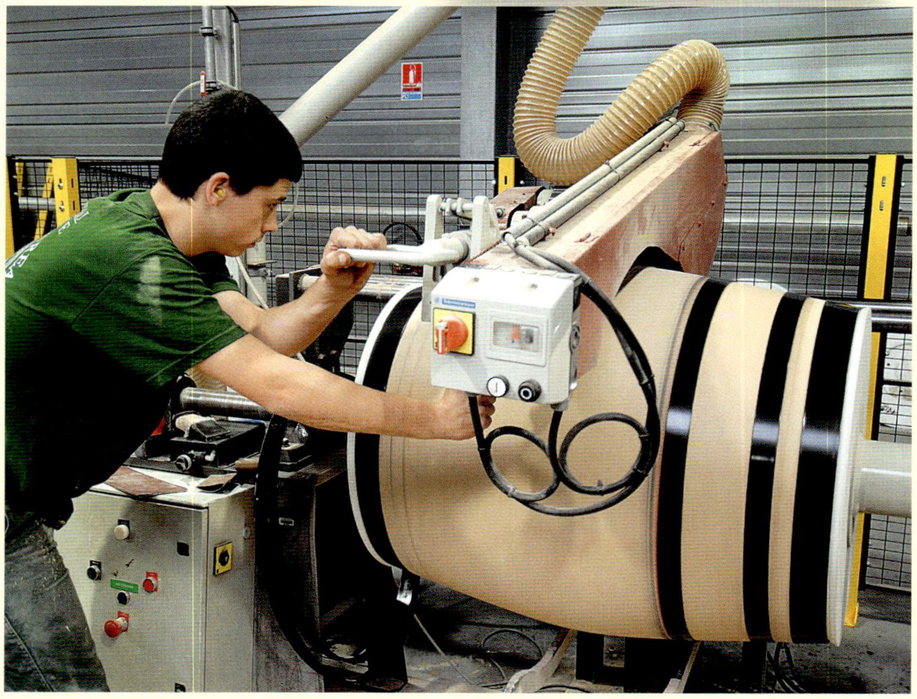

Die Endfertigung der Barriques:
Bei dieser letzten Station der Fertigung werden die Fässer gesäubert, die Metallreifen aufgesetzt, die Dichtheit überprüft und die Endkontrolle durchgeführt.

brennen des Fasses dagegen wird die Holzoberfläche in einer Tiefe von 1 bis 2 mm beeinflusst. Bei der Tonnellerie Boutes beträgt die Ausbrenndauer eines Fasses mit der Anwärmzeit für leichtes (light, chauffé légère) Toasting 15 Minuten. Beim starken Toasting (heavy, chauffé forte) bleibt das Fass für ungefähr 45 Minuten auf dem Feuer. Ein oftmals verlangter Toastinggrad ist „medium+", dafür wird das Fass für 40 Minuten befeuert und hat einen Deckel auf der oberen Öffnung. Wogegen ein „medium" getoastetes Barrique nur 20 Minuten ohne Deckel über dem Feuer steht.

Je nach Intensität und Dauer der Hitzeeinwirkung entstehen aromatisch wirksame Substanzen. Dabei gibt es eine wesentliche Veränderung der auslaugbaren Substanzen, die dem Wein ein spezielles Aroma, mehr Fülle und Komplexität bringen können. Vor allem Phenole, aromatische Aldehyde und Furanderivate werden dabei verändert. Die Veränderung dieser Substanzen entsteht durch den thermischen Abbau des Holzes und dessen wichtigsten chemischen Bestandteile Zellulose, Hemizellulose und Lignin. Diese Umwandlungen führen zur Modifizierung der organoleptischen Eigenschaften der Weine, die in solchen „getoasteten" Barriques vergoren und gelagert werden.

Bei leicht getoasteten Fässern findet man sehr viele phenolische Stoffe, die zusätzlich zu den Holzaromen auf den eingelagerten Wein übergehen. Bei einem 225-l-Fass kann es zu einem Transfer von etwa 100 bis 200 mg/l Phenolen vom Fassholz in den Wein kommen. Diese Aufnahme von Extraktstoffen aus dem Holz kann durch das Ausbrennnen des Fasses auf der weinberührenden Seite noch erheblich gesteigert und auch qualitativ beeinflusst werden.

Jede Fassbinderei hat ihre eigene Arbeitsmethode und ihre eigene innerbetriebliche Logistik im gesamten Ablauf der einzelnen Arbeitsschritte. Gerade beim Ausbrennen der Fässer, dem Toasten, hat jeder Betrieb seinen eigenen Stil, seine eigene Handschrift, drückt jeder Betrieb dem Fass seinen eigenen Geschmacksstempel auf. Wenn bei einem Betrieb die Stärke des Ausbrennens „medium+" ist, kann diese Toastintensität bei einer anderen Tonnellerie bereits „heavy" sein. Diese Unterschiede sind gegeben, burgundische Fassbauer haben zudem eine andere Arbeitsweise als ihre Kollegen in Bordeaux.

DIE CHEMISCHE ZUSAMMENSETZUNG UND REAKTIONEN DES HOLZES BEIM FASSBAU

Gerhard Redl, Pascal Chatonnet

Chemisch und morphologisch ist Holz ein uneinheitlicher Stoff. Die chemische Grundzusammensetzung ist für alle Holzarten ungefähr gleich:
49% Kohlenstoff, 44% Sauerstoff, 6,3% Wasserstoff, 0,2% Stickstoff und 0,5% Mineralien (Asche).

Bei der Verbrennung von Holz bleibt Asche zurück, es ist dies der anorganische, nicht brennbare Anteil. Je nach Holzart sind die Hauptbestandteile 25–40% Kalium, 20–50% Kalk und 1–8,5% Phosphorsäure.
Die wichtigsten organischen Verbindungen des Holzes sind Zellulose, Hemizellulosen und Lignine. Andere teilweise herauslösbare Stoffe, die auch oft geruchlich und geschmacklich in Erscheinung treten, sind zum Beispiel Harze, Wachse, Terpene, Phenole, Gerbstoffe, Chinone, Lactone, Farbstoffe, Fette, Zucker, Eiweiß, Mineralstoffe usw. Ihr Mengenanteil weist bei den verschiedenen Holzarten erhebliche Differenzen auf.

Zellulose

Hauptbestandteil der pflanzlichen Zellwand ist Zellulose. Ihre Begleitstoffe im Holz sind Hemizellulose und Lignin (Holzstoff). Die für den Fassbau geeigneten Harthölzer bestehen im Durchschnitt aus 45% Zellulose, 25% Hemizellulose (meist Xylane), 23% Lignin und 7% extrahierbare Stoffe.
Zellulose ist jene organische Substanz, die in der Natur am häufigsten vorkommt. Sie besteht aus langen, unverzweigten, aus D-Glukose aufgebauten Fadenmolekülen. Ihr Molekulargewicht beträgt bis zu einige Millionen bei einem Polymerisationsgrad von 3.500 bis 14.000 Einzelmolekülen.

Hemizellulose

Als Hemizellulose bezeichnet man eine uneinheitliche Gruppe von Polysacchariden, die hauptsächlich zusammen mit Zellulose und Lignin die pflanzliche Zellwand aufbauen. Größere Mengen sind in Pflanzenschleimen und Reservestoffen enthalten. Man kann sie mit wässrigem Alkali aus den Zellwänden extrahieren.

Lignin

Der önologisch wichtigste und interessanteste Holzbestandteil ist das Lignin. Es steht mengenmäßig nur an dritter Stelle der Holzinhaltsstoffe. Sein Gehalt schwankt je nach Herkunft des Holzes. Von allen Holzbestandteilen wird Lignin am langsamsten abgebaut.
Chemisch ist Lignin uneinheitlich. Es ist eine sehr komplexe Verbindung, hochmolekular und aus substituierten Phenylpropaneinheiten aufgebaut. Es ist ein Gemisch hochpolymerer, verzweigter Produkte.
Lignin bildet eine hellgelbe bis braune, krümelige Masse, die nur wenig in Wasser quillt. Es ist amorph, isotrop und hydrophob (wasserabweisend). Bei vorsichtiger Oxidation entwickelt das Lignin ein Vanillearoma; einige Hölzer zeigen bereits von Natur aus leichten Vanillegeruch.
Wenn ein Teil des Pflanzengewebes „verholzt", bedeutet das den Einbau (Inkrustierung) von Lignin (Holzstoff) um die Zellulosefasern der Zellwände. Es entsteht dadurch ein starres Gerüst hoher statischer Festigkeit.

Die eingelagerten Gerbstoffe lassen das Plasma (Eiweiß) der fäulniserregenden Pilze und Bakterien koagulieren und machen dadurch Rinde und Holz widerstandsfähig. Da Eichenholz sehr gerbstoffreich ist, hat es eine hohe Beständigkeit.
Gleichzeitig scheint Lignin auch als eine Art „Hemmstoff" zu wirken, welcher verhindert, dass das Zellulose-Makromolekül durch Hydrolyse in größerem Umfang geschädigt und dadurch das Holz zerstört werden kann. Schließlich wird aber auch dieser widerstandsfähige Stoff angegriffen.

Man unterscheidet zwei Arten des Ligninabbaus, die für die Fässer von Bedeutung sind:

- der holzzerstörende Abbau durch Pilze (Angriffe von außen),
- durch den Alkohol des Füllgutes (teilweise Alkoholyse des Lignins) werden Ligninbestandteile gelöst.

Die Verknüpfung der Ligninfraktionen mit ellagischen (adstringierenden, gerbigen) Säuren

Das neu gebildete Holz ist zunächst frei von Einlagerungen. Rein optisch ist dies an seiner hellen Farbe feststellbar, wie es vom Splintholz her bekannt ist. Beim Aufbau des Kernholzes sind dann jedoch Verknüpfungen zwischen ellagischen Komponenten und Ligninfraktionen möglich. Dadurch kommt es zu „Inkrustationen" ellagischer Tannine in den polyosidischen (polysaccharidischen) Komponenten des Holzes und damit zu einer „sekundären Lignifikation" im Sinne von Hergert (1977). Diese findet in der Dunkelfärbung des Kernholzes ihren sichtbaren Ausdruck.
Bei der Holztrocknung (Lufttrocknung) werden diese inkrustierten Tannine entweder endgültig in den Poren eingeschlossen oder durch kovalente Bindungen im Xylem verankert.

Tabelle 1: Wichtige Komponenten, die aus Eichenhölzern verschiedener Herkunft ausgelaugt werden (extrahiert mit 12% wässriger alkoholischer Lösung, Durchschnitt aus 10 Messungen)

Parameter	Limousin	Central	Burgund	Vogesen	Quercus alba
Summe gelöster Stoffe	14%	9%	7,9%	7,5%	5,7%
(mg/g)	140	90	79	75	57
nicht flüchtige Stoffe:					
Gesamtphenole (D 280)	30	22	22	22	17
Ellagtannine (mg/g)	16	8	11	10	6
Catechine (mg/g)	0,59	0,30	0,58	0,30	0,45µg
Farbtiefe (D 420) [1]	0,040	0,024	0,031	0,040	0,023
flüchtige Stoffe:					
Methyl-octalacton					
cis+trans (µg/g)	17	77	11	66	158
Eugenol (µg/g)	2	10	1,8	0,6	4
Vanillin (µg/g)	6	8	-	-	11
Oxo-(α,β)-ionol	n.n.	n.n.	n.n.	n.n.	2 isomere

n.n.: nicht nachweisbar oder Spuren

Eine nicht unwichtige Veränderung in Menge und Art ergibt sich durch die Arbeit von Mikroorganismen während der Lagerung im Freien sowie durch Witterungseinflüsse.

Diese gebundenen Tannine sowie die Ligninfragmente sind jene originären Hauptbestandteile des rohen Fassholzes (vor der Behandlung), die der Wein angreift und teilweise herauslöst.

Es ist in diesem Zusammenhang interessant, dass es eine große Variabilität dieser gerbigen, holzig schmeckenden sowie nach Eiche und etwas nach Vanille duftenden Substanzen gibt, je nachdem, wo die Eichen gewachsen sind (siehe Tabelle 1). Es ist daher üblich, die Eichen nicht nach ihrer botanischen Herkunft, sondern nach ihren geographischen Standorten einzuteilen.

In Tabelle 1 soll ein Vergleich alkohollöslicher Verbindungen verschiedener französischer Standorte untereinander sowie dieser mit der amerikanischen Weißeiche (Quercus alba) beispielhaft aufgezeigt werden. Obwohl diese Analysen Mittelwerte darstellen, ist bei der Diskussion die oft erhebliche Schwankungsbreite auch innerhalb eines Standortes oder einer Art zu berücksichtigen.

Vergleicht man die **Summe aller gelösten Stoffe**, zeigt Limousin eine signifikant höhere Menge, die amerikanische Weißeiche eine geringere. Der Rest liegt etwa dazwischen. Ein ähnliches Bild zeigt sich bei den **Ellagtanninen** (ergeben einen adstringierenden Eichenholzgeschmack).

Die **Braunfärbung** der Extraktionslösung ist bei Limousin und Vogesen relativ hoch, bei Holz aus der Centralregion und der amerikanischen Weißeiche um die Hälfte geringer.

Bei den flüchtigen, sensorisch wirksamen Verbindungen sind die **Methyllactone** (frischer Holzgeruch) die größte und wichtigste Gruppe. Von den europäischen Hölzern liegen vor allem Central und Vogesen signifikant höher als die anderen, jedoch noch immer halb so hoch wie die amerikanische Weißeiche. Ist die Menge an Methyl-Octalactonen zu hoch, wird der Wein jedoch oft abgelehnt (zu starker „Barrique-Geruch", manchmal fast harzig). Diese „Überholzung" tritt gerne bei der amerikanischen Weißeiche auf und erfordert eine sehr dichte Weinsubstanz. Für Weine mit mittlerem Extrakt ist dieses Holz weniger geeignet. Die maximale noch tolerierbare Konzentration dürfte für Weißwein etwa 0,24mg/l, für Rotwein 0,38 mg/l betragen.

Eugenol (nach Gewürznelken) ist beim Standort Central auffällig hoch.

Das Phenol **Vanillin** ist klar bei der Weißeiche am höchsten. Interessant sind die Verbindungen des Oxioionols (leichter Veilchenduft) dadurch, dass sie in europäischer Eiche kaum zu finden sind, sehr wohl aber immer in den amerikanischen. Diese Verbindung kann als Schlüsselsubstanz zur Erkennung von Quercus alba bezeichnet werden.

Ultrastruktur von Hölzern europäischer und amerikanischer Eichen

Die auf Seite 16 gezeigten Beispiele von Elektronenmikroskop-Fotos von Jahresringen französischer und amerikanischer Eichen über die Holzzusammensetzung beziehen sich auf das unbehandelte Originalholz nach üblicher Trocknung im Freien. Sehr ähnliche Zusammensetzungen wie bei den französischen Eichen finden sich auch bei vielen osteuropäischen und russischen Herkünften. Bei entsprechender Verarbeitung (vor allem richtig angepasstes Toasting) sind diese Standorte ebenfalls gut für Barriques geeignet.

Ultrastruktur von Hölzern europäischer und amerikanischer Eichen

(Tangentialschnitte in unterschiedlicher Vergrößerung)
Bild a1: Quercus sessilis, 25-fach, 4 Jahresringe sichtbar
Bild a2: Quercus sessilis, 100-fach,
papierartige, dünne Zellwände
Bild a3: Quercus sessilis, 1.000-fach,
Detail einiger Zellen mit sehr dünnen Wänden (1µ)
Bild b1: Amerikanische Weißeiche (Quercus alba),
25-fach, nur knapp 3 Jahresringe sichtbar
Bild b2: Quercus alba, 100-fach, dickwandige, stabile Zellen
Bild b3: Quercus alba, 1.000-fach,
Detail einer relativ dicken Zellwand (4–5µ)

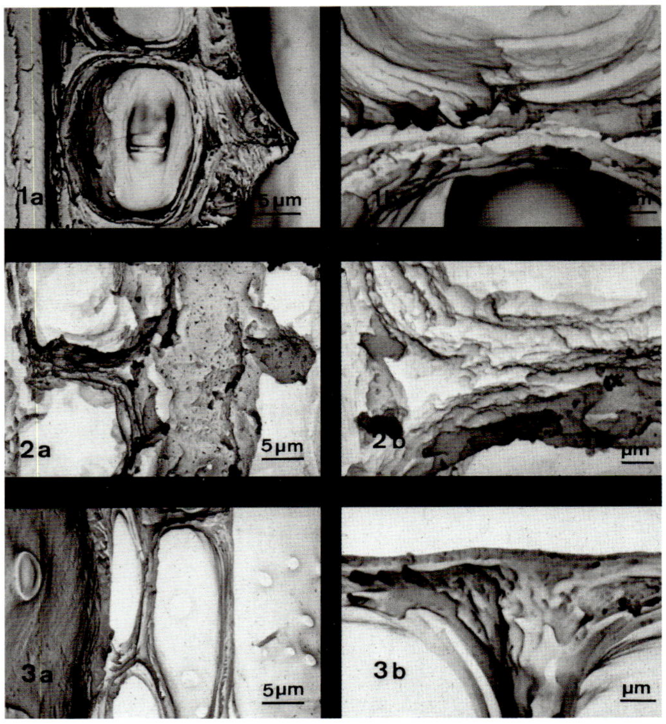

Veränderung von großen Zellen des Frühlingsholzes durch Toasten

Teilansicht einer Gefäßwand
Bild 1a: 2.500-fach, kein Toasting
Bild 1b: 10.000-fach, kein Toasting

Bild 2a: 2.500-fach, leichtes Toasting (5 min.)
Bild 2b: 10.000-fach, leichtes Toasting (5 min.), Teilansicht

Detail einer karamellisierten Teilansicht
Bild 3a: 2.500-fach, mittleres Toasting (10 min.)
Bild 3b: 10.000-fach, mittleres Toasting (10 min.)

Die Holzzusammensetzung allein ist noch keine Garantie für gute Barriques. Zwei entscheidende Punkte spielen neben der Herkunft eine noch größere Rolle:

• Die Art der Trocknung. Es wird keineswegs einheitlich vorgegangen. Fast jede größere Fassbinderei hat ihre eigene Philosophie. Entweder wird alles den natürlichen Wetterbedingungen überlassen (diese sind allerdings oft stark unterschiedlich), oder es werden die grob zugerichteten und in verschiedener Schlichtung gestapelten Rohlinge zusätzlich nach verschiedenen Verfahren beregnet. Wieder andere legen die Pakete der rohen Daubenzuschnitte eine gewisse Zeit unter Wasser usw.

Alles hat den Sinn, Mikroorganismen, vorwiegend Pilzen, günstige Bedingungen zu schaffen, damit möglichst viele lösliche, feinere und aromatische Derivate aus den groben Holzstoffen entstehen. Gleichzeitig sollten die strengen, adstringierenden, wasserlöslichen Tannine, Gerbsäuren und Phenole wenigstens aus den äußeren Holzschichten teilweise ausgewaschen werden.

• Die Art der Wärmeanwendung (das Ausbrennen oder Toasting). Dieser Vorgang ist im Sinne der Weinqualität neben der Holzart der entscheidende Einflussfaktor auf den Abbau, die Umwandlung und die Komplexierung der Holzinhaltsstoffe. Man kann durchaus sagen, dass die sorgfältige und fachgerechte Befeuerung (Toasting) der Fässer den wichtigsten Teil der Qualität eines Barriquefasses ausmacht. Ein gut nachvollziehbarer Vergleich, welcher die Veränderung aromatischer Substanzen im Pflanzengewebe während des Trocknens erkennen lässt, ist der Geruch von grünem, frisch gemähtem Gras im Vergleich zu getrocknetem, duftendem Heu.

So ist es auch bei Eichenholz; nur dauert es nicht Tage wie beim Heu, sondern mehrere Jahre.

Als Beispiel für die Veränderung von Holzinhaltsstoffen während der Lagerung und Reifung der Dauben sei das wichtige Methyl-octalacton (MOL) angeführt:

Es ist gut zu sehen, wie dieser wichtige Stoff, MOL, der das Eichenaroma liefert, in allen Holztiefen an Stärke zunimmt.

DAS AUSBRENNEN DER FÄSSER (TOASTING) UND DIE AUSWIRKUNG AUF DIE INHALTSSTOFFE DES HOLZES

Gerhard Redl, Pascal Chatonnet

Ein Fassholz muss – um gebogen werden zu können – erhitzt werden. Dies wird heute wie früher mit natürlichem Eichenholzfeuer aus Resten des Fassholzes durchgeführt. Andere automatisch-elektrische Verfahren hat man wieder aufgegeben. Es ist schon sehr lange bekannt, dass die Art der Befeuerung auch auf die Qualität der späteren Weine eine große Auswirkung hat. Heute wird das Erhitzen des Holzes ganz gezielt durchgeführt. Es lassen sich beim Toasting im Grunde zwei Größen variieren:

- erstens die Höhe der Temperatur (z.B. durch die Stärke des Feuers) und
- zweitens die Zeitdauer der Einwirkung.

Entscheidend für alle Umwandlungen der Holzinhaltsstoffe, genannt Thermodegadation, ist die Maximaltemperatur an einer bestimmten Stelle im Fassholz. Damit die Wärme genügend tief ins Holz eindringt und die Oberflächentemperatur trotzdem nicht zu hoch wird, ist eine bestimmte Zeit und Feuerstärke notwendig. Auch die Fassböden sollten wenigstens leicht getoastet werden.

Um auf bestimmte Unregelmäßigkeiten des Holzes wie Dicke der Dauben, Herkunft (Porengröße) u. a. Rücksicht zu nehmen und dadurch optimale Ergebnisse zu erzielen, ist auch heute noch die große Erfahrung und das handwerkliche Können von Spezialisten notwendig. Die einzigen Hilfen gegenüber früher sind exaktere Messmethoden für die Toastingtemperatur, bessere Maschinen und umfangreichere und genauere Holzanalysen zur späteren Qualitätskontrolle.

Veränderungen der Holzinhaltsstoffe durch das Toasten

Die heutige Forschung hat eine große Zahl an Substanzen identifiziert. Viele sind sensorisch relevant, also über der Wahrnehmungsschwelle oder darunter, und nur von theoretischer Bedeutung. Alleine bei den flüchtigen Stoffen sind derzeit mehr als 60 bekannt (vgl. Tabelle 3).

Um zu zeigen, wie Stoffe im Holz durch Toasting oft massiv verändert werden, sollen einige Schlüsselsubstanzen, die auch später im Wein eine Rolle spielen, vorgestellt werden. Es sind dies Derivate des Zuckers aus Zellulose wie z.B. Furane. Weiters die wichtigen Aromen der Lactone, entstanden durch Abbau der Lignine und Lipide und deren Derivate. Eine besondere Gruppe sind die Tannine und Polyphenole, meist flüchtige Substanzen in großer Zahl.

Tabelle 2: Mittelwerte der Temperaturen bei verschieden langer Befeuerung (brûlage) während des Fassbaues
Daubendicke 27 mm, in der Mitte des Fasses (50cm) gemessen

Bezeichn. (Stärke)	Dauer in Min.	°C -Infrarot Oberfl. (0 mm)	°C -Sonde in 3 mm Tiefe	sichtbare Bräunung
leicht (L)	5	180°	110°	Oberfläche
mittel (M)	10-15	200°	120°	bis 1 mm
stark (S)	15-20	220°	125°	1-2 mm
sehr stark (SS)	20-25	230°	140°	2-4 mm

Auswirkungen des Toastings auf den Wein
Vorgänge während des Fassausbaues
Vinifizierung von Weißweinen in Barriques

Die Verwendung von Barriques bei der Vinifizierung von Weißwein erfordert viel Können und Fingerspitzengefühl.

Die Besonderheit des Ausbaues liegt in der Rolle der Hefen in ihrem Zusammenwirken mit den Bestandteilen des Weines und Holzes. Die Hefe beeinflusst durch Ihren Enzymreichtum schon während der Gärung, aber auch noch eine gewisse Zeit danach den Wein. Viele Inhaltsstoffe werden relativ rasch verändert, z. B. durch Freisetzen von Aroma aus Vorstufen oder Umwandlung von Furfural (Aldehyd) in Furfurol (Alkohol), Ähnliches geschieht mit Vanillin und anderen Substanzen. Die Toastingtöne gehen zurück.

Neben diesen katalytischen Vorgängen am Beginn gibt es sehr wirksame kolloidchemische Reaktionen von Hefeeiweiß (Mannoproteine aus der Zellwand u.a.) mit Tanninen und Phenolen. Man kann das als eine Art natürlicher Eiweißschönung sehen. Ein Teil dieser Glyco- und Mannoproteine reichern sich im Wein an und geben ihm Körper und Geschmeidigkeit.

All dies braucht Zeit und ein bestimmtes Milieu von Oxireduktion, wie es im Tank (auch mit Hefedepot) nicht zu erzielen ist.

Der reduktive Teil ist die Hefe, der oxidierende sind die Holztannine (Weißwein hat zu wenig eigene Tannine). Beide müssen ständig in Kontakt bleiben, um das aroma-

Tabelle 3: Schwellenwerte für Geruch und Geschmack

Wichtige Aromastoffe des Holzes, die Wein aus dem Eichenholz auslaugen kann, werden als Schwellenkonzentration angegeben. Das ist jene Mindestmenge an Stoff in Wein oder Wasser, die von einer durchschnittlich sensiblen und geübten Person gerade noch identifiziert werden kann. Maßeinheit ist mg/l (1mg = 1/1000g) (1µg = 1/1000 mg)

Substanz	Wasser	Weißwein	Rotwein	Art des Eindruckes
Furane				
Furfural	8	65	20	Mandel, Karamell
Methyl-5-furfural	6	52	45	geröstete Mandel, Brottöne
Lactone				
trans-Methyl-octalacton	0,064	0,46	0,32	Eichenholz [1]
cis-Methyl-octalacton	0,028	0,092	0,074	Eichenholz, wohlriechend Kokosnuss [1] [2]
Aromatische Aldehyde				
Vanillin	0,105	0,4	0,32	vanilleartig
Syringaldehyd	>50	-	15	Waldbeeren
Phenole				
Guajacol	0,0055	0,095	0,075	rauchig
Methyl-4-guajacol	0,01	0,065	0,065	angebrannt, Kamin, Speck [3]
Ethyl-4-guajacol	0,025	0,07	0,15	Feuerstelle, rauchig [3]
Vinyl-4-guajacol	0,032	0,44	0,38	Gewürze, würzig
Eugenol	0,007	0,1	0,5	Gewürznelke u.a. Gewürze
Phenol	5,5	35	25	Tinte
o-Cresol	0,045	0,06	0,8	Asphalt, Bitumen
m-Cresol	0,085	0,38	0,18	pharmazeutisch, Azeton [4]
Ethyl-4-phenol	0,13	1,0	1,2	Stall, Pferdeschweiß [4]
Vinyl-4-phenol	0,085	0,77	1,5	Datura (Stechapfel)
Syringol	0,4	1,5	2	rauchig
Acetovanillon	3	25	25	Holz, Vanille
Ethyl-4-vanillat	1,3	8,5	8	Vanille

[1] gut löslich, daher weniger in gebrauchten Fässern vorhanden
[2] 5-mal intensiver und besser als die trans-Form
[3] ab 70 µg/l negativ
[4] negativ, durch Mikroorganismen bei Unsauberkeit und zu wenig Sulfit

schützende Fließgleichgewicht der Oxyreduktion zu erhalten, bis die gewünschte Entwicklung abgeschlossen ist (mehrere Monate).
Dies erfordert einerseits ausreichend nachdosierende Holzstoffe (daher möglichst keine gebrauchten Fässer verwenden) und ein Vermischen dieser mit der Hefe (ein Aufrühren, am Anfang möglichst oft, ist notwendig).
Um Harmonie und hohe Qualität zu erreichen, ist die volle physiologische Reife mit optimaler Aroma- und Fruchttiefe wichtig (Selektion bei der Lese). Überreife Auslesen mit 22°-25°KMW (110,5°-127,3°Öchsle) Zucker sind wenig geeignet.
Erst wieder hohe Prädikatsweine wie Ausbrüche, Trockenbeerenauslesen und Eisweine, ab 27° KMW (138,6° Öchsle), sind sehr gut dafür geeignet.
Alle Rebsorten – auch aromatische wie Sauvignon Blanc, Traminer u.ä. – sind unter den genannten Bedingungen für den Barriqueausbau geeignet.
Der im Barrique ausgebaute Wein braucht Substanz! Daher muss genügend Zeit zur Extraktion aus der Schale gegeben sein. Der individuelle Charakter liegt in der Schale. Außerdem ist ein gewisser Luftzutritt von Bedeutung (vorsichtiges Maischen, langsames Pressen). Ein weitgehendes, schonendes Entschleimen ist wichtig.

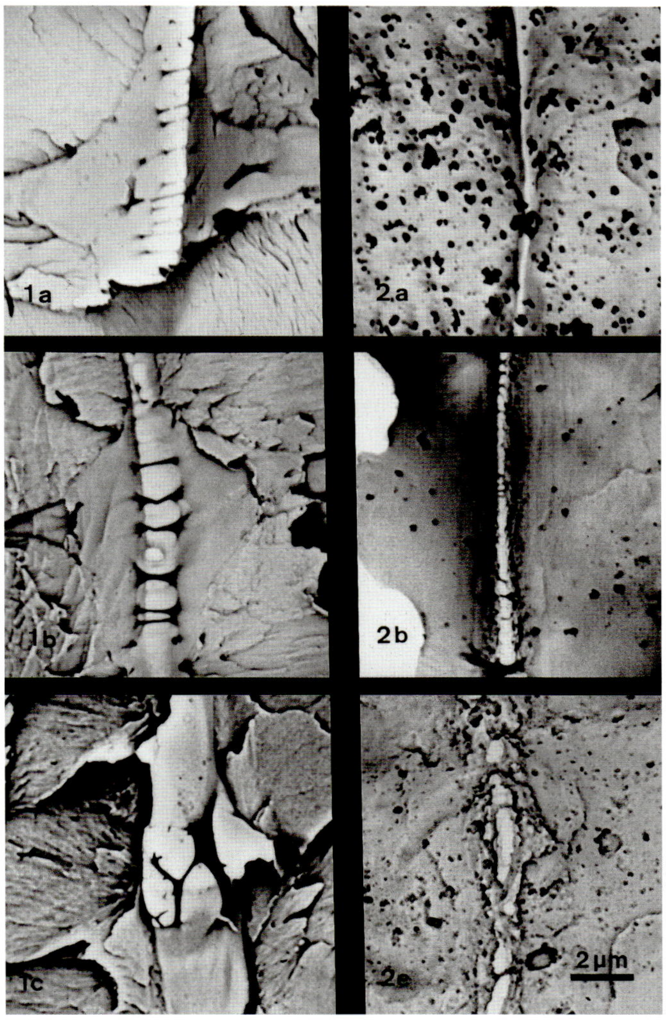

Veränderung von Zellzwischenräumen des Holzes durch Hitze

Bilder 1a, 1b, 1c: 6.500-fach, Holz vor dem Toasting
Bilder 2a, 2b, 2c: 6.500-fach, Holz nach 10 min. Toasting

Die Zwischenräume werden kleiner. Die Oberfläche wird glasig, Feinstrukturen verkrusten.

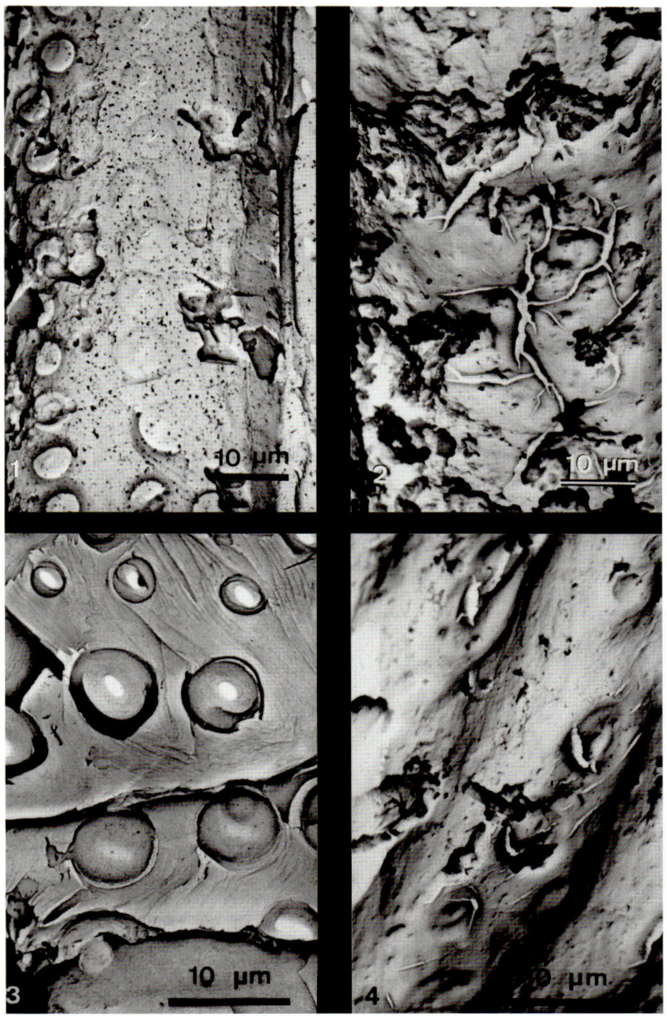

Veränderungen der Oberfläche des Holzes durch Hitze

Bild 1: 1.500-fach, Holz vor dem Toasting
Bild 2: 1.500-fach, starkes Toasting (20 min.) Verglasung, Verkrustung, Auflösen der Feinstruktur, Risse
Bild 3: 2.500-fach, Siebröhre, ohne Toasting
Bild 4: 2.500-fach, starkes Toasting (20 min.) Verkrustung, Verglasung, wellige Oberfläche

Müssen jedoch sehr große Traubenmengen in kürzester Zeit verarbeitet werden, ist die geforderte Qualität der Mostgewinnung und -behandlung leider schwer möglich. Eine Sulfitzugabe sollte gering sein oder ganz unterbleiben. Reinzuchthefen, möglichst in mehreren geeigneten Stämmen, sind hilfreich. Die Gesamtpartie teilen und je einen Stamm zugeben. Als Holz scheint der Typ Allier (weniger Limousin oder Weißeiche), mittel getoastet, am besten geeignet (vgl. Tabelle 5).

Zusammenfassend kann bemerkt werden, dass ein geeigneter und richtig im Barrique ausgebauter Wein weniger tanninbetont und adstringierend, wohl aber geschmeidiger und voller wirkt. Er zeigt mehr individuelles Profil und eine schönere, brillantere, grüngoldene Farbe als ein Vergleichswein, der nur im neuem Holz ausgebaut wurde.

Vinifizierung von Rotweinen in Barriques

Die beste Vinifizierung eines hochwertigen Traubenmaterials zu schönen, feinen, komplexen und langlebigen Rotweinen ist die Verwendung von Barriques. Allerdings sind bestimmte Voraussetzungen unerlässlich. Die Trauben sollen – unabhängig vom Zuckergehalt – im Stadium der physiologischen Vollreife sein. Das heißt beste Ausfärbung (Sonnenlicht) und Fruchttiefe (nicht zu heiß in der Reifezeit) sowie Säureharmonie (nicht zu kalt und trocken während der Reife). Ganz wichtig ist die völlige Gesundheit der Trauben (eventuell Selektion bei der Lese). Die weitere Verarbeitung bis zur Befüllung der Barriques ist wichtig, soll aber hier nicht weiter behandelt werden. Der

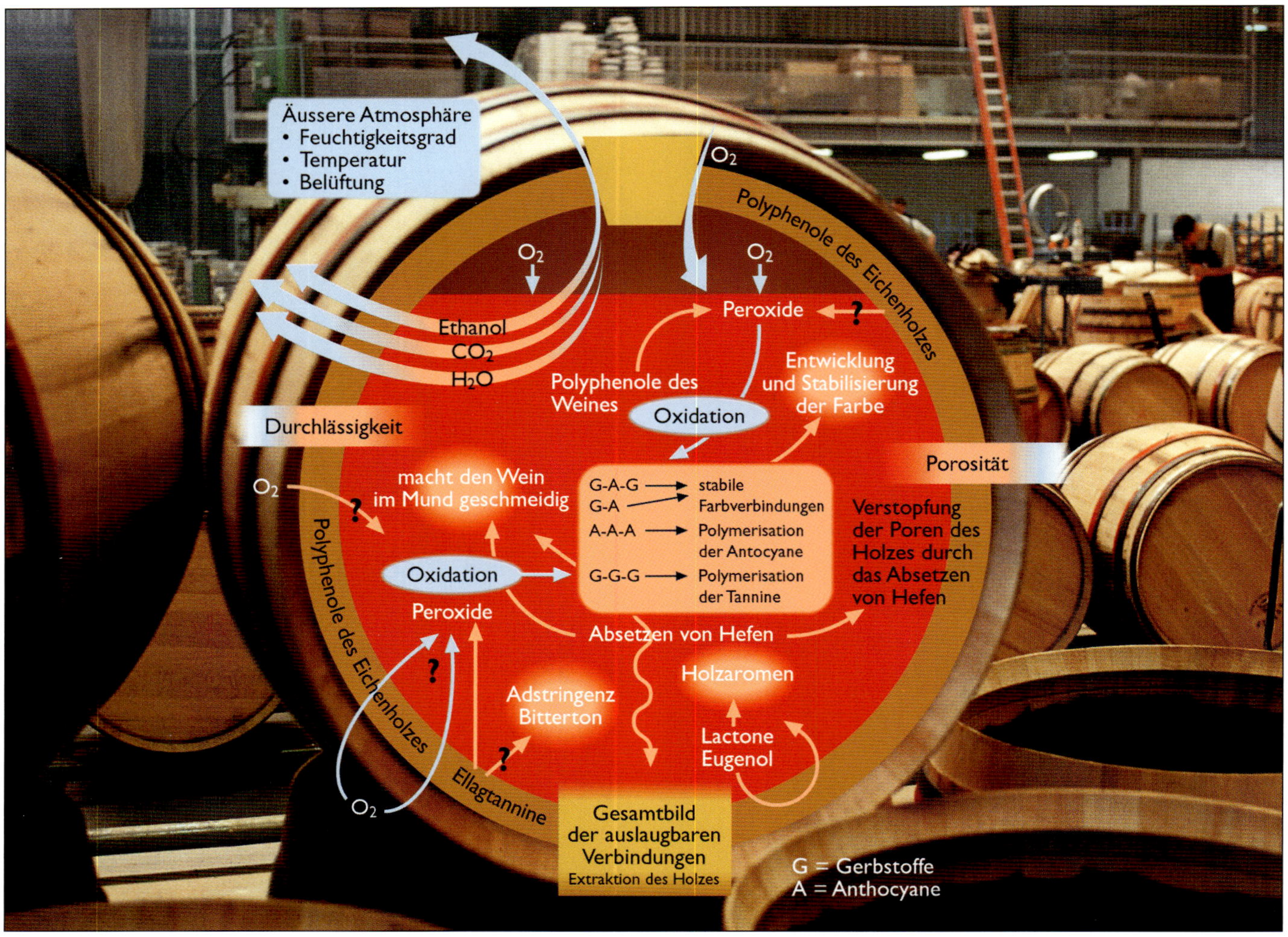

erste Vorgang im Fass ist das Einsetzen der „fermentation malolactic", des Äpfelsäureabbaues in Milchsäure. Neben der Äpfelsäure werden auch gewisse aus dem Holz stammende Stoffe umgewandelt. So trägt dieser Vorgang, so er im Fass stattfindet, auch zur Verfeinerung des Gesamteindruckes bei. Die auffälligste Veränderung ist zuerst die starke Zunahme der Adstringenz und der Bittertöne sowie ein fast „staubiger" Holzgeruch.

Feine Nuancen in Duft und Geschmack sowie ein Großteil der Frucht sind vorerst kaum erkennbar. Bei ausreichend Tannin (inklusive der Farbstoffe) aus Wein sowie Gerbstoffen aus Holz und Sauerstoff (wenig freies Sulfit) stellt sich ein Oxidations-Reduktionsgleichgewicht ein. Dieses führt zur Kondensation (Molekülverkettung) und damit zur Stabilisierung von Farbe und Gerbstoffen. Es sind die Molekülketten Gerbstoff-Farbstoff-Gerbstoff (G-F-G) und Farbstoff-Aldehyd-Gerbstoff (F-A-G), die besonders stabil sind. (Vgl. mit Farbbild „Dynamische Veränderungen der Inhaltsstoffe".)

Neben der Stabilisierung tritt auch eine Verbesserung und Vertiefung der Farbe sowie das Zurückgehen der Adstringenz ein. Nach etwa drei Monaten werden die wenig angenehmen Stoffe zunehmend geringer, die Röstaromen des Toastings kommen zum Vorschein und harmonisieren sich langsam. Auch die Frucht wird wieder erkennbar. Nach einem Jahr ist die erste Phase des Ausbaues vorbei. Der Wein wurde drei- bis viermal umgezogen und ist blank und relativ stabil. Sein Sauerstoffbedarf ist nun geringer. Weitere Abstiche sollten seltener und ohne Luft erfolgen. Die Flaschenreife ist aber noch nicht erreicht. Jeder Wein hat seinen eigenen Abfüllzeitpunkt. Etwas zu früh gefüllt, ist nicht sehr schlimm, zu spät meist eine Katastrophe.

Aromaveränderung bei zwei Jahre Fassausbau

Wenn man beispielsweise das Aroma des MOL-Komplexes (Methyl-octalacton) während zweier Jahre Fassausbau verfolgt, sieht man gut die Abnahme. Sie ist typisch für viele Substanzen, die durch das Toasten entstehen. Dieser Vorgang des Zurückgehens ist ein Ausdruck der Reifung, der Oxidation, aber auch des Alterns. Er setzt sich auch in der Flasche fort.

Die Untersuchungen und Analysen der Hölzer und Weine wurden von Pascal Chatonnet, Önologisches Institut der Universität Bordeaux II, durchgeführt. Sie beziehen sich auf Weine aus der Bordeaux-Region. Zusammengetragen wurden sie aus mehrjährigen Arbeiten und ausgewertet von Gerhard Redl.

Tabelle 5: Aromatische Substanzen im Weißwein in Abhängigkeit von Holzart und Toasting während der Reifung im Fass *(Analyse nach 8 Monaten)*

Substanz	Vergleich	Allier				Limousin			
Toasting	[1])	L	M	S	SS	L	M	S	SS
Farbe (420 nm)	0,1	0,12	0,13	0,13	0,08	0,42	0,47	0,48	0,48
Σ Furane (mg/l)	0	2,2	9,8	10,4	8,2	6,7	7,1	9,9	6,5
Σ Methyl-octalactone (mg/l)	0	0,42	0,31	0,142	0,151	0,162	0,146	0,078	0,07
Guajacol (µg/l)	2	10	18,5	38	65	6	12	21	33
Eugenol (µg/l)	0	27	29	38	28	13	13	19	23
Vinyl-4-phenol[2])	300	197	206	319	210	187	211	214	131
Vanillin (mg/l)	0	0,29	0,35	0,36	0,2	0,2	0,64	0,43	0,1
Σ aldehydische Phenole	0	0,88	1,04	1,076	2	0,47	1,04	-	-

[1]) kein Holzfass; [2]) Hefeprodukt, kann durch Bakterien in Ethyl-4-phenol („Pferdeschweiß") umgewandelt werden.
L = leicht; M = mittel; S = stark; SS = sehr stark

Tabelle 6: Aromatische Substanzen im Rotwein in Abhängigkeit vom Toasting während der Reifung im Fass *(Analyse nach 6 Monaten und dem 2. Abstich)*

Substanz	Einheit	Vergleich[1])	L	M+	S
Σ Furane	mg/l	0,24	6,5	8,05	9,8
Σ Methyl-octalactone	mg/l	0	0,26	0,17	0,2
Guajacol	µg/l	Spuren	33	33	35
Eugenol	µg/l	2	21	19	18,5
Ethyl-4-phenol	µg/l	1	3	2,5	3
Vinyl-4-phenol	µg/l[2])	42	40	47	21
Vanillin	mg/l	0,03	0,43	0,23	0,21
Σ aldehydische Phenole	mg/l	0,03	1,53	1,13	0,93

[1]) kein Holzfass; [2]) Hefeprodukt (negativ) unter der Erkennungsschwelle
L = leicht; M+= mittel (10 min.); S = stark

Tabelle 4: Aromatische Substanzen im Weißwein
(Analyse nach 9 Monaten Lagerung, Mittel aus 3 Barriques)

Substanz	Vergleich, auf Feinhefe	neues Fass, auf Feinhefe	neues Fass, auf Gesamthefe
Σ Furane (mg/l)	0,16	0,7	0,5
Σ Methyl-Octalactone (mg/l)	0	23	0,16
Guajacol (µg/l)	2	4	10
Eugenol (µg/l)	5	20	16,5
Vinyl-4-Phenol[1)]	180	175	167
Σ flüchtige Phenole (µg/l)	360	411	364
Vanillin (mg/l)	Spuren	0,49	0,36
Σ aldehydische Phenole (mg/l)	Spuren	0,97	0,89

[1)] Hefeprodukt, nicht barriquespezifisch (negativ)

Literatur:

Pascal Chatonnet, Influence des procédés de tonnellerie et des conditions d'elevage sur la composition et la qualité des vins élevés en fûts de chêne - These pour le doctorat de l'universite de Bordeaux II, 1995.
Bruchmann E. (1976); Angewandte Biochemie, Verlag Ulmer, Stuttgart
Monties B. (1987): Composition chimique des bois de chêne: Composés phenoliques, relations avec quelques propriétés physiques et chimiques susceptibles d'influencer la qualité des vins et des eaux-de-vie – Connaissance Vigne Vin, 21, 169 - 190.
Haslam E., Lilley T.H. (1985): New Polyphenols from Old Tannins - The Biochemi-stry of Plant Phenolics, 25, 237 – 256.
The barrel and the wine – Scientific Mastering of a Traditional Know-How, Seguin Moreau Cooperage, Enology Institute of the University of Bordeaux II, 1994.
Marsal F., Sarre C., Boidron Jn., Dubourdieu D., 1988, Rôle de la levure dans la trans-formation de certains constituants volatils du bois de chêne au cours de l'élaboration des vins blancs secs, Conn. Vigne et vin, 22, 33-38.
Pontallier P., Salagoity-Auguste M.H. et Ribereau-Gayon P., 1982, Intervention du bois de chêne dans de l'élevage des vins rouges en barriques, Conn. vigne et vins, 16, 45-61.
Singleton V.L. et Noble A.C., 1976, Wine flavour and phenolic substances, A.C.J. Symposium, series 26, 47-70.

MARTHA und DANIEL GANTENBEIN

Die Bündner Herrschaft

Die „Bündner Herrschaft" ist die nördlichste Ecke Graubündens und bildet das Tor zum touristisch weltweit bekannten Bündnerland mit den Wintersportdestinationen Davos, Arosa und St. Moritz. Sie erstreckt sich auf der rechten Rheinseite bis an die Landesgrenze zum Fürstentum Liechtenstein. Als „Herrschäftler" bezeichnen die Weinfreunde übrigens nicht die Bewohner der Gegend, sondern die hervorragenden Weine aus den Gemeinden Fläsch, Maienfeld, Jenins und Malans, eben der „Herrschaft".
Der kleine Ort Fläsch liegt abseits vom Durchgangsverkehr. Die Fläscher sind stolz, dass ihre 65,7 Hektar Weinberge in einheimischen Händen geblieben sind. Etwas ausserhalb des Ortes liegt inmitten von leicht geneigten Rebhängen das Weingut Gantenbein. Es besteht aus zwei unauffälligen Zweckbauten und einem bemerkenswerten Neubau mit ornamentaler Klinkersteinfassade, die, je nach Entfernung, Blickwinkel und Lichteinfall, ihre plastische Wirkung mehr oder weniger stark als Schattenspiel entfaltet.

Ein visionäres Weingut

Mit enormer Motivation und kompromissloser Qualitätsstrategie haben sich Martha und Daniel Gantenbein in nur 25 Jahren das wohl renommierteste Weingut der Schweiz aufgebaut. Wie Kracher im Seewinkel oder Gaja im Piemont, haben die Gantenbeins durch ihr Schaffen die Winzertradition in der Bündner Herrschaft und der ganzen deutschen Schweiz verändert. Vinifiziert haben sie damals einen ordinären Blauburgunder, einen „Herrschäftler" eben; blumig, fruchtig, leicht, etwas dünn und schnell zu trinken. Heute ist ihr Pinot Noir selbst in Los Angeles, in St. Petersburg und in Seoul eine feste Grösse in den Weinkarten renommierter Häuser. Das sympathische, unkomplizierte, jedoch perfektionistische Ausnahmewinzerpaar hat mit Innovationen im Rebberg und kreativer, fein abgestimmter Vinifikation ein Weltklasseniveau erreicht, das beeindruckt. Gantenbein-Weine aus Fläsch sind Botschafter des kleinen Schweizer Weinbaugebietes geworden, sie werden weltweit geschätzt und mit Freude getrunken.
Das Weinprojekt Martha und Daniel Gantenbein startete 1982. Marthas Eltern, Leonhard und Anna Kunz, besassen in Fläsch einen Betrieb mit gemischter Landwirtschaft. Neben Ackerbau und Milchwirtschaft bewirtschafteten sie auch 4 Hektar Rebberge. Schon als Mädchen verbrachte Martha deshalb viel Zeit in ihren geliebten Weingärten und lernte beim Zuschauen und Mithelfen alle Grundarbeiten kennen. 1976 beschloss Vater Kunz, sich nur noch dem Weinbau zuzuwenden. Martha besuchte zu dieser Zeit die Handelsschule in der Kantonshauptstadt Chur und lernte schon früh den Mechanikerlehrling Daniel kennen. Dieser wuchs in Malans als Sohn eines Lokomotivführers der Rhätischen Bahn auf. Schon als Bub verbrachte er viel Zeit bei seinem Nachbarn auf dessen Weingut und hatte so Kontakt mit seiner heutigen Leidenschaft, dem Weinbau!
1980, mit abgeschlossenen Grundausbildungen, entschied sich das jungverliebte Paar, zusammen auf dem Weingut von Leonhard Kunz mitzuarbeiten. Gleichzeitig zu dieser praktischen Tätigkeit, begannen sie mit dem Besuch von ausgewählten Kursen an der Fachhochschule für Weinbau in Wädenswil. Martha entschied sich für den Lehrgang als „Winzerin". Hier wurde sie mit allen Arbeiten im Weinberg und auch in der Kellerwirtschaft konfrontiert. Bei Daniels Kursen stand die Weinbereitung ganz im Zentrum der Wissensvermittlung. Ohne Abschlüsse, aber mit viel Wissen in den Köpfen, verließen sie die Weinbauschule 1982, um endgültig den Betrieb in Fläsch zu übernehmen.

Der erste eigene Wein

Jetzt waren die beiden für die vier Hektar Weingarten selber verantwortlich, und niemand befahl ihnen mehr, was sie zu tun hatten. Mit einer kleinen Auflage – Martha und Daniel mussten für Vater Kunz aus den von ihm zugekauften Trauben einen separaten Wein vergären und abpressen, der dann von ihm im Gebinde weiterverkauft wurde. Die Jungen waren glücklich, aus den eigenen Reben schon ab Beginn die eigenen Vorstellungen umsetzen zu können; die Doppelbelastung nahmen sie dabei gerne in Kauf!

Parallel zu ihren ersten Ernten lernten Martha und Daniel während zahlreicher Auslandsreisen gute Weine kennen und über das hinauszuschmecken, was der Blauburgunder in ihrer Region hergab. Zuerst im Piemont und dann vor allem im Burgund wuchsen sie in das hinein, was sie als ihren „Weinhorizont" bezeichnen. Beide sind sich einig: „Um gute Weine zu machen, muss man ein paar wichtige Grundsätze beachten. Um aber gute Weine noch besser zu machen, dafür hintersinnt man sich fast; da ist es dann nicht mehr mit ein paar Handgriffen getan. Plötzlich merkt man, dass unzählige Details einander gegenseitig bedingen."

Im Fall der beiden Tüftler aus Fläsch zeichnete sich schon bald mehr als nur die Idee eines grossen Weines ab. Zur Verwirklichung braucht es allerdings viel Arbeit, Weitsicht und eine gehörige Portion Glück. So bei der Entscheidung, alle Weinberge von Burgunder Klonen auf kleinbeerige Pinot-Noir-Reben umzustellen und auf einen Ausbau im Holz zu setzen. Auf ihren Besuchen im Ausland erlebten sie aber immer wieder, dass ein voller und extraktreicher Wein nicht vom Ausbau in neuen Eichenfässern erschlagen wird. Der Weg von Martha und Daniel war klar vorgezeichnet: „Nicht wie man's immer gemacht hat, nicht was die Nachbarn tun, zählt für uns. Wichtig ist, was wir selber als Vision haben und was wir erreichen wollen!"

Schon Mitte der 80er Jahre drängte Martha darauf, den Traubenertrag zu begrenzen und nicht mehr auf dem gesetzlichen Maximum zu bleiben. Aus den kommunen Herrschäftler Weinen wurden dadurch wesentlich dichtere Blauburgunder. Begünstigt durch die ausserordentlichen Wetterbedingungen, gelang 1990 dann der erste wirklich grosse Wurf. Der Wein entsprach allerdings nicht mehr den ortsüblichen und regionalen Maßstäben, und was sich so von der Norm abhebt, wird meist mit Vorurteilen und Neid bestraft. So mussten sich die beiden denn vielfach Arroganz vorwerfen lassen. Die Schweiz wollte sich damals partout nicht von ihren biederen Landweinen verabschieden!

Um wirkliche Qualitätsschritte machen zu können, mussten sich die beiden Jungwinzer zuerst eine finanzielle Basis erarbeiten. Erst dann konnten sie beginnen, mit der Tradition wirklich zu brechen, um die eigenen Wege zu gehen. Üblicherweise wurden in der Herrschaft die Trauben geerntet und erschienen schon drei bis vier Monate später als Wein auf dem Markt. Wollte man, wie die Gantenbeins, die Weine anders ausbauen und erst ein Jahr später auf den Markt bringen, war man gezwungen, sich eine komplett neue Kundschaft aufzubauen. Dieser Schritt wurde durch die guten Weine der 80er Jahre begünstigt und von den Kunden auch akzeptiert.

Die wiederkehrenden Gespräche und Erfahrungen mit den Winzerfreunden im Burgund führten bei den beiden unweigerlich auch zum „Holz". 1991 machten sie die ersten Versuche mit den kleinen Holzfässern und dem Stahltank. Vor dem Füllen assemblierten sie die beiden verschieden ausgebauten Weine, und in diesem zweifelhaften Jahr wurde ihr Wein unangefochten zum Jahrgangsbesten in der Region. Der eingeschlagene Weg war richtig! 1992 gar ein Dreifachversuch: Stahltank, grosses Holzfass und kleines Holzfass. Die Ergebnisse stärkten den Entscheid, die Weine ab 1993 nur noch in kleinen Holzfässern auszubauen. Der Folgejahrgang 1994 war ein ausserordentlicher Wein – bis zur Filtration! Dabei verlor er einen grossen Anteil seiner betörenden Aromatik. Aus vielen Diskussionen lernten die beiden, dass der Pinot eben ein sehr, sehr filigraner Wein ist, der meist durch die Filtration viel weniger Wein wird, als er von Grund auf war! Der nächste Schritt wurde gewagt: ab 1995 verzichteten die Gantenbeins auf die bis dahin in der Schweiz als sakrosankt geltende Filtration. Übrigens, die Experten der Fachhochschule prophezeiten dem Wein einen schnellen bakteriellen Tod! Aber: Jahrgang 1995 und 1996 und alle weiteren Jahrgänge sind bis heute eindrucksvolle Weine geblieben und werden das noch einige Jahre sein!

Der Neubau eines Weinkellers

Damals arbeiteten Martha und Daniel immer noch im kleinen, fast „unwegsamen" alten Keller von Vater Kunz im Dorfzentrum von Fläsch. Durch die Erweiterung der Rebfläche wurde der Platz knapp. So erfolgte 1996 der Kellerneubau ausserhalb des Dorfes, direkt neben den Weingärten. An sich ein Zweckbau, unauffällig in die Landschaft eingefügt. Den Entwurf machten Daniel und Martha Gantenbein selbst. In unzähligen, zum Teil hitzigen Diskussionen versuchten sie alle ihre Bedürfnisse so einfach wie möglich in den Bau zu integrieren. Thema: Wie muss ein Bau konzipiert sein, um darin mit wenig Aufwand aus Weintrauben guten Wein zu machen? Die Gantenbeins wussten das präzise. Entstanden sind ein Kellergebäude, der Torggel, und eine Remise im rechten Winkel dazu, die auf einem grossen betonierten Keller mit anschließendem Gewölbekeller für den Barriqueausbau stehen.

Weinstil und Jahrgänge

Seit dieser Zeit tragen die Gantenbein-Weine ihre heutige Handschrift. Dabei sind Klassiker nach burgundischem Vorbild entstanden: 1996, 1997, 1999, 2001, 2002, 2004, 2005 und 2006. Einen leicht „üppigeren" Stil zeigen die Jahrgänge 1998, 2000 und 2003. Die Weine haben generell ein gutes Alterungspotenzial, alle Pinot aus den 90iger Jahren bereiten jetzt optimalen Genuss.

Ausruhen auf den grossartigen Jahrgängen wollten Martha und Daniel jedoch nicht. Neue Reisen, neue Ideen und neue

Gantenbein

Versuche im eigenen Keller stärkten die Gewissheit, dass ein Erweiterungsbau erforderlich war. Zur bestehenden Kellerei musste eine Halle für die 17 hölzernen massgefertigten Holzbottiche errichtet werden. Das sollte ein nächster Schritt sein, dem perfekten Wein näher zu kommen. Denn im Holz, so sind die Gantenbeins überzeugt, ist es dem Traubengut bedeutend wohler als in den zuvor verwendeten Edelstahlbehältern.

Die zweite Ausbaustufe

Nach den Wünschen und Ideen der Winzer entwarfen die Architekten Valentin Bearth, Andrea Deplazes und Daniel Ladner den neuen Torggel, einen zweigeschossigen Bau, der im Erdgeschoss großzügig Platz für die geforderten Kelterbehälter bieten würde. Der Entscheid, die Erweiterung als Betonskelettbau mit Klinkersteinausfachung zu realisieren, fiel schon bald nach Entwurfsbeginn. Die Idee der Architekten war besonders: Sie entwarfen am Computer ein Bild, das den Eindruck vermitteln sollte, als hätten riesige Trauben ihre Abdrücke auf der Aussenhaut des Gebäudes hinterlassen.
Doch der Versuch, die Mauern nach diesem Bild per Hand zu errichten, misslang. Genau zu der Zeit entdeckte Andrea Deplazes, der auch eine Professur an der ETH Zürich hat, am benachbarten Lehrstuhl für Digitale Fabrikation erste Wandelemente, die ein gerade in der Erprobung befindlicher Roboter nach einem Computerbild gemauert hatte. Nach Vorgesprächen mit den jungen Assistenzprofessoren des Lehrstuhls, Gramazio und Kohler, konnten auch die Bauherren für das Experiment gewonnen werden: Der erste Praxiseinsatz des Mauerroboters sollte beginnen. Doch so flexibel, belastbar und präzise der Roboter auch arbeitet, er kann nicht mit Kelle und Mörtel umgehen. Die Steine mussten also mit einem Spezialklebstoff aufeinander geleimt werden. Bereits bei den ersten Versuchen stellte sich heraus, dass die geleimten Wände sogar einen entscheidenden Vorteil haben: Sie sind auch auf Biegung belastbar. So setzte der Roboter 28.000 Steine aufeinander, vor- und zurückspringend, genau so, wie das Programm es ihm vorgab, zwei Monate lang, zehn Stunden am Tag, bis alle Elemente fertig waren und mit dem Lastwagen zur Baustelle gebracht werden konnten. Dort wurden sie in das Betonskelett eingesetzt; im Anschluss wurden die Innenwände für die im Erdgeschoss liegende Gärhalle aus Polycarbonatstegplatten in Metallprofilen errichtet.

„à table“ – das Restaurant

Im Obergeschoss des Torggel entstand ein heller, auf zwei Seiten mit Schiebetüren verglaster Raum, dessen Mobiliar im Wesentlichen aus zwei langen, massiven Holztischen und einer Küchenzeile besteht. Auf den umlaufenden Balkon kann man zu allen Seiten hinaustreten und die Landschaft überblicken. Dieser Raum unter dem Dach heißt "à table“. Hier wirken Doris und Roland Kalberer, Freunde der Gantenbeins. Sie als Gastgeberin und Chef de Service, er als Gastgeber und Koch. Ein Standbein hat der Spitzenkoch als Entwicklungsküchenchef in der Lebensmittelindustrie. Seine zweite Leidenschaft gehört seit 2006 dem „à table“. Die Kalberers kochen und servieren nur auf Anfrage, dafür ganz und gar nach Maß. Vom „à table“ aus führt eine im Oval geschwungene Treppe, die von einem stählernen Geländer gefasst wird, hinab in das von acht Pilzstützen getragene Untergeschoss, das vorwiegend der Flaschenausstattung dient. Das intensive Blau des Treppengeländers nimmt dabei die Farbe der Etiketten und Kapseln der Blauburgunderflaschen des Weinguts auf.
Das Ganze ist ein moderner Zweckbau, in dem funktionale Vorgaben und Aspekte der Gestaltung überzeugend miteinander verschmelzen. Wie die Gantenbeins: Ungewöhnlich und zugleich Spiegel ihrer hohen Ansprüche. Doch in erster Linie bleibt auch das Aussergewöhnliche nur Mittel zum Zweck; dem perfekten Wein näher zu kommen.

Martha Gantenbein und die Arbeit im Rebberg

Die Gantenbeins bewirtschaften 6 Hektar Weingärten, davon sind knapp 5 Hektar mit Pinot Noir, ein Hektar mit Chardonnay und wenig Rheinriesling bestockt. Die Reben wachsen zwischen 450 und 500 Meter über dem Meer und wurzeln in eher leichten Böden mit hohem Kalkgehalt. Mit zunehmender Nähe zum Berg steigt der Schieferanteil im Boden rapide an. Ab Mitte der 90er Jahre wurden sämtliche „Pinot-Noir-Parzellen“ neu mit französischen Rebklonen bepflanzt. Gleichzeitig erhöhte das Winzerpaar die Bepflanzungsdichte der Reben von 3.500 auf über 7.000 Stöcke pro Hektar.
Diese Betriebsgrösse ist auf die Gantenbeins massgeschneidert und wird auch kaum je verändert werden. „Wir möchten einen überschaubaren Betrieb haben, nur so groß, dass wir als Winzer alle entscheidenden Arbeiten selber machen können“, erklären Martha und Daniel unisono. Seriöse Arbeit im Weinberg ist für beide die oberste Maxime, denn das Potenzial der Trauben ist die Basis jedes Weines. „Wir verarbeiten deshalb ausschliesslich Trauben aus unserer eigenen Produktion und machen keine Zukäufe.“
Dieser ideelle Hintergrund prägt ihre Zusammenarbeit. Martha trägt die Hauptverantwortung für die Reben, Daniel für die Maschinenarbeit im Rebberg und die Vinifikation. Trotzdem denken sie gemeinsam und diskutieren ihre gemachten Beobachtungen. Wenn's beispielsweise im Keller um Vinifikationsfragen geht, degustieren die beiden unabhängig voneinander und bilden sich eine eigene Meinung. Danach finden sie im Gespräch eine Lösung, meist einen gemeinsam getragenen Kompromiss, der näher zum gemeinsamen Ziel führen soll.
Martha Gantenbein kennt die sechs Hektar Rebfläche wie ihre Hosentasche. Jeder einzelne Rebstock wird von ihr gehegt und gepflegt. Die Achtung vor der Natur ist bei jedem ihrer Handgriffe spürbar. Schon beim Schneiden beginnt die individuelle Behandlung, denn je nach Stärke und Allgemeinzustand einer Rebe wird sie auch betreut.

Der Chardonnay

Daniel Gantenbeins Weingarten mit dem Chardonnay ist mitten in der kleinen Ortschaft Fläsch in der Bündner Herrschaft.

Hier erhält ein Stock eine Erholungszeit und wird nicht gezwungen, den gleichen Ertrag wie seine kräftigen Mitstöcke zu produzieren. Aber nicht nur die Stöcke, sondern auch die Bodenbeschaffenheit, das Mikroklima, die gepflanzten Klone werden von Martha bei der Arbeit mit einbezogen. Auf Schritt und Tritt wird sichtbar, dass die Pflanzen ihre Schutzbefohlenen sind und dass sie Sorge und Verantwortung für das Basiskapital des Weingutes bei der Arbeit während des Rebjahres tragen will.

Die Laubarbeit und Traubenreife

Im Frühsommer stehen die Laubarbeit und nach und nach das Freilegen der Traubenzone an. Dies geschieht immer in mehreren Durchgängen. Begonnen wird mit der Schattenseite der Rebstöcke. Je nach Wetterbedingungen werden für die der Sonne zugewandten Seite nochmals zwei bis drei Durchgänge benötigt. Die intensivste Zeit für Martha beginnt dann allerdings nach dem Farbumschlag der Trauben im August. Ihr Ziel, absolut gesunde und reife Trauben ernten zu können, erreicht sie nur durch eine fortlaufende, extrem arbeitsaufwändige Vorlesearbeit. In regelmäßigen Durchgängen werden alle beschädigten oder nicht ganz gesunden Beeren, auch einzelnen, von den Trauben entfernt. Vor der Erntezeit hängen die kleinbeerigen Pinot-Noir-Trauben dann locker an den Stöcken, es gibt nirgends dichte Knäuel, die entsprechend anfällig für Fäulnis sein könnten. Eine weitere Woche strahlend schönes Herbstwetter wird die Trauben perfekt ausreifen lassen. „Ich gehe am Tag vor der Ernte nochmals durch jede Parzelle. Selbst jetzt finden sich noch einzelne Beeren, die nicht 100% gesund sind, und die tragen sicher nichts zur Qualität des Weines bei! Selbstverständlich würde die Weinqualität nicht gleich ruiniert, aber es ist absolut klar: Der Wein ohne diese Trauben wird besser, wenn auch nur um Nuancen!" meint Martha. Dank dieser Arbeit können die beiden Winzer sogar auf eine Schlusstriage (Sortieren der Trauben) am Band verzichten, denn geerntet werden nur perfekte Trauben! Eine Erklärung für die Klasse der Gantenbein-Weine liegt zweifellos in dieser geradezu fanatischen Rebbergarbeit.

Händisches Ernten vollreifer und gesunder Trauben

Die Lesemannschaft, zusammengestellt aus Familienmitgliedern und wenigen treuen, langjährigen Helfern aus dem Bekanntenkreis, hat denn auch nur noch die Aufgabe, die vollreifen und gesunden Trauben möglichst liebevoll vom Stock zu schneiden und ohne Hast in die kleinen, stapelbaren Erntekisten zu legen. Dabei sind sie angehalten, diese nur soweit zu füllen, dass beim Transport zum Keller keine Trauben gequetscht werden können, denn für Daniel ist entscheidend, dass die perfekte Traubenqualität so schnell wie möglich, so schonend wie möglich zu ihm in den Keller kommt.

Daniel Gantenbein und sein Terroir

Trotz aller Freundschaften und Kontakten zu den Großen dieser Weinwelt und trotz globalem Blick sind die Gantenbeins die Verkörperung des Terroir-Prinzips. Die Wurzeln der Beiden reichen tief in die Herrschäftler Erde. Nirgends sonst möchten sie leben und arbeiten. „In Versuchung kämen wir höchstens, wenn in Vosne-Romanée eine Parzelle ‚Richebourg' frei würde", meint Daniel Gantenbein schmunzelnd. Leben nach dem Terroir-Prinzip bedeutet demnach nicht, sich mit sich selbst zu begnügen. Im Gegenteil: Das ganz persönliche Ziel der Gantenbeins bleibt, in Fläsch einen Wein zu keltern, der den Vergleich mit den guten Burgundern nicht zu scheuen braucht! „Bleiben wir gesund", erklärt Daniel, „so haben wir noch rund 20 Jahrgänge vor uns, 20 Versuche, der Perfektion näher zu kommen. Zum Ausruhen bleibt da keine Zeit." Und Martha ergänzt „Wir versuchen halt immer, ein bisschen mehr zu erreichen: Mehr Stoff, mehr Eleganz, mehr Finesse. So richtig Singen sollen unsere Weine."

Der Chardonnay

Die kleine, knapp einen Hektar große Rebfläche mit Chardonnay-Trauben liegt inmitten der kleinen Ortschaft Fläsch, der Ernteertrag ist sehr gering – nur 40 Hektoliter jährlich von diesem Hektar, das ergibt dann nach einem Jahr Fassausbau rund 5.000 Flaschen.
Auch hier werden die Trauben händisch geerntet, und alle Trauben werden sofort, wenn sie in den Keller (Torggel) kommen, gerebelt, gequetscht und zur alkoholischen Gärung in neue Barriques gefüllt. Für die Vergärung des Chardonnay gibt es im Gantenbeinschen Keller einen eigenen Raum, der bei Bedarf auch beheizt werden kann.
Nach der malolaktischen Gärung verbleiben die Weine noch für 8 bis 12 Monate in den Barriques, bevor der Wein in Flaschen gefüllt wird. So lange wie möglich wird während dieser Reifezeit die Feinhefe aufgerührt.
Der Chardonnay ist sehr mineralisch und verfügt zusätzlich über viele frische Fruchtnoten, der Holzausbau ist sehr dezent und gut eingebunden.
Mit dem 2006er Chardonnay ist Daniel Gantenbein nach dem grandiosen 2005er ein weiterer großer Chardonnay gelungen. Seine nahezu perfekte Balance, Finesse und Tiefe begeistern sehr.
Das Lagerpotenzial dieser Weine ist enorm, so zeigt der 96er Chardonnay auch heute noch viel Frische und hat noch kaum Firnnoten.

1

Nach intensiver Vorlese

Bei goldenem Spätherbstwetter die Ruhe vor der Ernte! Durch die perfekte Vorarbeit im Laufe des Jahres ist selbst das beschwerliche Lesen eine freudige Angelegenheit.

2,3

Martha Gantenbein bei der Traubenernte

Sie kennt die Weingärten durch ihre jahrelange Arbeit wie ihre eigene Westentasche. Sie schneidet von Hand die Triebe der Rebstöcke, um eine bestmögliche Qualität zu erreichen. Im Frühjahr muss sie mit Sorgfalt die Anzahl der Knospen bestimmen, die geschnitten werden sollen. Der Stock muss sich regenerieren können, damit der Fortbestand des Weinberges gewährleistet bleibt. Dann – im Herbst – hat Martha Gantenbein im wahrsten Sinne des Wortes die Früchte ihrer Arbeit in der Hand.

8,9,10

Die ganze Familie hilft mit

Sohn Simon, der Informatiker, Tante Margrit aus dem Nachbardorf und Cousin Andrea, der Grafiker, werden bei der Ernte im Team eingespannt. Alle Erntehelfer haben einen ganz persönlichen Bezug zum Weingut, zu den Trauben und auch zum Wein!

11

Auf den Bergen liegt schon Schnee

Während auf den umliegenden Bergen schon der erste Schnee liegt, wird in der Ebene, im spätherbstlichen Fläsch, die Traubenernte eingebracht.

4,5

Schönes Wetter - perfekte Trauben

Die auf einen Strecker geschnittenen Pinot-Noir-Rebstöcke tragen 6 bis 8 Trauben. Durch die großzügige Laubarbeit profitieren die Trauben bis zur Ernte von den warmen Sonnenstrahlen des Herbstes.

6,7

Le Vignoble: Pinot Noir

Vollkommen gesund sind die kleinbeerigen und kompakten Pinot-Noir-Trauben vor der Ernte. Sorgfältig darauf bedacht, die Beeren nicht zu verletzen, werden die vollreifen Trauben in Behälter von 10 bis 12 Kilogramm „gebettet".

12

Eine fröhliche Lesemannschaft

Schönes Wetter, eine tolle Umgebung, perfekte Trauben! Martha freut sich zusammen mit den fröhlichen Helfern.

13,14

Große Freude mit der Zukunft der Trauben

Auch Max Gerstl, Freund der Gantenbeins und großer Verehrer ihrer Weine, zeigt am abgeernteten Stock, wie er gearbeitet hätte, wenn er nicht ... Max freut sich aber aktiv auf die „Zukunft" der perfekten Trauben.

1

Der Lohn eines Jahres

Nach vielen harten Stunden in ihren Reben, macht eine zufriedene Martha Gantenbein ihre letzten Schnitte für dieses Jahr.

2

Transportunternehmer in eigener Sache

Vater Christian fährt die geernteten Trauben spätestens in einer halben Stunde zur Weiterverarbeitung zum Torggel. Die kurzen Transportwege in Fläsch garantieren: Perfektes Traubengut gelangt so schonend wie möglich und so schnell wie möglich in den Keller.

3,4

Das Torggel

Nach den Wünschen und Ideen der Winzer entwarfen die Architekten Valentin Bearth, Andrea Deplazes und Daniel Ladner den neuen Torggel, einen zweigeschossigen Bau, der großzügig Platz für die Kelterbehälter bietet.

5

Rebeln der Trauben

Kellermeister Daniel Gantenbein nimmt die locker befüllten Traubenkisten persönlich in Empfang.

6,7

Alle Trauben werden zu 100% entrappt

Ohne Hast, ein letzter prüfender Blick auf die reifen Früchte – und dann lässt er diese sanft in den Rebler gleiten. Die Trauben werden zu 100% schonend entrappt. Die Beeren fallen durch die Gravitation in die hölzernen Gärbottiche im Keller, wo sie anschließend gekühlt werden.

Unterstoßen der Pinot-Noir-Maische

Die offenen Eichenholz-Gärbehälter für seinen Pinot Noir ermöglichen Daniel Gantenbein das Untertauchen der an der Oberfläche schwimmenden Schalen und Kerne durch Stampfen mit Stangen (pigeage). Diese arbeitsintensive Methode wird auch heute noch von vielen Pinot-Noir-Produzenten im Burgund bevorzugt. Als zusätzliche Hilfe verwendet Daniel Gantenbein einen von ihm entwickelten pneumatischen Untertaucher, der, in Kreissegmente unterteilt, den Tresterhut untertaucht.

Die Vinifikation des Gantenbein-Pinot Noir

Kellermeister Daniel Gantenbein nimmt die gefüllten Traubenkisten höchstpersönlich in Empfang. Er weiß, dass die Arbeit in den Rebbergen entscheidend ist: „Einen Wein aus schlechten Trauben kann man im Keller vielleicht etwas korrigieren, einen perfekten Wein kann man aber nie daraus machen." Aus Überzeugung arbeitet er deshalb im Keller mit wenig technischem Einsatz und verwendet weder Konzentrator noch Enzyme oder künstliche Tannine. Er pumpt und filtriert den Wein nicht und verzichtet auf eine Schönung.

Ein letzter prüfender Blick auf die Trauben in der Erntekiste, und die reifen Früchte gleiten sanft in den Rebler und fallen dann in die hölzernen Gärbottiche im Keller. Zusammen mit seinem Vater Christian hat Daniel für seine speziellen Bedürfnisse einen Tauchkühler entwickelt. In einem genau nach Maß der Cuve de fermentation hergestellten Gestell sind acht Kühlplatten, wie sie normalerweise in Stahltanks eingebaut sind, fix montiert. Das Kühlelement kann an der Kellerdecke aufgehängt werden und ist durch Schläuche am 4°C kalten Quellwasser angeschlossen. Vorsichtig werden die Elemente in die Bottiche getaucht und ermöglichen, dass in 8 bis 10 Stunden die Maische auf unter 10°C abgekühlt werden kann. Um die höchste Sorgfalt auch im Keller zu gewährleisten, werden auf dem Weingut pro Tag maximal Trauben für 4 Cuve de fermentation (Eichenholzgärständer mit 2.000 Liter Fassungsvermögen) geerntet. Zwei am Morgen, die dank der tiefen Morgentemperaturen bis zum Abend gekühlt sind, und zwei zu Mittag, die dann über Nacht die gewünschte Temperatur erhalten. Die so vorbereiteten Cuve de fermentation kommen jetzt; für die Zeit der Kaltmazeration, in den 4°C kalten Kühlkeller. Während dieser Zeit stößt Daniel die Maische einmal pro Tag unter. Zum Schutz gegen jegliche Oxidation werden die Oberflächen der Maische in den Cuve de fermentation mit einem Stickstoffpolster belegt und so gegen einen Sauerstoffkontakt abgedichtet.

Durch diese Kaltmazeration erreicht Daniel Gantenbein bei den Pinot-Noir-Weinen eine ganz andere Tanninstruktur, als wenn die Mazeration mit Alkohol zusammen, also nach der Gärung, gemacht würde. Bei einer Kaltauslaugung ohne Alkohol entsteht eine andere Aromatik, der Wein wird voller, weicher in den Tanninen, und die Farbintensität ist etwas höher. Gantenbein glaubt, dass diese von ihm benutzte Methode für seine angestrebten klassischen Lagerweine richtig ist und der Qualität nur Vorteile bringt.

Nach der Standzeit im Kühlkeller werden die Cuve de fermentation mit der Maische mit den „Kühlplatten", jetzt aber mit 30°C warmem Wasser, auf etwa 12°C erwärmt und in den Gärkeller gestellt, wo dann die Gärung eingeleitet wird. Die anschließende Gärzeit bewegt sich dann in der Regel zwischen 7 und 9 Tagen. Die Wahl der Behältergröße (2.000 Liter) bietet dabei die Gewähr, dass keine zu große Eigendynamik entsteht. Peinlich genau achtet Gantenbein darauf, dass die Gärtemperatur 32°–33°C nicht übersteigt. „Das ist mir angenehm, und sollte bei einem Behälter einmal die Gärtemperatur nach oben schiessen, habe ich immer die Möglichkeit zu kühlen!" Während der Gärung wird 5- bis 6mal pro Tag der Tresterhut in der Maische untergestoßen. Vor einigen Jahren konstruierten Vater und Sohn Gantenbein eine eigene Maschine , die diese kraftzehrende Arbeit erleichtert. Der „Stoßer" kann auf die einzelnen Cuve de fermentation aufgesetzt werden und drückt dann pneumatisch den Großteil des Tresterhutes sorgfältig nach unten. Von Hand müssen nur noch die Ränder der Maische untergearbeitet werden.

Nach der alkoholischen Gärung fließt der Jungwein direkt in Transportbehälter aus Stahl im unteren Gewölbekeller. Die Maische wird schonend gepresst, und der Wein wird ebenfalls den Behältern beigefüllt. Auch jetzt und später in den Fässern werden die Weine der einzelnen Rebparzellen exakt getrennt aufbewahrt und beobachtet. Nach einer Woche Standzeit, in der sich die grobe Hefe absetzen konnte, werden die Weine direkt in neue Barriques gefüllt. Im warmen Gewölbekeller machen sie dann den biologischen Säureabbau. „Bis jetzt haben wir damit – auch ohne zu impfen – keine Probleme gehabt", meint Daniel, auf die Zugabe von Bakterien angesprochen.

„Wir machen den ersten Umzug nach dem biologischen Säureabbau von Fass zu Fass, und dann bekommen die Weine zur Stabilisierung etwas Schwefel. In der Regel reicht das mit einem Umzug und der Finalassemblage für den Pinot Noir." Aus diesem Grunde wird auch beim Umfüllen darauf geachtet, möglichst wenig Sauerstoffkontakt zu erhalten. Der Schlauch kommt ins Fass, dann wird dieses mit dem Stapler angehoben, und der Wein fließt durch die

Gravitation ins nächste Fass, Gantenbein arbeitet also nicht direkt mit Luftabschluss, aber der Jungwein fällt nur eine Fasshöhe hinunter. Das genügt, denn die verbleibende Kohlensäure ist an sich einer der besten natürlichen Konservatoren und soll deshalb so lange wie möglich erhalten bleiben.
In den Barriques reifen dann die Weine meist bis zum Zeitpunkt der nächsten Ernte. Während der gesamten Reifezeit sind Martha und Daniel regelmäßig am Degustieren. Auch die kleinsten Unregelmäßigkeiten in den einzelnen Fässern entgehen ihnen nicht. Gemeinsam besprechen sie dann, wie und ob überhaupt reagiert werden soll. Daneben wird über die Weine der einzelnen Parzellen peinlich genau Buch geführt, um die Verschiedenheiten der Terroirs immer besser kennen zu lernen.
Für die Schlussassemblage steht den Gantenbeins ein 25.000-Liter-Tank zur Verfügung. Die Weine aller einzelnen Lagen kommen jetzt zusammen und erhalten nochmals bis zu 3 Monate Zeit, um sich zu vermählen. Auf eine eigentliche Schlussselektion der Fässer können Martha und Daniel verzichten: „Nein, das ist in aller Regel nicht nötig. Wir produzieren nur perfekte Trauben und versuchen, mit dem Ausbau möglichst wenig vom Ausgangspotenzial zu verlieren. Zudem haben wir ja hundertmal gekostet, bevor es zur Schlussassemblage geht." Erst im Januar oder Februar des darauffolgenden Jahres werden dann die Pinot-Noir-Weine ohne Filtration und Schönung in die Flaschen abgefüllt, und nach einem Monat Flaschenreife sind sie dann bereit, um in alle Welt verschickt zu werden.

Die süßen Fläscher Weißweine

Die Gantenbeins produzieren mit ihrer ganzen Ernte nur drei Weine. Pinot Noir und Chardonnay reifen auf klassische Burgunderart im Holz und werden unfiltriert und ungeschönt abgefüllt. Dazu kommt der Rheinriesling, meist eine Auslese nach Mosel-Vorbild. Martha und Daniel haben die süßen Fläscher Weißweine als erste propagiert und daraus eine gesuchte Spezialität gemacht. Gantenbein stoppt die Gärung, indem er den fermentierenden Most hinunterkühlt. Und zwar genau in dem Moment, in dem die Süße des unvergorenen Traubenzuckers mit der verbliebenen Säure ein harmonisches Duett bildet und so die Fruchtaromatik unterstreicht. Eine Gratwanderung, die vom Winzerpaar höchste degustative Sensibilität verlangt, zur Belohnung aber bezaubernde, alkoholleichte Weine hervorbringt.

Eigentümer o *Owner*
Martha und Daniel Gantenbein

Weingärten o *Vineyards*
6 Hektar (14,4 acres) in Fläsch, Graubünden

Rebsorten o *Grape varietals*
80% Pinot Noir, 14% Chardonnay, 6% Rheinriesling

Alter der Reben o *Average age of the vines*
10 bis 30+ Jahre

Pflanzdichte o *Density of plantation*
7.500 Reben/Hektar

Hektarerträge o *Average yield per hectar*
Pinot Noir: 35 Hektoliter/Hektar
Chardonnay: 40 Hektoliter/Hektar

Weine o *Wines*
Pinot Noir, Chardonnay, Rheinriesling

Elevage o *Winemaking and upbringing*
Pinot Noir: Die von Hand gelesenen Trauben werden in kleinen Lesekisten von 12 kg Inhalt zum Keller geführt und dort sofort gerebelt. Die perfekten Beeren gleiten durch Gravitation in den Keller in die Eichenholzgärständer (Cuve de fermentation). Für 5 bis 7 Tage wird die Maische im Kühlraum kalt mazeriert.
Die Gärung verläuft anschließend während 7 bis 9 Tagen, und der Jungwein wird sofort in neue Barriques gefüllt. Seihwein und Presswein werden separat ausgebaut. Nach der malolaktischen Gärung in den Barriques und nach einem Umzug reifen die Weine im Barriquekeller während 12 bis 14 Monaten.
Chardonnay: Die Trauben werden händisch geerntet, und alle Trauben werden sofort, wenn sie in den Keller (Torggel) kommen, gerebelt, gequetscht und zur weiteren alkoholischen Gärung in neue Barriques gefüllt. Nach der malolaktischen Gärung verbleiben die Weine noch für 8 bis 12 Monate in den Barriques, bevor der Wein in Flaschen gefüllt wird. So lange wie möglich wird während dieser Reifezeit die Feinhefe aufgerührt.

Jahresproduktion o *Annual production*
Pinot Noir: 22.000 Flaschen
Chardonnay: 5.000 Flaschen

Kellermeister/Önologe o *Winemaker*
Daniel Gantenbein

Weingutbesuch o *Visiting policy* o *Contact*
Nur nach telefonischer Vereinbarung

Weinverkaufspreise o *Average price*
Je nach Jahrgang unterschiedlich: € 30,–/45,–

Restaurant Weinkarte o *Winelist*
Weltweit in den besten Restaurants

Besondere Jahrgänge o *Great recent vintages*
2007, 2006, 2005, 2004, 2002, 2001, 1999, 1997, 1996, 1995

Martha und Daniel Gantenbein
CH-21190 Fläsch, Schweiz
Tel.: +41 81 302 47 88, Fax: -0
e-mail: gantenbeinwein@bluewin.ch

Jean-Michel Chartron: „Die verschiedenen Chardonnay in dieser Region sind eine einzigartige Gelegenheit, den Ausdruck des Bodens zu betonen. Wir müssen die unterschiedlichen Bodenstrukturen und Kleinklimata der einzelnen Lagen respektieren und in den Weinen zum Ausdruck bringen."

DOMAINE JEAN CHARTRON PULIGNY-MONTRACHET

Die Quintessenz des Montrachet-Terroirs

Die einzige und wichtigste Bedeutung der am Fuße eines 353 Meter hohen Berges gelegenen Ortschaft Puligny-Montrachet liegt im Weinbau. Dieser wiederum profitiert von dem besonderen Terroir und exzellenten Mikroklima. Der Boden besteht aus einer Mischung aus Lehm, Silizium und Kalkgestein und eignet sich hervorragend für die Sorten Chardonnay und Pinot Noir.

Der Anbau der Rebsorte Chardonnay hat seit den 90er Jahren des letzten Jahrhunderts überall in der Welt stark zugenommen. Es kennen in der Zwischenzeit mehr Weintrinker diese Rebsorte als die Orts-, Lagen- oder Weinbezeichnung Montrachet oder Meursault. Der Chardonnay hat sich in der Zwischenzeit zu einer Weltmarke entwickelt.

Viele Chardonnays verfügen über Aromen, die weniger durch Herkunft, Terroir oder Traube entstanden sind als durch Kellertechniken. Ein großer Wein aus der Chardonnay-Traube von einem ausgezeichneten Terroir erfordert vom Winzer Selbstbeherrschung und Disziplin, und in seinen beiden Rollen, sowohl als Viticulteur im Weingarten und Maître de chai im Keller.

Einer der Vorzeigebetriebe in Puligny-Montrachet, die Domäne Jean Chartron, wurde 1859 vom Fassbinder Jean-Edouard Dupard gegründet und wird nun bereits in der fünften Generation von Jean-Michel Chartron und seiner Schwester Annelo höchst erfolgreich geführt. Die beiden wahren das von ihren Vorfahren anvertraute Vermächtnis und keltern aus den Trauben der besten Lagen in Puligny-Montrachet hervorragende Burgunderweine. Durchwegs Grands Crus und Premiers Crus. Allen voran die Chardonnays.

Die Domäne Jean Chartron verfügt über eine Rebfläche von zwölf Hektar in Puligny-Montrachet und in der Nachbarschaft, wobei die besten Lagen auf dem Weinberg Montrachet mit „Clos des Chevaliers", „Clos de la Pucelle" und „Le Batard" benannt sind. Diese Bezeichnungen gehen der Überlieferung nach auf das Mittelalter zurück, als der einzige Sohn des „Chevalier de Montrachet" freiwillig in den Krieg zog. Eines Tages, als der Chevalier durch die Weingärten spazierte, traf er eine junge Magd, die ihren illegitimen Sohn (Bâtard) bei sich hatte. In Trauer um seinen im Krieg gefallenen Sohn adoptierte er den Bâtard und präsentierte ihn in der kleinen Ortschaft. Dort hieß man ihn *Bienvenue* (Willkommen) und der Chevalier war so glücklich darüber, daß er weinte (*Criôt*). In dieser Geschichte sind alle Grands Crus von Montrachet sehr poetisch aufgeführt: Montrachet, Chevalier-Montrachet, Bâtard-Montrachet (das illegitime Kind), Bienvenue-Bâtard-Montrachet, La Pucelle (seine Tochter), und Criôts-Bâtard-Montrachet (nach einem zweiten illegitimen Kind).

Die absolut beste Lage der Domäne Jean Cartron ist sicherlich die „Clos des Chevaliers". Sie liegt am Berghang in einer Höhe zwischen 265 und 300 Metern, wobei sich die Bodenstruktur je nach Höhenlage ändert. Der höher gelegene Teil hat mitunter nur eine geringe Erdauflage über dem Kalkstein, im tiefer gelegenen Bereich wird die Erdauflage immer stärker.

Die Weingartenbewirtschaftung in der Domäne Jean Chartron erfolgt nach biologischen Richtlinien, das heißt, dass keine chemischen Herbizide verwendet werden. Das

Chartron et Trebuchet
Saint Vincent tournante 1991

5505

durchschnittliche Alter der Rebstöcke beträgt 40+ Jahre, wobei eine regelmäßige Nachpflanzung einzelner Stöcke in den letzten Jahrzehnten eine gleichmäßige Qualität und einen gleichmäßigen Ertrag ermöglichen.

Die Lese der Trauben erfolgt ausschließlich von Hand, die Vinifizierung und Lagerung der Weine erfolgt in Kellern, deren Temperatur und Luftfeuchtigkeit laufend kontrolliert wird. Der Begriff „chai" (Weinkeller) ist in Puligny-Montrachet allerdings etwas irreführend. Die „Weinkeller" befinden sich nämlich durchwegs zu ebener Erde, da der hohe Grundwasserspiegel in diesem Gebiet die Errichtung unterirdischer Kellergewölbe nicht zulässt.

Die Weingärten und Weine

Die 16 Hektar Rebflächen der Domäne Jean Chartron liegen im Herzen der besten Weißweinlagen von Puligny-Montrachet, was erklärt, dass sich Jean-Michel Chartron auf die Kelterung von Chardonnay konzentriert. 75 Prozent seiner Produktion entfallen auf Chardonnay. Die Weingärten der Côte d'Or sind auf viele Besitzer aufgeteilt, die Größe der einzelnen Anteile ist sehr unterschiedlich. Die Entstehung dieser teilweise winzigen Flecken Weingärten sind auf das alte französische Erbrecht zurückzuführen.

Der Besitz von Weingärten in einigen der berühmtesten Weinlagen der Welt bringt für Jean-Michel Chartron eine große Herausforderung mit sich. Alle Weine dieser Lagen sind für ihren typischen Terroir-Geschmack bekannt. Doch erst die Sachkenntnis des Winzers bringt bei der „élevage" – dem „Ausbau" des Weines im Keller – diese Feinheiten des Terroirs zu Tage.

Ein Puligny-Chevalier-Montrachet Grand Cru verbindet Eleganz und Kraft mit großem aromatischen Reichtum. Sein volles Bukett mit dem edlen, komplexen Geschmack hat ihm bei den trockenen Weißweinen schon immer zu einer führenden Position verholfen. Durch seinen subtilen Geschmack, mit honigduftenden Aromen nach Pfirsich und Aprikosen, und durch seine rassige und saftige Säure und die typischen mineralischen Noten zeichnet sich der in Puligny gewachsene Burgunder aus.

Die bekanntesten Lagen und Weine aus der Domäne Charles Chantron sind bei den Burgundern die Grands Crus „Chevalier-Montrachet", „Batard-Montrachet", die 1er Cru Puligny-Montrachet „Clos de Cailleret", „Clos de la Pucelle" und „Les Folatières". Bei den Pinot Noirs sind der Puligny-Montrachet Saint Aubin 1er Cru „Les Murgers des Dents de Chien" und der Chassagne Montrachet „Les Benoites" die besten Lagen. Die teilweise über 50 Jahre alten Rebstöcke werden in der traditionellen burgundischen Reberziehung kultiviert. Ein kurzer Rebschnitt und das Ausdünnen von Trauben im Sommer bringen einen Ertrag von 4-6 Trauben pro Rebstock bis zur Traubenernte, die meist Ende September oder in der ersten Oktoberwoche stattfindet.

Die starke Aufsplitterung der Weingärten macht ein generelles Handlesen der Trauben notwendig. Das sorgfältige Lesen der Trauben in Lesebutten, die geringen Entfernungen zwischen Weinbergen und Keller und die kühlen Herbsttemperaturen tragen dazu bei, dass die Trauben in hervorragendem Zustand eingebracht werden.

Im Weingarten und auch im Weinkeller arbeitet die Familie Chartron traditionell und behutsam. Alle Lagen, und ist die Fläche auch noch so klein, werden getrennt vinifiziert.

Doch zuvor ist sehr viel Handarbeit bei der Pflege der Weingärten notwendig. Für Jean-Michel Chartron ist das Ziel seiner Weinbergpflege einfach definiert: Einen Rebstock im Gleichgewicht halten, sodass er einen mäßigen Ertrag an Trauben hervorbringt. Der volle Geschmacksgehalt, die organoleptische Reife, mit großem aromatischen Reichtum, wird bei einem Reifegrad der Trauben von 12,5°–13°Baumé (19°–20°KMW, 95°–99°Öchsle) erreicht.

1,2

Die Kraft des Bodens
Der Boden besteht aus einer Mischung aus Lehm, Silizium und Kalkgestein und eignet sich hervorragend für die Rebsorte Chardonnay.

3

Das Tor zum Chevalier-Montrachet
Eine weitere Geschichte erzählt davon, dass Liebenden, die sich unter dem Torbogen des Chevalier-Montrachet Weingartens küssen, besonderes Liebesglück beschert ist.

4

Die Philosophie des Terroir
Die natürlichen Gegebenheiten der Bodenzusammensetzung spiegeln sich auch im Wein wider. Die Mineralität dieses Weingartens ist unverkennbar im Glas zu finden.

8

Le Vignoble: Chardonnay
Der volle Geschmacksgehalt, die organoleptische Reife, wird bei einem Reifegrad von 12,5°–13°Baumé (vol% Alkohol) erreicht.

9, 10

Volle Ausreifung der Trauben
Die Chardonnaytrauben erreichen eine durchschnittliche Reife von 19°–20°KMW (95°–99°Öchsle), mit einem Säuregehalt zwischen 7,6 und 8,4 g/l. Ein Anteil von 15% mit dem Edelpilz Botrytis cinerea befallenen Trauben wird als ideal angesehen.

11

Der steinige Boden findet im Wein seinen Ausdruck
Die natürlichen Gegebenheiten der Bodenzusammensetzung spiegeln sich auch im Wein wider. Die besondere Mineralität dieses Weingartens ist unverkennbar im Glas zu finden.

5,6

Der Chevalier Montrachet Grand Cru-Weingarten

Der ganze Chevalier Montrachet Grand Cru-Weingarten ist von einer Mauer umgeben. Seine gesamte Rebfläche beträgt nur 7,36 ha.

6,7

Le Vignoble: Chardonnay

Alle Chardonnay- und Pinot Noir-Trauben werden händisch geerntet, mit Butten gesammelt und zum Lese-anhänger getragen. Eine qualitative Selektion findet direkt am Weinstock statt.

12,13

Im Herzen eines Terroirs finden wir das Mysterium zwischen den Gegebenheiten der Natur und der Arbeit des Menschen

Dom Denises beschrieb schon im 18. Jhdt in seinem Buch "The Vines and Wines of Burgundy" die Hierarchie und Qualitätsunterschiede der einzelnen burgundischen Weingartenlagen.

14

Terroirs, Weingärten und die Hierarchie von Climates (ein namentlich benannter Teil eines Weingartens)

Das Buch "The Vines and Wines of Burgundy" beschrieb als erstes sehr detailliert, was unter Terroir zu verstehen ist, wie die strukturellen Unterschiede innerhalb eines Weingartens sind und wie sich die daraus gekelterten Weine entwickeln.

1

Alte Rebstöcke sind die Basis
Die teilweise über 50 Jahre alten Rebstöcke werden in der traditionellen burgundischen Reberziehung kultiviert.

2

Sammeln der geernteten Trauben
Ein kurzer Rebschnitt und das Ausdünnen von Trauben im Sommer bringen einen Ertrag von 4-8 Trauben pro Rebstock. Die Ernte findet meist Ende September oder in der ersten Oktoberwoche statt.

3

Eine tiefe Traubenzone und die abstrahlende Bodenwärme
Die Traubenzone ist nur 40–50 cm über dem steinigen Boden. Bis zum Abend wird der Rücken schmerzen.

8

Im Weinkeller
Vom Leseanhänger werden die Trauben direkt in die Presse befördert.

9

Ohne Entrappen in die Presse
Jean-Michel Chartron verzichtet bei seinem Chardonnay auf das Entrappen (Entfernen der Stiele und Grünteile), die Beeren werden nur leicht gequetscht, und er bringt die fast ganzen Trauben in die Presse.

10,11

Le vinification et l'Élevage
Der Presvorgang verläuft dann zwar sehr langsam, doch der so gewonnene Saft ist klarer und feiner.

4, 5

Ein Burgunder der Weltklasse

Einen Chevalier-Montrachet Grand Cru verbindet Eleganz und Kraft mit großem aromatischen Reichtum. Sein volles Bukett mit dem edlen, komplexen Geschmack hat ihm schon immer zu einer führenden Position verholfen.

6,7

Der Weingarten

Durch seinen subtilen Geschmack und mit honigduftenden Aromen nach Pfirsich und Aprikosen und durch eine rassige und saftige Säure und die typische mineralische Note zeichnet sich der in Puligny gewachsene Burgunder aus. Der Chevalier Montrachet Grand Cru-Weingarten ist ganz von einer Mauer umgeben.

12,13

Messen des Zuckergehaltes

Während der Gärphase wird jede Barrique täglich analytisch kontrolliert. Die Gärtemperatur, der Zucker und die Dichte werden ständig beobachtet.

14

La Fermentation

Der Most wird für die ersten 48 Stunden auf 8°C gekühlt und kann sich dabei natürlich klären. Durch die Kühlung setzen sich die festen Trubstoffe schneller am Boden ab. Der vorgeklärte Most wird anschließend auf die Barriques aufgeteilt.

Die Chardonnay-Ernte

Der Chardonnay erreicht eine durchschnittliche Reife von 12,5 – 13vol% Alkohol, mit einem Säuregehalt zwischen 7,6 und 8,4 g/l. Ein Anteil von bis zu 15% mit dem Edelpilz Botrytis cinerea befallenen Trauben wird als ideal angesehen, wobei es sich dabei immer um eine trockene Botrytis – ohne sichtbaren Pilzrasen – handelt. Solange der Säurespiegel in den Chardonnay-Trauben hoch ist, werden die Trauben nicht vom Edelpilz Botrytis cinerea befallen. Das Zunehmen der Reife bewirkt gleichzeitig eine Reduktion der Säuren, dann besteht die Gefahr einer Infektion.

Alle Chardonnay- und Pinot-Noir-Trauben werden händisch geerntet, mit Butten gesammelt und zum Leseanhänger getragen. Eine qualitative Selektion findet direkt am Weinstock statt, ein leichter Botrytisanteil ist dabei durchaus erwünscht. Mit dem Traktor werden die Trauben zum Keller geführt und vom Leseanhänger direkt in die Presse befördert.

„élevage" – die Vinifizierung

Die Trauben werden nicht entrappt, sondern mit den Stängeln gequetscht, damit Fruchtfleisch und Saft austreten können und das Pressen in der pneumatischen Presse erleichtert wird. Ohne Maischestandzeit wird sofort abgepresst. Die Moste von der ersten leichten und der zweiten, etwas stärkeren Pressung kommen in einen großen Entschleimungstank. Als Oxidationsschutz wird dem Most ein wenig Schwefel zugegeben. Zur natürlichen Klärung von den gröbsten Trubstoffen bleibt der Most über Nacht in eigenen gekühlten Absetztanks stehen, dabei sinken die schweren Trubteilchen zu Boden (débourbage). Anschließend wird der vorgeklärte Most in die Barriques gefüllt und die Gärung eingeleitet. Klassische Burgunder werden immer in den kleinen Fässern vergoren, die sich an die kühlen Kellertemperaturen leichter anpassen.

Der Gärstart erfolgt in jedem der einzelnen Fässer spontan, nur durch die natürlichen, in den Weingärten vorkommenden wilden Hefen. Nur wenn die Gärung nicht beginnen will, werden Kulturhefen eingesetzt. Hat die Gärung einmal eingesetzt, steigt die Wärme von selbst auf 22° bis 25°C. (71,6°-77°F.) an. Wenn dann ein paar Fässer zu gären begonnen haben, steigt die Lufttemperatur beträchlich an und treibt dadurch auch die Gärtemperaturen etwas in die Höhe. Die Vergärung dauert etwa 6 bis 8 Wochen.

Danach folgt die zweite – die malolaktische – Gärung bei einer optimalen Kellertemperatur von 17°C. (62,5°F.). Während dieser Phase der Fassreife wird die Hefe aufgerührt (bâtonnage).

Das Aufrühren des Hefesatzes wird in den ersten Monaten wöchentlich und danach in größeren Abständen durchgeführt. Bei Trauben mit wenig Botrytis wird die Hefe einmal in der Woche aufgerührt. Bei starker Botrytis nur einmal im Monat. Botrytis bringt sehr viel Glyzerin in den Wein, und durch starkes Aufrühren wird der Wein schwer und buttrig. Die Feinhefe ist auch gleichzeitig Oxidationsschutz.

Sobald die malolaktische Vergärung abgeschlossen ist, werden die Weine von der Grobhefe abgezogen. Die weitere Reife erfolgt wieder in den Barriques bei einer Raumtemperatur zwischen 12° bis 13°C. (53°-55°F.) und dauert je nach Lage und Qualität des Jahrganges zwischen 8 und 12 Monaten. Manchmal, wenn notwendig, werden leichte Schönungen vorgenommen, aber keine Filtration.

Jean Michel Chartron entscheidet für jede einzelne seiner großen Lagen, wie hoch der Prozentsatz von neuen Fässern sein muss und aus welchem Holz sie sein sollen. Zum Großteil verwendet er Fässer aus Allier-Eiche, den Rest aus den Vosgesen. Der Anteil an neuen Fässern schwankt zwischen 10 und 40 Prozent, gebrauchte Fässer werden nach drei Jahren ausgeschieden.

Puligny-Chevalier-Montrachet

Wird ein teilweise geklärter Most in Barriques bei mäßigen Temperaturen vergoren, so führt das zur Unterdrückung der primären Frucht in Aroma und Geschmack. Diese stellen sich erst im Laufe einer mehrjährigen Lagerzeit des Weines wieder ein. Durch das Vergären des trüben Mostes in den Kleinfässern, mit der anschließenden malolaktischen Gärung wird mehr Komplexität angestrebt. Die Konsistenz und das Gefüge des Weines sind durch die Barriquegärung komplexer, am Anfang ist er aber hart und unharmonisch. Jean-Michel Chartron: „Für einen Weinausbau in Barriques müssen zwei Voraussetzungen gegeben sein: Der Geschmack der Trauben muss große Tiefe und Intensität aufweisen, und der fertige Wein braucht eine Flaschenreife von mindestens drei Jahren, manchmal auch viel länger. Nur dann können sich die Bestandteile verbinden, er wird milder und kann sich langsam entfalten." Erst die Sachkenntnis des Winzers bringt bei der „élevage" – dem „Ausbau" des Weines im Keller – diese Feinheiten zu Tage.

Der Puligny-Chevalier-Montrachet Grand Cru verbindet Eleganz und Kraft mit großem aromatischen Reichtum. Sein volles Bukett mit dem edlen, komplexen Geschmack hat ihm bei den trockenen Weißweinen schon immer zu einer führenden Position verholfen. Durch seinen subtilen Geschmack, mit honigduftenden Aromen nach Pfirsich und Aprikosen, und durch eine rassige und saftige Säure zeichnet sich der in Puligny gewachsene Burgunder aus.

Klassifikation o *Classification*
Grand Vins de Bourgogne

Eigentümer o *Owner*
Familie Chartron

Weingärten o *Vineyards*
12 Hektar (28,8 acres)
Die Weingärten der Domaine Jean Chartron befinden sich in Puligny-Montrachet und einigen Nachbargemeinden, Chevalier-Montrached Grand Cru „Clos des Chevaliers" 46 a 75 ca, Batard-Montrachet Grand Cru 12 a 84 ca, Puligny-Montrachet 1er Cru „Clos du Caillert" 86 a 41 ca, Puligny-Montrachet 1er Cru „Clos du Pucelle" 1 ha 16 a 38 ca, Puligny-Montrachet 1er Cru „Les Folatières" 45 a 14 ca, u.a.

Bodenstrukturen o *Soil*
Die Böden bestehen aus einer Mischung aus Lehm, Silizium und Kalkgestein und eignen sich hervorragend für die Rebsorten Chardonnay und Pinot Noir

Rebsorten o *Grape varietals*
85% Chardonnay, 15% Pinot Noir

Alter der Reben o *Average age of the vines*
15 - 50+ Jahre

Pflanzdichte o *Density of plantation*
9.000-10.000 Rebstöcke/Hektar

Hektarerträge o *Average yield per hectar*
Chardonnay: 35-45 Hektoliter/Hektar

Weine o *Wines*
Grands Crus: „Chevalier-Montrachet" und „Batard-Montrachet"
Premiers Crus: Puligny-Montrachet „Clos de Cailleret", „Clos de la Pucelle" und „Les Folatières"

Elevage o *Winemaking and upbringing*
Das Ernten der Trauben erfolgt ausschließlich von Hand. Die Trauben werden nach der Ankunft im Weinkeller nicht gerebelt, nur gequetscht und nach einer sehr kurzen Maischestandzeit in der Presse gepresst.

Jahresproduktion o *Annual production*
Domaine Jean Chartron: 65.000 Flaschen

Kellermeister/Önologe o *Winemaker*
Jean-Michel Chartron

Besuch im Weingut o *Contact*
Nur nach telefonischer Vereinbarung

Weinverkaufspreise o *Average price*
Je nach Lage und Jahrgang unterschiedlich: € 20,–/120,–

Restaurant Weinkarte o *Winelist*
Weltweit in den besten Restaurants auf der Weinkarte

Besondere Jahrgänge o *Great recent vintages*
2007, 2006, 2005, 2004, 2003, 2002, 2000, 1998

Domaine Jean Chartron

F- 21190 Puligny-Montrachet, Grand Rue, France
Tel.: +33(0)3 80 21 99 19
Fax: +33(0)3 80 21 99 23
www: jeanchartron.com
e-mail: jean-michel.chartron@jeanchartron.com

DOMAINE ROMANÉE-CONTI
THE EXCELLENCE OF TERROIR
VERMITTLER ZWISCHEN BODEN UND WEIN
VOSNE-ROMANÉE, CÔTE-DE NUITS

Das Weingut „Domaine de la Romanée Conti" in Vosne Romanée im Burgund erzeugt Weine, die Weinliebhaber in Verzücken versetzen, wenn sie nur den Namen hören. Getrunken werden diese Weine aber nur von wenigen Privilegierten. Das hat seinen guten Grund. Erstens werden vom Wein aus der Lage „Romanée Conti" Jahr für Jahr gerade einmal an die 5.500 Flaschen gefüllt und zum anderen sind diese Flaschen für den Durchschnittsbürger praktisch unerschwinglich. Auf den Preis für eine Flasche vom 2005er angesprochen, meinte ein Weinhändler in Beaune: „Wenn ich nur einen hätte. Ich müßte 3.500 Euro für eine Flasche berechnen." Kein Wunder, gilt doch der Romanée Conti als einer der teuersten Weine der Welt. Um eine Flasche dieses legendären Weines muss man subskribieren und danach hoffen, bei der Zuteilung berücksichtigt zu werden.
Schon die Römer hatten im Gebiet der heutigen Côte d'Or, in dem sich heute auch die weltberühmte Domaine de la Romanée Conti (DRC) befindet, Weinbau betrieben. Die ersten schriftlichen Belege tauchten erst ab dem Jahr 1232 auf. Sie besagen, dass Benediktinermönche den Weinberg Romanée ausschließlich mit Pinot Noir bepflanzten. Dieser Weingarten hatte damals schon die selben Ausmasse, wie man sie auch heute noch vorfindet. Also gerade 1,8 Hektar. Nach mehreren Besitzerwechseln fielen das Weingut und die Rebflächen an Louis Francois de Bourbon-Conti, was für das Weingut insoferne von Bedeutung war, als der Prinz dem Namen Romanée nun auch seinen Namen „Conti" beifügte. Seit damals heißt das Weingut Romanée Conti.

Der nächste Meilenstein in der Geschichte des Weingutes datiert aus der Mitte des vorigen Jahrhunderts. Als die Erträge des Weingartens, der bis dahin mit unveredelten Rebstöcken bepflanzt war, mehr und mehr zurückgingen, entschlossen sich die Besitzer im Jahre 1945, die gesamte Rebfläche von 1,8 Hektar zu roden und neu auszupflanzen. Was bewirkte, dass es in den Jahren bis 1951 keinen Wein aus der Einzellage Romanée Conti gab.
Heute wird die Domaine de la Romanée Conti, eine Gesellschaft bürgerlichen Rechts, von Aubert de Villaine geleitet, der seinen Ehrgeiz darin setzt, möglichst wenig in die Natur der Dinge einzugreifen. „Nichts ist schwieriger, als mit Einfachheit zu handeln", sagt er und sieht in der Person des Winzers nur einen Vermittler zwischen Boden, Trauben und dem daraus gewonnenen Wein. Dementsprechend ist der Einfluss der Natur, also der Einfluss des Bodens und der unterschiedlichen Witterung, jedes Jahr dafür verantwortlich, dass auch die Weine von Jahrgang zu Jahrgang Unterschiede aufweisen. Deshalb will er einzelne Jahrgänge auch gar nicht miteinander vergleichen, sondern jeden für sich einzeln beurteilen. „Manchmal gleichen unsere Weine einer Symphonie, manchmal einer Kammermusik und wieder ein anderes Mal einem Jazz", sagte er bei einer Verkostung des Jahrganges 2006 in den USA.
Und so, wie viele Musik-Liebhaber noch nicht das Vergnügen hatten, etwa die Wiener Philharmoniker, das Los Angeles Chamber Orchestra, oder einen Duke Ellington live zu erleben, müssen sich viele Wein-Liebhaber beim Romanée Conti mit dem Hörensagen begnügen.

Arbeiten mit 2 Pferdestärken

Im Gegensatz zu früher, als man noch über eigene Pferde verfügte, vertraut man nun auf Sebastian Denis, der sich auf die Bearbeitung von Weingärten mit Hilfe von Pferden spezialisiert hat. Auch für die Pferde ist das Pflügen der Weingärten Schwerstarbeit. Wie es heißt, schaffen die beiden Pferde an einem sechsstündigen Arbeitstag gerade einmal, eine Fläche von einem Hektar zu pflügen. Etwa neunmal im Jahr geht Denis mit seinen Pferden durch die Weingärten von La Romanée Conti.

Die Domaine de la Romanée Conti umfaßt eine Rebfläche von insgesamt 25 Hektar, die sich auf Lagen an der Côtes de Nuits und und der Côte de Beaune erstrecken. Während die Côte de Beaune Heimat von hervorragenden Chardonnays ist, kommen aus der Côte de Nuits die großartigsten Rotweine dieser Welt. Und genau in diesem Bereich befinden sich auch die drei wichtigsten Weingärten dieses Gutes, die allesamt mit der Rebsorte Pinot Noir bepflanzt sind.

Romanée Conti

Dieser 1,8 Hektar große Weingarten, der im selben Umfang schon im 13. Jahrhundert von Benediktinermönchen bewirtschaftet worden ist, gilt als die „Perle des Burgund". Der nach Osten ausgerichtete Weingarten liegt auf einem Hang mit einer durchschnittlichen Steigung zwischen 5 und 15 Prozent, wobei die höchsten Punkte dieser Rebfläche um 270 Meter Seehöhe liegen. Der mit vielen Rissen, Sprüngen und Spalten versehene Boden besteht im Wesentlichen aus verschiedenen Kalksteintypen und Lehm. Es ist aber weniger der Boden, als der ideale Neigungswinkel, der diesen besonderen Weingarten auszeichnet. Durch diese Hangneigung und die Durchlässigkeit des Bodens wird der Weingarten bestens drainagiert, außerdem fängt der Weingarten schon die sanfte Morgensonne ein. Die Trauben von Romanée Conti reifen früher als solche in anderen Weingärten, werden deshalb aber nicht immer als Erste gelesen.

La Tâche

Auch der 6 Hektar große Weingarten von La Tâche befindet sich auf einem nach Osten ausgerichteten Hang. Diese Parzelle liegt zwischen 250 und 300 Metern über dem Meerespiegel und weist zum überwiegenden Teil einen Kalksteinboden auf, mit einer lehmhaltigen Decke, die im oberen Bereich des Weingartens dünner ist, als im unteren Bereich. Der Kalkstein hilft, die Wärme des Tages bis in die Nacht zu speichern und sorgt darüberhinaus für eine gute Drainage. Der Weingarten von La Tâche ist durch ein besonderes Kleinklima geprägt. Über den Hang streicht zumeist ein leichter Föhn, ein warmer Fallwind, der am Fuße des Hanges wieder nach oben strömt. Bemerkenswerter Weise wurden die Rebstöcke der Lage La Tâche nach 1945 mit Edelreisern bestückt, die vor der Rodung der Romanée Conti Parzelle selektioniert worden waren.

Grands Echézeaux

In der seit dem Jahre 1936 als Grand Cru ausgewiesenen Lage Grands Echézeaux besitzt die Domaine de la Romanee Conti einen 3 ,5 Hektar großen Weingarten. Grands Echézeaux liegt unterhalb der Lage von Echézeaux und weist eine geringere Hangneigung und einen tieferen Boden als diese auf. Das durchschnittliche Alter der Rebstöcke beträgt etwa 40 Jahre. Weitere Grand Cru Lagen der Domaine de la Romanée Conti sind Richebourg, Romanée St. Vivant, Echézeaux und Montrachet.

Da die Basis für einen exzellenten Wein immer schon im Weingarten gelegt wird, werden die DRC-Rebflächen stets mit größter Sorgfalt bearbeitet. Und zwar so, dass vor allem die oberste Bodenschichte nicht in Mitleidenschaft gezogen wird. Daher verzichtete man seit jeher auf den Einsatz schwerer Traktoren, die den Boden verdichten, sondern verwendet leichtere Geräte. Seit dem Jahre 1999 heißt es in der Domaine de la Romanée Conti sozusagen „back to the roots" und setzt für verschiedene Tätigkeiten im Weingarten wieder Pferde ein.

Aubert de Villaine geht mit seinen Rebflächen insgesamt sehr sorgsam um. „Man muss dem Boden die Möglichkeit geben, als Terroir zu fungieren", sagt er und meint damit, dass man nur dann von einem Terroir sprechen kann, wenn es der Vigneron versteht, die Vorzüge eines Bodens an jene des jeweiligen Kleinklimas anzupassen. Man hat längst erkannt, dass der Boden ein ungemein wertvolles, aber auch filigranes Vermächtnis ist, das es in der Art und Weise, wie es behandelt werden will, zu respektieren gilt.

Dementsprechend wird seit dem Jahr 1992 in den Weingärten auf die Ausbringung von tierischem, organischem Dünger verzichtet und nur noch pflanzlicher Kompost eingesetzt. Es hat sich herausgestellt, dass jede Art von Düngung das Terroir ernsthaft stören, im schlimmsten Fall sogar schädigen kann. Aber auch der pflanzliche Kompost wird recht sparsam eingesetzt, er soll nur das mikrobiologische Leben im Boden aktivieren. Seit 1998 werden auf der Domaine de la Romanée Conti ebenso wie bei allen anderen Winzern von Vosne-Romanée und Flagey-Echézeaux keine Insektizide mehr gespritzt. Eingesetzt werden sogenannte Pheromonen, Sexual-Lockduftstoffe, die aus Kapseln ausströmen und die schädlichen Traubenwickler so verwirren, dass sie nicht mehr in der Lage sind, ihre Weibchen zur Fortpflanzung zu finden. Die Methode erwies sich als sehr effektiv. Alles in allem kann man erkennen, dass in der Bewirtschaftung der DRC-Weingärten weitgehend auf Maschineneinsatz zugunsten menschlicher Arbeitskraft verzichtet wird. Ein Faktor, der sich freilich auch auf die Entstehungskosten des Weines niederschlägt.

Auf der Suche nach dem besten Terroir-Effekt in den Weinen werden seit 1997 auch Versuche an einer höheren Bestockungsdichte gemacht. Die Überlegung war, ob bei einer dichteren Bestockung die einzelnen Reben tiefer wurzeln um an die Nährstoffe zu gelangen, da die Konkurrenz zwischen den Rebstöcken größer ist. Derzeit gibt es zwei Parzellen, auf denen diese Versuche gemacht werden, beide sind mit je 14.000 Stöcken pro Hektar bepflanzt. Mit dem Langzeitversuch will man auch den Nachweis erbringen, ob damit auf Sicht eine frühere Reife erzielt werden kann, weil auf den Stöcken weniger Trauben wachsen, und ob in Folge auch höhere Traubenqualitäten gewonnen werden können. Bei all seinem Engagement für biologische und biodynamische Arbeitsweisen im Weingarten versteht es sich von selbst, dass Aubert de Villaine ein entschiedener Gegner von genmanipulierten Organismen ist.

1,2

Die Weinbereitung beginnt im Weinberg

Für einen erstklassigen Pinot Noir sind mehrere Faktoren zu berücksichtigen: die Lage, die Auswahl und Selektion feinster Pinot Noir-Rebstöcke, die Bearbeitung des Bodens, die Pflege der Rebstöcke und dann die Ertragsreduzierung.

3

Der Pinot Noir bringt niedrige Erträge

Für einen roten Grands Cru ist ein Hektarhöchstertrag von 30 Hektoliter von gesunden, ausgereiften Trauben die oberste Grenze. Nur wenn Boden und Rebstock im Gleichgewicht sind, läßt sich das erreichen.

7,8

Die Aufsicht bei der Ernte

Gérard Marlot ist schon seit 1984 für die Weinberge verantwortlich. Er kennt den Reifeverlauf der Pinot Noir-Trauben jeder der einzelnen Parzellen genau und läßt auch entsprechend dieser kleinen, aber feinen Unterschiede die Trauben ernten.

9,10,11

Alle Trauben werden von Hand gelesen

Im Weinberg bei der Traubenernte erfolgt die erste und wichtigste Selektion der Trauben. Die Erntehelfer haben genaue Anweisungen, was genau geerntet werden darf und welche Teile schon an Ort und Stelle vorsichtig entfernt werden müssen.

4,5

Der DRC-Pinot Noir

Das Geschmacksbild des Pinot-Noir liegt unter optimalen Voraussetzungen zwischen dunkelroten Kirschen und Himbeeren und einer vollen, üppigen Pflaumenfrucht.

6

Die Lesemannschaft

Im Herbst zur Erntezeit sind bei einer DRC-Lese rund 100 Personen beschäftigt, neben den rund 30 festen Mitarbeitern werden speziell für die Traubenernte noch 70 weitere Helfer benötigt.

12,13

Der „vignoble" – die Weingärten, das Rebgelände

Der „vignoble" – das Rebgelände – der Domaine de la Romanée Conti besteht in erster Linie aus zwei „monopoles", Weingärten im ausschließlichen Familienbesitz: „La Romanée-Conti" mit einer Rebfläche von 1,8 ha und „La Tâche" mit 6,6 ha, beide Weingärten sind als Grands Crus klassifiziert.

14,15

La Romanée-Conti

Das berühmte Kreuz „La croix de Pierre" aus dem 18. Jahrhundert am Fuße der Lage „La Romanée-Conti". Der Boden dieses Weinberges enthält 72,5% Silizium, wie aus der Bodenanalyse hervorgeht: weiters Aluminium, Kalk, Spuren von organischen Stoffen, Chloriden und Eisen.

1,2

Der richtige Lesezeitpunkt

Die Beeren werden regelmäßig probiert, um den Geschmack von Schale und Kernen zu beurteilen. Wenn die Kerne neutral schmecken, sind die Trauben reif für die Ernte. Die Farbe der Kerne gibt auch einen Hinweise auf den Lesezeitpunkt.

3

Die Beerenschale ist die Seele eines Weines

Der richtige Lesezeitpunkt der Pinot Noir-Trauben ist von entscheidender Bedeutung, sie haben eine dünne Schale und sind deshalb schwer zu kultivieren. Die besten Trauben bestehen aus Beeren unterschiedlicher Größe und Reife, sie sind lockerbeerig und lassen der Traube viel Luft.

8,9

Die Trauben kommen auf ein Sortierband

Im Gärkeller angekommen werden die Lesekisten vorsichtig auf das langsam laufende Sortierband geleert. Auf beiden Seiten des Sortierbandes stehen sechs Mitarbeiter, die sofort mit ihrer peniblen Sortierarbeit beginnen.

10,11

Table de tri

Am Band gleichmäßig verteilt, werden alle Trauben untersucht. Nichts bleibt verborgen, kleine Teile werden weggeschnitten, einzelne Beeren werden ausgepflückt. Sie suchen nach nicht ganz ausgereiften Beeren, eventuell vorhandene Laubstücke und prüfen jede Beere auf Unreife oder Fäulnis.

4,5,6

Die kleinen Lesekisten fassen 8 bis 10 Kilo Trauben

Die Trauben werden von den Lesekörben in kleine flache Kisten umgeleert, die jeweils acht bis zehn Kilo Trauben fassen. Diese Kisten stapeln sich am Anhänger und werden sofort in den Gärkeller mitten in Vosne-Romanée gefahren.

7

Reinigen der Lesekörbe und Kisten

Die blauen Plastik-Lesekörbe werden sofort nach der täglichen Traubenernte gründlich mit einem Hochdruckreiniger gesäubert.

12

Wie geht es weiter, Entrappen oder mit Stängel

Alles, was nicht den hohen Qualitätsansprüchen entspricht, wird penibel mit einer kleinen Schere entfernt. Am Sortiertisch legt Bernard Noblet auf Grund der Qualität des Materials auch die weitere Vorgangsweise mit diesen Trauben fest: ob sie als ganze Trauben verarbeitet oder entrappt und eingemaischt werden.

13,14

Die besten und schönsten kommen weiter

Nur die besten Trauben des Erntetages – allesamt gesund und reif – wandern über ein Transportband zu ihrer weiteren Bestimmung in den Gärbottich.

Table de tri, der Sortiertisch

Am Sortierband werden die Trauben gleichmäßig verteilt. Nichts bleibt der Sortiermannschaft verborgen, mit einer kleinen Schere werden kleine Teil weggeschnitten, einzelne Beeren werden mit den Fingern vorsichtig herausgepflückt. Sie suchen nach nicht ganz ausgereiften Beeren, eventuell vorhandene Laubstücke und prüfen jede Beere auf Unreife oder Fäulnis.

Bernard Noblet, Chef des Caves (Kellermeister) bei DRC seit dem Jahrgang 1978.
„Die schönsten Trauben sind die Basis für erstklassige Weine." Noblet hilft immer persönlich beim Sortieren der Trauben mit und verschafft sich dadurch den besten Überblick über die Qualität der Trauben.

Le vinification et l'Élevage

Um edle Weine zu keltern, war schon immer das Zusammenwirken eines Teams von hochqualifizierten Mitarbeitern notwendig: draussen jene in den Weinbergen, drinnen die im Weinkeller, die Vinifizierungsspezialisten.

Entrappen oder mit den Stängeln vergären

Wenn die Trauben am Sortierband an Bernard Noblet vorbeiziehen, entscheidet er, ob die Trauben mit den Stängeln weiterverarbeitet werden oder ob die Reife der Stiele nicht ausreichend ist. „Wenn die Trauben entrappt sind, geben sie dem Wein einen Fruchtgeschmack, wir streben bei unseren Weinen eine breite, komplexe, aber auch blumige und pflanzliche Aromenvielfalt an. Dafür muß jedes Traubenmaterial individuell beurteilt werden." Es wird dabei nicht mit einem Standardrezept gearbeitet. Jede Einzellage wird in ihrer Eigenständigkeit berücksichtigt und so auch die weiteren Schritte gesetzt. Die Stiele der Trauben von La Romanée-St.Vivant besitzen ein leichte Aggressivität, sodass sie zu einem gewissen Prozentsatz entrappt werden. Bei Ernten mit gleichmäßigen, gesunden und reifen Beeren verzichtet Noblet auf das Abbeeren, um einen ausgewogenen Wein zu erhalten. Der positive Einfluss von reifen Stängeln wird bei DRC sehr geschätzt. Sie erleichtern das Untertauchen des kompakten Tresterhutes unter die Maische und den Austausch von flüssigen und festen Teilen der Gärmasse, was die Sauerstoffzufuhr in der Maische verbessert. Reife Stängel bringen auch eine zusätzliche Komplexität der Aromen in den Wein.
Auch das Mahlen der Trauben folgt keiner festen Regel, auch hier ist die Qualität der Trauben entscheidend. Wenn die Beeren eine dünne Schale haben, werden sie nicht gemahlen, sondern nur leicht gequetscht, damit die Schale aufplatzt.
Über ein Transportband gelangen die Trauben zum Quetscher, der oben am offenen hölzernen Gärbottich steht.

Die hölzernen Gärständer werden wegen ihrer guten Wärmeisolierung und Wärmewirkung während der Gärung der DRC-Trauben bevorzugt. Das Holz speichert die Wärme länger und zieht den Auslaugungsprozess in die Länge, dadurch werden die Weine weicher, voller und samtiger. Die Größe der Gärständer ist den Erntemengen aus den Weingärten angepasst, so entspricht der Gärbehälter für die Trauben aus dem „La Romanée-Conti"-Weingarten gerade 12 „pièces", ein pièce entspricht einem burgundischen Barrique mit 228 Litern. Wenn die gequetschten Trauben in den Eichenholzbottich fallen, wird auch gleich etwas Schwefel als Oxidationsschutz dazugegeben.

Kaltmazeration

Im ganzen Gärkeller herrscht eine Temperatur, die unter 15°C liegt, dadurch wird auf diese natürlich kühle Art eine Kaltmazeration bei etwa 10°C für 3 bis 5 Tage durchgeführt. Zusätzlich kann die Maische noch über ein eigenes Rohrsystem mit Kühlplatten gekühlt werden. Dieses Kaltmazerieren bringt eine gute Extraktion der Farb- und Aromastoffe. Während dieser Zeit wird bereits täglich eine „remontage" durchgeführt. Remontage heißt das Umpumpen des Mosts während und in diesem Fall vor der Gärung, sodass er über den Schalenhut läuft und ein Höchstmaß an Farb- und Geschmacksstoffen auslaugen kann.

Gärbeginn bei höherer Raumtemperatur

Durch die Anhebung der Raumtemperatur beginnt nach einigen Tagen die Fermentation. Es wird dabei der Natur freier Lauf gelassen und nur durch die natürlichen, aus dem Weingarten mitgebrachten Hefen beginnt die Gärung. Sobald die Gärung in Schwung gekommen ist, wird der oben schwimmende Tresterhut zu Beginn einmal täglich händisch untergetaucht (pigeage) und dadurch ein optimaler Austausch der flüssigen und festen Teile erzielt. Wenn die Schalen dick sind, kann es auch zweimal am Tag sein.

Pinot Noir-Kaltmazeration

Im ganzen Gärkeller herrscht eine Temperatur, die unter 15°C liegt, dadurch wird auf diese Art eine Kaltmazeration für 3 bis 5 Tage durchgeführt. Zusätzlich kann die Maische noch über ein Rohrsystem mit Kühlplatten gekühlt werden. Dieses Kaltmazerieren bringt eine gute Extraktion der Farb- und Aromastoffe. Täglich wird eine „remontage" durchgeführt. Eine Remontage ist das Umpumpen des Mosts während und in diesem Fall vor der Gärung, sodass der Most über den Schalenhut läuft und ein Höchstmaß an Farb- und Geschmacksstoffen auslaugen kann.

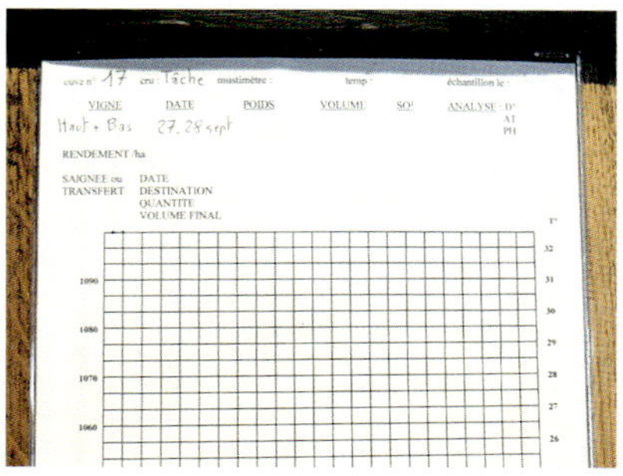

Die Gärung verläuft langsam, damit die Beeren nicht aufplatzen und dauert durchschnittlich 18 bis 20 Tage. Die Temperatur des gärenden Mosts in den offenen Behältern wird laufend überwacht. Die Gärtemperatur kann 32°–33°C erreichen, steigt sie zu stark an, wird leicht gekühlt. Wenn notwendig, wird zum Ende der Fermentation etwas aufgebessert (Chaptalisierung), aber maximal um ein Prozent Alkohol. Das Aufbessern hilft, den Geschmack des Weines zu intensivieren.

Nur mit Hilfe der Schwerkraft werden die Gärständer entleert, die Maische mit Muskelkraft aus dem Bottich geschaufelt und mit einem Förderband direkt die pneumatische Horizontalpresse befüllt und auch gleich sehr schonend gepresst.

Wenn die Qualität des Pressweines entspricht, wird er gleich wieder mit dem Seihwein zusammengeführt, wobei der Presswein immer tanninreicher als der Seihwein ist. Diese höheren Tannine werden für eine festere Struktur der Pinot Noirs benötigt.

Die Fassreife in den 228-l-Barriques

Die Weine kommen dann sofort in 100% neue Barriques. Die DRC ist auch bei den Fässern bemüht, nur das Beste zu verwenden. Das dafür benötigte Eichenholz stammt aus den Wäldern von Tronçais in Allier, einem Wald in Nièvre, und wird selbst eingekauft. Die Zeit der Holztrocknung ist ebenfalls länger, 3 Jahre werden die Eichenbretter statt der sonst üblichen 2 Jahren gelagert. Besonderer Wert wird dabei auch auf eine sehr feine Maserung gelegt, damit später die Gerbstoffe des Eichenholzes nur ganz langsam abgegeben werden. Für eine normale Ernte werden ungefähr 300 Barriques benötigt.

Für den Pinot Noir wird ein leichtes bis mittleres Toasting bevorzugt, damit die darin gelagerten Weine nicht eine Geschmacksbeeinflussung durch das Holz erfahren.

Fermentation mit den Stängeln

Beim Pinot Noir ist der natürliche Tanningehalt sehr niedrig, sodass in guten Jahren ein mehr oder weniger großer Anteil der Stängel zur Fermentation mit in den Gärbehälter kommt. Ausgereifte Stängel können mehr Komplexität in den Wein bringen.

Aufrühren der Hefe

Die Feinhefe ist ein wichtiger Bestandteil des Weines, deshalb wird sie von Zeit zu Zeit auch aufgerührt. Wenn die Weine von Fass zu Fass umgezogen werden, kommt die verbleibende Feinhefe anschließend wieder ins Fass zurück. Das wiederholte Zugeben der Feinhefe hängt jedoch von der Qualität der Weine ab. Wenn die Weine viel Struktur besitzen, wird die Hefe nicht aufgerührt.

BSA im Winter in den Barriques

Der biologische Säureabbau, die Umwandlung der Apfelsäure durch Milchsäurebakterien in Milchsäure passiert meist im Winter oder Frühjahr nach der Ernte. Die Barriquelagerkeller werden im Winter nicht beheizt, um diesen Prozess nicht zu beschleunigen, Bernard Noblet ist der Ansicht, dass eine späte und ruhige Michsäuregärung für Entwicklung der Weine besser ist. Wenn die malolaktische Gärung in den Fässern abgeschlossen ist, wird sofort abgezogen, und der Wein kommt mit seinem Depot wieder in dasselbe Fass zurück.

Keine Filtration und Schönung

Die Weine werden weder geschönt noch filtriert, seit 1997 verzichtet die DRC darauf, bevor sie 18 bis 20 Monate nach der Ernte in Flaschen gefüllt werden.

MONTRACHET
MONOPOLE
1999
LA TÂCHE
RICHEBOURG
MONOPOLE
1962
LA TACHE
MONOPOLE
1937
DOMAINE DE LA ROMANÉE-CONTI
LA TACHE
ANNÉE 1937
MONOPOLE
LA TÂCHE

Die Weine von Romanée Conti weisen durchwegs ein besonders langes Lagerungspotential auf, was auch der englische Weinjournalist Michael Broadbent bestätigen kann. Er hatte beispielsweise 2002 die seltene Gelegenheit, in San Francisco einen Romanée Conti aus dem Jahre 1865 verkosten zu dürfen. Er beurteilte diesen Wein der sich nach nur 15 Minuten wohlriechend öffnete, als am Gaumen halb trocken mit gut eingebundener Säure. Diesem Wein gab Broadbent jedenfalls eine Bewertung von fünf Sternen.
Voll des Lobes war Broadbent auch über den Jahrgang 1937, den er gleich mehrfach die Ehre hatte, verkosten zu dürfen. Zuletzt im Jahre 2002. „Wie bei einem Tanz mit sieben Schleiern offenbarte sich mit jedem vorsichtigen Atemzug und Schluck ein Stückchen mehr von diesem Wein", schrieb er in seine Kostnotiz. Der Wein präsentierte sich in einer granatroten Farbe, zeigte in der Nase einen Duft von roten, gekochten Beerenfrüchten, aber auch Ledertöne. Insgesamt erstaunlich frisch, am Gaumen dickflüssig und samtig und ein nicht endenwollender Abgang.
Besonders gute Romanée Contis wurden in den 40er, 50er und 60er Jahren bis etwa 1966 erzeugt. Ins Schwärmen kam Broadbent beim Jahrgang 1945. Dem letzten Jahrgang, der noch aus wurzelechten Pinot Noir Reben gewonnen worden war. Abgesehen von den Magnums und Jeroboams wurden von diesem Wein nur 600 Flaschen gefüllt. Diesen großen Jahrgang bewertete er mit nicht weniger als sechs Sternen. Reichhaltig, „süss" und wohlschmeckend zeigte sich der Jahrgang 1949, Delikat, von unglaublich duftiger, beinahe vergeistigter Art war der 61er.
Bei einer Verkostung in den USA gab Direktor Aubert de Villaine offen zu, dass er seine Weine aus dem Zeitraum 1967 bis 1977 etwas zurückhaltend beurteilt. Höhepunkt dieser Epoche waren der ungemein kraftvolle, fast rosinenartige Jahrgang 1971, der als „Bilderbuchwein" bezeichnet wurde. Als ein Wein, den man sich besser nicht vorstellen kann.
Auch der amerikanische Weinkritiker Robert Parker beurteilt die Romanée-Conti-Weine regelmäßig mit hohen Punktezahlen. So vergab er für den Jahrgang 1990, dem er eine Trinkreife bis 2025 attestiert, 99 von 100 möglichen Punkten und dem Jahrgang 1999 98+ Punkte.
Der Millenium-Jahrgang 2000 hat das Potential, den auch schon der Jahrgang 1990 und 1999 hatte. Trotz seiner Jugend präsentiert sich der 2000er vielschichtig. Er zeichnet sich durch ein sortentypisches Aroma nach roter Beete aus, gefällt am Gaumen durch sehr süße Frucht, ist vollmundig und hat einen würzigen Nachgeschmack.
Zum Jahrgang 2006 erklärte Direktor Aubert de Villaine, dass dieser Wein von den Liebhabern von Burgunderweinen, im Vergleich zum Jahrgang 2005 als der „klassischere" bezeichnet werden muss. Bei diesem Wein tritt die Mineralität des Bodens mehr zum Vorschein als die Frucht. Ganz im Gegensatz also zum Jahrgang 2005, der sich schon von Anbeginn an wuchtig, reif und üppig zeigte.

Eigentümer o *Owner*
Société Civile du Domaine de la Romanée-Conti

Weingärten o *Vineyards*
25,20 Hektar (62,5 acres)

Rebsorten o *Grape varietals*
Pinot Noir, Chardonnay

Alter der Reben o *Average age of the vines*
45+ Jahre

Weine o *Wines*
Romanée-Conti, La Tâche, Grands Echézeaux, Richebourg, Le Montrachet

Pflanzdichte o *Density of plantation*
11.000 Rebstöcke/Hektar

Hektarerträge o *Average yield per hectar*
25-30 Hektoliter/Hektar

Jahresproduktion o *Annual production*
Grands Echézeaux: 10.000 Flaschen
Richebourg: 12.000 Flaschen
Romanée-Conti: 5.500 Flaschen
La Tâche: 20.000 Flaschen
Le Montrachet: 3.000 Flaschen

Kellermeister/Önologe o *Winemaker*
Bernard Noblet

Visiting policy o *Contact*
Besuche in der DRC nach schriftlicher Vereinbarung nur für Weinhändler und Journalisten.

Weinverkaufspreise o *Average price*
Variable nach Jahrgang und Lage zwischen Euro 750/3.500+

Restaurant Weinkarte o *Winelist*
Weltweit in den besten Restaurants auf der Weinkarte.
Der größere Teil aller Drei-Sterne-Restaurants Frankreichs führt Weine der Domaine de la Romanée-Conti auf ihrer Weinkarte

Besondere Jahrgänge o *Great recent vintages*
2005, 2004, 2003, 2002, 2001, 2000, 1999, 1998, 1997, 1996, 1995, 1994, 1993, 1992, 1991, 1990, 1979, 1978, 1971, 1966

Sales o *Vermarktung der Weine*

Domaine de la Romanée-Conti
F-21 700 Vosne-Romanée, France
1 rue Derrière la Four
Tel.: +33(0)3 80 62 48 80, Fax: +33(0)3 80 61 05 72

"I have always thought that the most wonderful gift was a patch of land ...
Both feet on the earth and your head in the stars, such is the best position for man!"

DIDIER DAGUENEAU: SILEX, PUR SANG und ASTÉROIDE

Che Guevara: „Soyons réalistes éxigeous l´impossible" (Seien wir realistisch, versuchen wir das Unmögliche). Didier Dagueneau: "I do my best with what I receive, but I cannot always do what I want to do."

Ich habe mir immer vorgestellt, dass das wunderbarste Geschenk, das man bekommen kann, ein eigenes Stück Land sei, auf dem man fest mit beiden Beinen steht. Und dann darf man als Mann seinen Blick durchaus nach den Sternen richten." Das war die Lebensphilosophie des „Vigneron" Didier Dagueneau, der mit seinen Sauvignon Blancs wie dem „Pur Sang" und „Silex" oder dem legendären „Astéroide" im Loire-Tal für neue Maßstäbe gesorgt hat.
Wir trafen Didier Dagueneau in seinem Weingut in Saint Andelain bei Pouilly-sur-Loire und lernten ihn als einen Menschen kennen, der sich mit seinen Weinen vergleichen lässt. Anfangs etwas schwer zugänglich, dann aber immer offener und intensiver. Mit seiner langen Haarmähne und dichtem Bartwuchs erinnerte er an Che Guevara, und das kommt nicht von ungefähr. Dagueneau hat sich nämlich das Motto von Guevara, „seien wir realistisch, versuchen wir das Unmögliche" zu eigen gemacht und die Straße, an der sein Weingut liegt, nach Ernesto Che Guevara benannt.
Didier Dagueneau, der einer Winzerfamilie entstammt und zu Beginn der 80er-Jahre des vorigen Jahrhunderts eigene Wege ging, präsentierte sich als wahrhaft bodenständig. „Bevor ich Winzer wurde, sah ich mich als Bauer, der mit dem Boden förmlich verwachsen ist." Um eine gute Ernte einbringen zu können, sagte er, müsse man in den Boden hineinhören, ihn sorgsam, pfleglich behandeln. Der Boden ist im Weinbau aber nur ein Aspekt. „Abgesehen vom Boden, dreht sich im Weinbau alles um Luft, Wasser und Sonne und nicht zuletzt um den Menschen, der es versteht, mit diesen Elementen bestmöglich umzugehen und daraus einen Wein zu formen."
Da für Didier Dagueneau ein guter Wein schon im Weingarten entsteht, verwunderte es nicht, dass es ihm stets große Freude bereitete, seine bestens gepflegten Weingärten zu betrachten. „Wenn ich meine Rebstöcke sehe, weiß ich, dass gute Arbeit geleistet wurde." Dagueneau behandelte seine Weingärten wie ein Kunstwerk, und das sieht man auch. Natürlich muss ein Winzer die Ernte jedes Jahres mit all ihren Qualitäten oder auch Schwächen akzeptieren. „Ich versuche stets das Beste aus dem zu machen, was mir die Natur gegeben hat, aber nicht immer schaffe ich es, das zu erreichen, was ich mir vorgenommen habe."
Didier Dagueneau stellte sich bei unserem Besuch aber nicht nur als bahnbrechender Weinmacher vor, er erzählte auch von seinen übrigen Ambitionen. Von seinen Erfolgen als Motocross-Fahrer und den Teilnahmen an Schlittenhunderennen, die ihm Welt- und Europameistertitel einbrachten. Und natürlich von seiner Freude, sich vom Cockpit seines Leichtflugzeuges aus seine Weingärten aus der Vogelperspektive zu betrachten. Diese Freude wurde Didier Dagueneau letztlich zum Verhängnis. Er stürzte am 17. September 2008 während eines Fluges über dem Departement Dordogne ab und kam dabei im Alter von 52 Jahren viel zu früh ums Leben. Didier Dagueneau hinterlässt seine Frau Suzanne und vier Kinder. Der Weltklasse-Winzer Didier Dagueneau und seine Weine werden uns immer im Gedächtnis bleiben.

1,2

Le Vignoble: Sauvignon Blanc

Wenn es um Sauvignon Blanc im Loire-Tal geht, wird einer immer als der Beste genannt: Didier Dagueneau, Vigneron. Ein Sauvignon Blanc-Rebstock in einem der 3 Silex-Weingärten. Das durchschnittliche Alter der Reben liegt bei 50 Jahren.

3,4

Einer der Silex-Weingärten

Der Boden eines Silex-Weingartens in Saint Andelain bei Pouilly-sur-Loire: Kalkhaltiger Lehm und Feuersteinverwitterungsböden.

9,10

Anlieferung der Trauben und der Rebler

Mit einem Kran werden die Lesebehälter in den Oberstock gehoben und auf eine Spezialwanne geleert. Von dort fallen die Trauben in den Rebler und dann direkt in die Presse.

11

Didier in seinem „Kühlhaus"

Im Untergeschoß des Kellereigebäudes stehen die Absetztanks, nur durch Absenken der Temperatur setzen sich die Trubstoffe über Nacht ab. Der so natürlich geklärte Most wird nach oben in einen Niro-Tank gepumpt.

5,6

Erntevorbereitung

Das neuerbaute Kellergebäude in der Rue Ernesto Che Guevara, dessen Motto „seien wir realistisch, versuchen wir das Unmögliche" Dagueneau sich auch zu eigen gemacht hat.

7,8

Sauberkeit im Weinkeller

Die Lesekörbe werden sofort nach dem Ernteeinsatz peinlichst genau geputzt. Absolute Sauberkeit herrscht im ganzen Weinkeller: Jeder Niro-Kübel wird mit dem Wein beschriftet, und nur was draufsteht darf auch wieder hinein.

12

Stainless steel tanks

Ebenerdig – im Hauptraum – befinden sich die Inox-Tanks zum Ansatz der gekühlten und geklärten Moste mit den Hefen der Selektion aus den eigenen Weingärten. Das ist das einzige Mal, dass der Most oder Wein gepumpt wird. Diese Niro-Tanks werden für die Hefezugabe, Kaltstabilisierung und dem Verschnitt der Fässer vor dem Flaschenfüllen verwendet.

13,14

Tradition und eine zeitgemäße Kellertechnik

Didier Dagueneau: „Unabhängig vom Boden, dem Klima und der Persönlichkeit des Weinbauern soll ein Wein auch die Großartigkeit seines eigenständigen Terroirs reflektieren."
Mit anderen Worten zusammengefasst, seine Tradition und sein Wissen um die Weinbereitung.

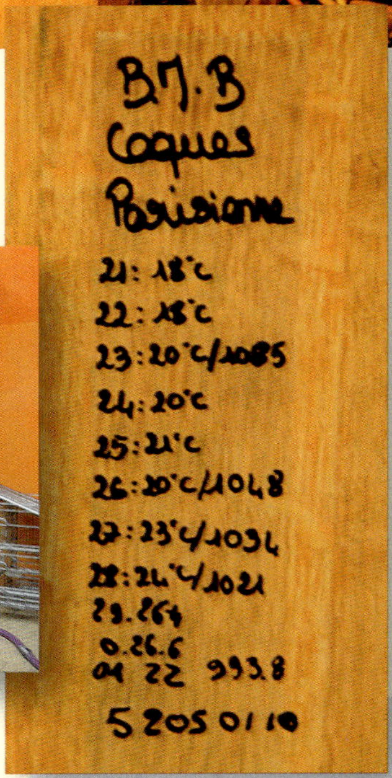

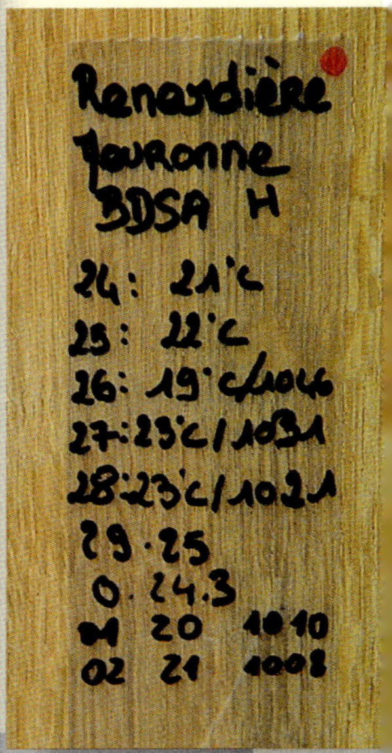

Mostwärmer für die 600-Liter-Eichenfässer, von Didier Dagueneau selbst entwickelt – sowohl zum Erwärmen beim Gärstart, als auch für die Kühlung des gärenden Mostes.
Der Gärverlauf wird bei jedem Fass täglich kontrolliert, notiert wird der Erntetag, die Gärtemperatur und die Dichte.

Didier Dagueneau und das Terroir seiner Weingärten

Für Didier Dagueneau bedeutete der Begriff Terroir nicht nur die Kombination aus Bodenstruktur und Klima, für ihn war auch eine dritte Komponente von maßgeblicher Bedeutung. Der Mensch, der Weinbauer, der mit den von der Natur vorgegebenen Voraussetzungen umzugehen hat. „Ich meine, dass das Terroir aus dem Ergebnis des Zusammenspiels der drei Elemente besteht", sagte er. Boden und Klima lassen sich nicht beeinflussen, sie müssen so genommen werden, wie sie sind, und sie bestimmen auch die Typizität eines Jahrganges. Der Winzer muss schließlich die natürlichen Parameter der Reife durch den Erntezeitpunkt bestimmen und dadurch das Terroir hervorheben.
Sein Terroir war für Dagueneau ungemein wichtig. „Ich habe schon vor Jahren darauf bestanden, die Bezeichnung ‚Blanc Fumé de Pouilly' für meine Weine verwenden zu dürfen. Das war für mich eine Frage der Identität für unser Terroir." Und damit hat er recht. „Blanc Fumé" und „Sauvignon Blanc" sind zwar die selbe Rebsorte, aber in Pouilly haben die Weine in manchen Jahrgängen einen leicht rauchigen Geschmack, was die Bezeichnung „Fumé" erklärt.
Auf der Suche nach seiner Identität, dem „Heiligen Gral", wie er es nannte, hatte Didier Dagueneau eine Reihe von Vorbildern, Freunde und Beratern. Unter ihnen auch Henri Jayer, der „Weinpapst des Burgund", dem Dagueneau nicht nur die Liebe zum Wein und die Perfektion in der Arbeit verdankt. Als Bewunderer von Jayer glaubte er auch an den positiven Einfluss von neuem Holz für seinen Wein. Den Umgang mit dem neuen Holz beherrschte Dagueneau bald ebenso meisterhaft wie sein Vorbild.
Der Werdegang von Didier Dagueneau ist eine Geschichte, die einen Menschen beschreibt, der von der Erde geprägt wurde und der die Erde, auf die er seine Füße gestellt hat, geprägt hat. Die Geschichte eines Menschen, der Zeit seines Lebens das Risiko gesucht und im Laufe der Jahre zu sich selbst gefunden hat.
Das Weingut von Dagueneau umfasst eine Rebfläche von 13 Hektar, auf der sich zum Teil die seltenen Feuerstein-Verwitterungsböden befinden. Aus diesen Lagen stammt sein vielfach prämierter „Silex", eine Cuvée aus Trauben verschiedener Quartiere.
Im Weingarten wie im Keller war Dagueneau ein wahrer Purist. Er hat sich strengere Richtlinien auferlegt, als es jene der Appellation vorsehen. Er selektiert seine Trauben schon penibel im Weingarten, achtet auf geringe Erträge und beste Traubenqualität. Das händisch gelesene Traubengut kommt nach dem Pressen zum Klären der Moste in große Stahltanks in den Keller. Die Gärung der Weine findet zum Teil in großen Eichenfässern (600 Liter), zum Teil in kleinen Eichenfässern (300 Liter) statt, die er nach eigenen Vorgaben anfertigen ließ und „Zigarren" genannt werden. Eingesetzt werden Fässer aus verschiedenen Tonnellerien, Barthomieu, Seguin Moreau, Taransaud und Francois Fréres, um mehr Komplexität zu erzielen.
Werbung für die einzelnen Fassbinder wollte Dagueneau in seinem Keller allerdings nicht zulassen. Er platzierte seine Fässer verkehrt so an die Kellerwände, dass man die Herkunftsaufschrift nicht lesen konnte. Sein Kommentar: „Woher das Holz stammt, weiß nur der liebe Gott."
Seine – wenn man so will – Paradeweine sind die Cuvées „Pur Sang", und „Silex". „Pur Sang" bedeutet so viel wie „Vollblütig" und ist eine Verbeugung vor jenem Pferd, mit dem er manchmal einen seiner Weingärten pflügte, aus dem die Trauben für den legendären „Astéroide" kommen. Das Besondere an diesem Wein ist, dass die Trauben von alten, wurzelechten Sauvignon-Reben stammen.
Der „Silex" stammt von 35 bis 70 Jahre alten Rebstöcken, die – wie erwähnt – auf kalkhaltigem Lehm und Feuersteinverwitterungsböden stehen.

Traditioneller Weinbau – modernster Keller

Die Weingärten

Weingärten: 13 Hektar (31,2 acres) in mehreren Weingärten in Saint-Andelain. Didier Dagueneau bezeichnete sich selbst auch als „Vigneron" (Weinbauer).
Bodenstruktur: Kalkhaltiger Lehm und Feuersteinverwitterungsböden.
Pflanzdichte der Reben: Im Jahre 1982 waren die Weingärten mit 6.000 Reben/Hektar bestockt, Vigneron Didier Daguenau hat die Pflanzdichte bei Neuanlagen auf 10.000 Reben/Hektar erhöht. Durch seine radikale Ertragsbeschränkung verbleiben nur 1 bis 2 Trauben bis zur Ernte auf einem Rebstock.
Rebsorten: Sauvignon Blanc
Alter der Reben: 8-70 Jahre
Rebkultivierung: Naturnahe Bewirtschaftung der Weingärten mit integriertem Pflanzenschutz, keine Herbizide. Ausbrechen von überschüssigen Knospen nach dem Austrieb und radikales Reduzieren der Trauben, teilweises Freistellen der Traubenzone.
Traubenernte: Alle Trauben werden zu 100% händisch geerntet, tageweise bis zu 50 Leser, jeder Weingarten wird 3mal gelesen. „Die Zuckergrade sind nicht so wichtig, der Geschmack der Trauben ist für mich ausschlaggebend."
Trauben Silex: Insgesamt 2,2 Hektar Rebflächen mit durchschnittlich 50 Jahre alten Rebstöcken, die Böden sind karg, ärmer und die Rebstöcke sind dadurch nicht so wuchsstark. Jeder der 3 Weingärten wird 3mal geerntet, das ergibt 9 verschiedene Chargen Silex von einem Jahrgang.
Die jungen 5- bis 7-jährigen Rebstöcke werden getrennt gelesen und verarbeitet.
Hektarerträge: Die gesetzlich erlaubte Erntemenge ist 72 Hektoliter/Hektar, Didier kommt nur auf 45 Hektoliter, will aber noch auf 35 Hektoliter Lesemenge reduzieren.

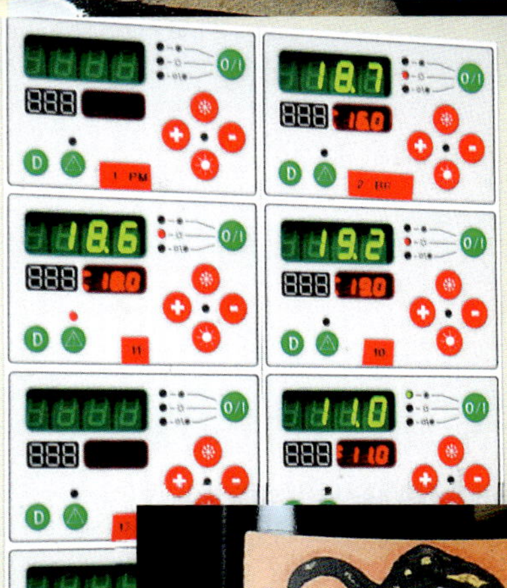

Didier Dagueneau: „Ich versuche stets, das Beste aus dem zu machen, was mir die Natur gegeben hat, aber nicht immer schaffe ich es, das zu erreichen, was ich mir vorgenommen habe."

Vinifikation Pouilly-Fumé Cuvée Silex

Önologe: Didier Dagueneau

Silex-Typizität: Extrem mineralisch, mit schöner Säure, stahlig, kräftige Cassisnote.

Traubenverarbeitung: Die Verarbeitung der Trauben erfolgt nur mit Hilfe der Schwerkraft, kein Pumpen der Maische.
Die Leseboxen werden hydraulisch hochgehoben und in eine spezielle Befüllvorrichtung für den unterhalb stehenden Rebler geschüttet. Mit dieser Wanne erfolgt ein langsames und gleichmäßiges Befüllen der Abbeermaschine.

Entrappen der Trauben: Nur Rebeln der Trauben, nicht Quetschen, die Beeren fallen direkt in die unterhalb stehende Presse.

Pressen: Trennen von Seihmost und Pressmost, die Pressmoste werden getrennt in Barriques ausgebaut.

Maischestandzeit: Keine Maischestandzeit.

Klärung der Moste vor der Gärung: Im Untergeschoss befindet sich der gekühlte Raum mit den rechteckigen Absetztanks (Entschleimungstanks). Über Nacht werden die Moste bei 8°-10°C gelagert (deboubage), die schweren Trubstoffe sinken zu Boden, der Most darüber ist klar und kommt so zur Vergärung. Beim Sauvignon Blanc spielt das gekühlte, natürliche Klären der Moste eine entscheidende Rolle, um die prägnanten, sortentypischen Fruchtaromen zu erhalten.

Die Zugabe der eigenen Hefen: Ebenerdig, im Hauptraum, befinden sich die Inox-Tanks zum Ansatz der Moste mit den Hefen aus eigener Selektion. Didier Daguenau hat schon vor einigen Jahren damit begonnen, seine eigenen Hefen, die natürlich in seinen Weingärten vorkommen, zu selektionieren und auch zu vermehren. Für die ganze Ernte werden nur diese Hefen zur Einleitung der Gärung verwendet. Moste und Hefen werden in den großen Tanks zusammengeführt und dann auf die Fässer aufgeteilt. Ein Augenmerk legt er dabei auf das exakte Einhalten der benötigten Mengen, wenn für einen Most 100 g gebraucht werden, dann kommen auch 100 g dazu und nicht 110 g.

Alkoholische Gärung: Die Gärung erfolgt zum Teil in den 600-Liter-Eichenfässern und in kleinen Eichenfässern (300 Liter), die Didier nach eigenen Vorgaben anfertigen lässt. Es wird nahezu immer neues Holz verwendet. Eingesetzt werden Fässer von verschiedenen Tonnellerien, Barthomieu, Seguin Moreau, Taransaud und François Frères, um im Wein mehr Komplexität zu erzielen.

Gärungsführung: Mit einem von Dagueneau speziell für seine Faßgrößen entwickelten, gelben „Schlauch"-Durchlauferhitzer, der in die Fässer gesteckt wird, wird der Most langsam erwärmt. Am 1. Tag bei Normaltemperatur im Fass belassen, wird er am nächsten Tag langsam auf 20°C (max. 22°C) erwärmt. Die weitere Kontrolle des Gärverlaufes erfolgt bei jedem Fass individuell: Name der Parzelle, Datum, Temperatur und Dichte werden notiert. Die Temperatur- und Dichtemessung erfolgt mehrmals am Tag.

Gärtemperatursteuerung: Wenn notwendig, wird mit dem Schlauchsystem und kaltem Wasser die Gärtemperatur in den Fässern gesenkt.

Malolaktische Gärung: Ein BSA wird strikt abgelehnt, verhindert durch Absenkung der Temperatur.

Der 1. Abstich: Dabei wird mit einer durchsichtigen Lanze durch Absaugen das Grobe vom Feinen getrennt, sehr vorsichtig, um die Feinhefen zu erhalten. Auffüllen der Fässer nach dem Abstich.

Aufrühren der Feinhefe: Die Feinhefe in den Fässern wird für 11–12 Monate aufgerührt (bâtonnage).

Schönungen: Keine Schönungen.

Cuvée/Blending: Cuvée aus den ausgewählten Fässern im Edelstahl kurz vor dem Flaschenfüllen.

Flaschenfüllung: Eine leichte Filtration mit einem Kerzenfilter zum Flaschenfüllen.

Eigentümer o *Owner*
Familie Didier Dagueneau

Weingärten o *Vineyards*
13 ha (31,2 acres)

Rebsorten o *Grape varietals*
Pouilly-Fumé de Puilly

Weine o *Wines*
Blanc Fumé Pur Sang, Pouilly-Fumé Cuvée Silex

Jahresproduktion o *Annual production*
Blanc Fumé Pur Sang: 24.000 Flaschen
Pouilly-Fumé Silex: 20.000 Flaschen

Kellermeister/Önologe o *Winemaker*
Didier Dagueneau

Visiting policy o *Contact*
Nur nach telefonischer Vereinbarung o Nathalie Julien

Weinverkaufspreise o *Average price*
Variable nach Jahrgang zwischen € 53,50/75,–

Restaurant Weinkarte o *Winelist*
El Bulli (Barcelona), Fat Duck (London), Pierre Gagnaire (France), Schwarzwaldstube (Harald Wohlfahrt), Dieter Müller (Schloßhotel Lerbach)

Besondere Jahrgänge o *Great recent vintages*
2007, 2006, 2002, 2000, 1999, 1998, 1990, 1986

Sales o *Vermarktung der Weine*
80% Export, weltweit in den besten Restaurants auf der Weinkarte für französischen Sauvignon Blanc

Didier Dagueneau

1-3-5-7 Rue Ernesto Che Guevara
F- 58 150 Saint-Andelain, France
Tel.: +33(0)3 86 39 15 62,
Telefax: +33(0)3 86 39 07 61
e-mail: silex@wanadoo.fr

Beim Weltweinfestival in Bad Ragaz führte Nicolas Jaboulet persönlich durch die Hermitage La Capelle Vertikale mit den Jahrgängen 1978, 1983, 1985, 1988, 1990,1991, 1996, 1999, 2000, 2001, 2002 sowie drei Jahrgänge Hermitage Chevalier de Stérimberg 1989, 2000 und 2002. Die absolute Krönung war die Degustation des legendären Hermitage La Capelle 1961, einer der besten Weine des letzten Jahrhunderts.

HERMITAGE LA CHAPELLE DER JAHRHUNDERTWEIN

PAUL JABOULET AINÉ, RHONE

Wenn heute die Weine aus dem Rhone-Tal international gepriesen werden, dann ist das zuallererst der Familie Jaboulet zu danken, die bereits im 19. Jahrhundert dort Weinbau betrieben hat. Urkunden belegen, dass es Antoine Jaboulet war, der 1834 ein Weinhandelshaus und Weingut in Tain l'Hermitage gegründet hat und sein Unternehmen später nach Paul, dem Erstgeborenen seiner Zwillingssöhne, Paul Jaboulet Ainé (ainé = älter) benannte. Bis 2005 stand das Unternehmen in ununterbrochener Reihe im Familienbesitz. Zuletzt führte Philippe Jaboulet den Betrieb. Er hat das Kommando übernommen, nachdem der frühere Direktor Jacques Jaboulet nach einem Tauchunfall behindert war. Die Ära Jaboulet endete Anfang 2006, als das Weingut von der Schweizer Familie Frey gekauft wurde, die schon Weingärten in der Champagne und das Château La Lagune in Bordeaux besitzt.
In die internationalen Schlagzeilen geriet das Weingut Paul Jaboulet Ainé mit dem Jahrgang 1961 seines Paradeweines, dem „Hermitage La Chapelle", der – völlig zurecht – als einer der besten Rotweine weltweit gepriesen wurde. Der „Hermitage La Chapelle" ist kein reiner Lagenwein, sondern eine Cuvée aus Syrah-Weinen, der aus verschiedenen Parzellen, wie Les Bessards, Les Greffieux, Le Meal und Les Rocoules, des steil zur Rhone hin abfallenden Weinberges Hermitage stammen.
Dieser gerade 2,5 Kilometer breite Südhang weist unterschiedliche Bodenstrukturen auf, und der Reichtum dieser unterschiedlichen Terroirs verleiht dem Hermitage La Chapelle seine Komplexität, seinen unverwechselbaren Charakter und die außergewöhnliche Fülle.

Der Name La Chapelle Hermitage rührt von der kleinen Christophorus-Kapelle her, die den Weinberg überragt. Der Überlieferung zufolge soll im 13. Jahrhundert der Ritter Gaspard de Stérimberg nach seiner Rückkehr von einem Kreuzzug ins Heilige Land sich an diese Stelle als Einsiedler zurückgezogen haben, um Ruhe und inneren Frieden zu finden. Er pflanzte auch Rebstöcke und kelterte Wein, der bald im ganzen Land gerne getrunken wurde. Nach diesem Kreuzritter, der sich in die Einsamkeit zurückgezogen hatte, bekam der Weinberg den Namen „Hermitage". Der gute Ruf der von dort stammenden Weine verbreitete sich, hielt über die Jahrhunderte an und führte dazu, dass die Hermitage-Weine auch in den europäischen Herrscherhäusern kredenzt wurden. Seit 1919 war der Weinberg im Besitz der Familie Jaboulet.
Die Appellation Hermitage Controlée, die im Jahre 1937 ins Leben gerufen wurde, umfasst heute 140 Hektar Rebflächen, die sich im Wesentlichen über das Gebiet der Gemeinde Tain l'Hermitage, aber auch Crozes-Hermitage und Larnage erstrecken.
Die letzte große Verkostung von La Chapelle Hermitage-Weinen fand beim Weltwein-Festival in Bad Ragatz in der Schweiz statt. Dafür hatte das Haus Jaboulet seinen Altweinkeller geöffnet und zwölf Jahrgänge dieses Kultweines präsentiert. Zusätzlich wurde die Möglichkeit gegeben, eine Flasche des legendären Jahrganges 1961 zu verkosten. Eine seltene Gelegenheit, wenn man bedenkt, dass die wenigen noch verfügbaren Flaschen um Beträge zwischen 6.000 und 8.000 Euro pro Flasche gehandelt werden.

BOULET
PAUL
JABOULET AINE

HERMITAGE
APPELLATION HERMITAGE CONTROLEE
La Chapelle
PAUL JABOULET AINE

PAUL
JABOULET AINE

1989
2000
2002
Chevalier de Sterimberg
HERMITAGE
APPELLATION HERMITAGE CONTROLEE
PAUL JABOULET AINE

Hermitage La Chapelle

Das Weingut Paul Jaboulet Ainé in Tain l'Hermitage umfasst Rebflächen im Ausmaß von 80 Hektar in allen berühmten Appellationen der Rhone. Und zwar von der Cote-Rotie und Condrieu im Norden bis zu den Beaumes-de-Venise und Chateauneuf-du-Pape im Süden. Sozusagen vor der Haustür des Weingutes liegt der Weinberg Hermitage, von dem der berühmteste Wein des Unternehmens, der „Hermitage La Chapelle", stammt.

Das Geheimnis dieses Syrah-Cuvées sind die verschiedenen Bodenverhältnisse auf diesem überaus steilen Weinberg, die unterschiedliche Weine hervorbringen, die dann, cuvéetiert, den einzigartigen, komplexen Wein ergeben.

Die Trauben für den „La Chapelle Hermitage" stammen aus den vier Parzellen Les Bessards, Les Greffieux sowie Le Méal und Les Rocoules und nicht, wie man vom Namen her annehmen könnte, von Rebflächen rund um die dem Heiligen Christophorus geweihte Kapelle. Les Bessards weist einen Urgesteinsverwitterungsboden auf, Le Méal und Les Rocules sind von Kalkstein dominiert, und Les Greffieux hat einen sandigen Untergrund. Jede dieser Parzellen entwickelt in den Trauben eigene, charakteristische Aromen und elegante Tannin-Strukturen, die dem Wein ein außerordentliches Alterungspotenzial geben. Die 40 bis 60 Jahre alten Reben an den steil zur Rhone abfallenden Hängen werden an nur einem Holzstock kultiviert. Das ist eine Erziehungsart, wie man sie außer in diesem Gebiet nur noch selten antrifft. Die Weinlese erfolgt bei diesem Terrain klarerweise nur von Hand, und weil die Hänge so unglaublich steil sind, werden die gelesenen Trauben mittels kleiner Schlitten zu Tal gebracht, wo sie zuerst sorgfältig sortiert und strikt nach dem Prinzip „Nur das Beste ist gut genug" ausgelesen werden.

Die neuen Besitzer des Weingutes Paul Jaboulet Ainé haben sich zum Ziel gesetzt, die Tradition des Weingutes fortzuführen und dem ausgezeichneten Ruf der Weine gerecht zu werden. Kellermeisterin Caroline Frey hat bereits wissen lassen, dass sie ihre Aufgabe nicht darin sieht, „ihre Weine" zu machen, sondern solche, wie sie das Terroir hervorbringt. Das gilt selbstverständlich auch für den Paradewein „La Chapelle l'Hermitage", der üblicherweise 8 bis 10 Jahre zur Reife benötigt, dann aber durchaus ein Lagerpotenzial von weiteren 35, in ganz großen Jahren aber auch von 50 Jahren aufweist. Die Farbe des „La Chapelle l'Hermitage" ist Rubinrot, leuchtend hell. In der Nase präsentiert sich der Wein sehr komplex und zeigt die Finesse der Syrah-Traube, einen Hauch von schwarzen Früchten, süßen Gewürzen und letztlich Holztöne. Am Gaumen zeigt sich der Wein unglaublich voll, mit seidigen Tanninen und einem sehr langen Abgang.

Seit der Übernahme des Weingutes Paul Jaboulet Ainé durch die Familie Frey wird auch wieder ein Weißwein unter dem Namen „Chapelle l'Hermitage" gekeltert. Und zwar nach einer Tradition, die von Jaboulet im Jahre 1962, also unmittelbar nach dem großen Jahrgang von 1961, beendet worden war. Der weiße „La Chapelle" besteht zu 80 Prozent aus der Rebsorte Marsanne und zu 20 Prozent aus Rousanne-Reben. Die Rebstöcke haben ein Alter von 35 Jahren und stehen ausschließlich in den Weingärten von Roccoules.

HERMITAGE
La Chapelle
PAUL JABOULET AINE

PAUL JABOULET AINE
HERMITAGE
APPELLATION HERMITAGE CONTROLEE
La Chapelle
PAUL JABOULET AINE

Vinifikation Hermitage La Chapelle – Syrah

Die Syrah-Trauben wachsen in verschiedenen Weingartenlagen wie Les Bessards, Les Greffieux, Le Meal und Les Rocoules. Der Reichtum dieser unterschiedlichen Terroires verleiht dem Hermitage La Chapelle seine Komplexität. Nicolas Jaboulet ist der Meinung, dass Pfeffer und andere Gewürze im Bukett nur in Spuren vorkommen dürfen, wenn sie dagegen stärker auftreten, sind sie Anzeichen für einen unausgereiften Traubencharakter in einem mittelmäßigen Jahrgang. Im wärmeren Klima nimmt die pfeffrige Note ab und weicht bei jungen Weinen einem süßen, warmen Beerengeschmack, der jedoch mit einer Reihe von sekundären Aroma- und Geschmacksnoten unterlegt ist.

Rebsorte: 40–60 Jahre alte Syrah-Rebstöcke, die in der Goblet-Reberziehung auf Holzstöcken kultiviert werden.

Traubenernte: 100% händisch. Die Trauben werden zuerst im Weingarten am Stock ausgelesen, eine weitere Selektionierung der Trauben erfolgt auf den Lesetischen im alten „Vineum"-Weinkeller.

Verarbeiten der Trauben: Traditionell werden die Trauben teilweise gemahlen und teilweise (bis zu 60 Prozent) unzerkleinert fermentiert.

Hektarerträge: 10–18 Hektoliter per Hektar.

Alkoholische Gärung/Fermentation: Bei den Weinproduzenten von Côte Rôti, Hermitage und Cornas sind eine lange Maische- und Gärzeit (bis zu 3 Wochen) und Gärtemperaturen zwischen 25 und 30°C üblich, die Tiefe und Festigkeit in den Wein bringt.

Mazeration: Die alkoholische Gärung wird in den Inox-Gärtanks durchgeführt und kann mit der Mazerationszeit zwischen 3 und 4 Wochen dauern. Während der Mazeration wird täglich mehrmals die Maische mit Jungwein überpumpt.

Fassreife: Die Fassreifezeit für die La Chapelle Hermitage-Weine liegt zwischen 12 und 18 Monaten, der Anteil an neuem Holz beträgt 50%, die andere Hälfte sind bereits einmal befüllte Burgunder-Barriques.

Klären der Weine/Fining: Natürliches Klären durch häufiges Umziehen der Jungweine (alle 3 Monate von Fass zu Fass) während des Fassausbaues und eine leichte Eiweißschönung vor dem Flaschenfüllen.

Verschnitt/Blending: Selektion und Verschnitt der Weine der verschiedenen Terroirs.

Eigentümer o *Owner*
Paul Jaboulet Ainé, S.A.

Weingärten o *Vineyards*
La Capelle, La Petite Chapelle, Le Pied de la Cote: 30,88 ha (53,3 acres)

Rebsorten o *Grape varietals*
Hermitage-Syrah (rot); Marsanne (weiß)

Weine o *Wines*
Hermitage La Chapelle, La Petite Chapelle,
Le Pied de la Cote (rot),
Hermitage–L'Ermite, L'Ermite (weiß),

Alter der Reben o *Average age of the vines*
40–60 Jahre

Pflanzdichte o *Density of plantation*
Je nach Auspflanzzeit der Weingärten:
6.000–9.000 Rebstöcke/Hektar

Hektarerträge o *Average yield per hectar*
Hermitage La Chapelle: 10–18 Hektoliter/Hektar
La Petite Chapelle, Le Pied de la Cote: 35 Hektoliter/Hektar

Jahresproduktion o *Annual production*
Hermitage-La Chapelle: 80.000–85.000 Flaschen

Kellermeister/Önologen o *Winemaker*
Jacques Jaboulet, Laurent Jaboulet
seit der Ernte 2006: Caroline Frey

Visiting policy o *Contact*
Nur nach telefonischer Vereinbarung: Jean-Luc Chapel

Weinverkaufspreise o *Average price*
Variable nach Jahrgang zwischen € 65,-/200,–

Restaurant Weinkarte o *Winelist*
Weltweit in den besten Restaurants für einen roten Hermitage

Besondere Jahrgänge o *Great recent vintages*
2003, 2001, 1991, 1990, 1989, 1988, 1985, 1982, 1979, 1972, 1970, 1969, 1964, 1961 (einer der besten Weine aller Zeiten), 1949

Vermarktung der Weine o *Sales*
Weltweit über den Weinfachhandel

Paul Jaboulet Ainé

F- 26 600 La Roche sur Glun, France
„Les Jalets", Route Nationale 7
Telephone: + 33(0)4 75 84 68 93
Telefax: +33(0)4 75 84 56 14

e-mail: info@jaboulet.com
www: jaboulet.com

CHÂTEAU CANON-LA-GAFFELIÈRE

SAINT ÉMILION, BORDEAUX

Der Weinbau war von jeher ein Teil des Lebens der Grafen von Neipperg, einem fränkischen Hochadelsgeschlecht, das sich bis ins 12. Jahrhundert zurückverfolgen lässt. Seit dem 13. Jahrhundert betreiben die Neippergs Weinbau, und aus alten Aufzeichnungen geht hervor, dass sie ihre Weine in Fässern bereits im 18. Jahrhundert donauabwärts bis an den Wiener Herrscherhof lieferten. Das unbändige Interesse am Weinbau im Allgemeinen und guten Weinen im Besonderen ist auch Stephan Graf von Neipperg zu eigen, der heute fünf Weingüter in Frankreich verwaltet. Vier davon befinden sich in St. Émilion, eines an der Côtes de Castillon.

Dass die Neippergs Besitzungen in Frankreich haben, ist dem Vater von Stephan Graf von Neipperg zu danken. Joseph Hubert Graf von Neipperg, der bereits ein Gut in Schwaigern (Württemberg) besaß, erwarb im Jahre 1971 das „Château Canon La Gaffelière", „La Mondotte", „Clos de l' Oratoire" und das „Château Peyreau". Diesen Kauf sah er aber zunächst nur als Investment, ohne die Güter selbst zu betreiben.

Der Wendepunkt zum Guten wurde im Jahre 1983 erreicht. In diesem Jahr machte Joseph Hubert Graf von Neipperg seinem damals 26 Jahre alten Sohn Stephan das Angebot, das Weingut „Château Canon-La-Gaffelière" zu übernehmen. Stephan Graf von Neipperg, ein studierter Politologe und Betriebswirt, griff freudig zu und machte sich daran, dem etwas heruntergekommenen Weingut einen Spitzenplatz in St. Émilion zu sichern. Um das zu erreichen, hat Stephan Graf von Neipperg, der das große Potenzial des Weingutes erkannte, die nötigen Weinbaukenntnisse auf der Fachschule von Montpellier nachgeholt.

Zwei Jahre lang hatte Stephan von Neipperg mit Bestandsaufnahmen zu tun und entdeckte eine Vielzahl von Maßnahmen, die nötig waren, um „ein einzigartiges, unvergleichliches und sensibles Produkt" wie Wein herzustellen.

Mittlerweile verwaltet Stephan von Neipperg nicht nur die von seinem Vater erworbenen Weingüter in St. Émilion, sondern auch ein weiteres: das Château d'Aiguilhe, eines der schönsten Weingüter der Côtes de Castillon, das er im Dezember 1998 erwarb. Dieses Château kommt nunmehr in den Genuss derselben Erzeugerphilosophie wie die Weingüter in Saint Émilion.

Was Stephan Graf von Neipperg am Weinbau besonders gefällt, ist der Umstand, dass man im Gegenteil zu anderen landwirtschaftlichen Betrieben ein Produkt erzeugt, das man selbst vermarkten kann. Und mit dieser Selbstvermarktung hat man klarerweise auch einen Einfluss auf die Preisgestaltung. Wo sonst als im Weinbau kann man für sein Produkt um 200 Prozent mehr verlangen als der Nachbar?

Die Persönlichkeit und das Wissen um den Wein von Stephan Graf von Neipperg ist mittlerweile nicht nur in Bordeaux allgemein anerkannt, sondern auch in der internationalen Weinwelt. So kommt es nicht von ungefähr, dass er seit dem Jahr 1998 Vizepräsident der „Union des Grands Crus de Bordeaux" ist. Seine hervorragenden Weine sprechen ohnehin für sich.

Traubensamples

Mit einem Sample von Beeren werden während der Traubenernte regelmäßig die Reife (Öchsle/Baumé), der pH-Wert und die Gesamtsäuren der geernteten Trauben analysiert und protokolliert.

Gärversuche

Bei Canon-La-Gaffelière werden auch Gärversuche in Barriques durchgeführt, um die Unterschiede von Trauben aus den einzelnen Weingärten und unterschiedlichen Bearbeitungsmethoden besser zu verstehen.

Die Weingärten: Die Wahl der Rebsorten

In den Weingärten von Château Canon-La-Gaffelière wachsen 55% Merlot, über 40% Cabernet Franc und 5% Cabernet Sauvignon-Reben. Unsere Weingärten liegen direkt am und unterhalb des Hügels von Saint Émilion. In diesem Bereich ist es extrem heiß, „wenn der Merlotanteil bei 80% wäre, würden wir etwas fade Weine bekommen. Der Cabernet Franc bringt einen gewissen Schwung, etwas mehr Säure in die Cuvée ein." Alle Weingüter, die in den heißen oder frühreifen Teilen von Saint Émilion liegen, haben einen höheren Cabernet Franc-Anteil. Das sieht man bei Cheval Blanc, bei Angelus, bei Ausone, bei Château Canon-La-Gaffelière, da ist der Cabernet Franc sehr wichtig. Bei La Mondotte wachsen die Reben auf einem Lehm-Ton-Boden, und darunter ist der Stein, der Kalkfels, und dort ist der Merlot König. Der Merlot wird hier nie überreif, wird nie fad, an diesem Standort hat er immer den Schwung vom Kalk. Der Kalk bringt die Frische, und sobald wir mehr Sand oder Kies haben, müssen wir in der Zusammensetzung der Cuvées mit einem höheren Cabernet Franc-Anteil arbeiten. Bei Kies – was wir weniger in Saint Émilion haben – nur ein bisschen bei Figeac, pflanzen wir mehr den Cabernet Sauvignon, der in Saint Émilion in vielen Jahren nicht genug ausreifen kann. Dadurch ist es verständlich, dass hier in Saint Émilion und Pomerol der Merlot viel stärker ausgepflanzt ist und weniger der Cabernet Sauvignon.

Wie hat sich dieser Weinstil (Cuvée) entwickelt

Wir sind in die Vergangenheit dieser Region zurückgegangen, wie war die historische Entwicklung? Vor der alten Geschichte habe ich einen großen Respekt, in den 40er-, 50er- und 60er-Jahren wussten die Winzer noch genau, was sinnvoll ist. Man sieht auch heute, dass viele von den Châteaus zu ihren früheren Rebsortenanteilen im Blending zurückkehren. Wenn der Cabernet Franc-Anteil früher über 40% war, dann war das bestimmt nicht schlecht und hat seinen Sinn gehabt. Deshalb haben wir hier noch nie einen Cabernet Franc-Stock herausgerissen. Die alten Reben, die vor 1953 gepflanzt wurden, sind immer noch im Ertrag und bringen uns eine Qualität, die sagenhaft ist. Einige Châteaus haben ihre Cuvées zu etwas mehr Merlot geändert, weil ihnen der Merlot weicher, runder erscheint und manche Journalisten den Merlot besser verstehen. Das ist natürlich bei Primeurproben zu sehen, wir bemerken das immer, wenn Canon-La-Gaffelière-Premierproben tiefer benotet werden als später der Wein in der Flasche. Aber das ist mir lieber so, als anders rum. Aber ich finde, der Cabernet Franc bringt mehr diese extreme Tiefe, diese Gewürztöne, das ist beim Merlot nicht so.

Die Weine der 60er-Jahre

Die älteren Weine waren sicherlich auf eine langsame Entwicklung vinifiziert, die Weine ab Mitte der 60er-Jahre waren rein auf Quantität ausgelegt. Die Rebunterlagen und Klone, die damals ausgepflanzt wurden, waren auf Quantität oder Alkohol selektioniert. Dann wurde noch der Kunstdünger eingeführt, die chemische Unkrautbekämpfung, die Insektizide, die Herbizide usw., einfach alles, was für den Wein nur negativ ist und in vielen Gebieten das Terroir zerstört hat. Wenn man mit diesen Stoffen arbeitet, hat man bald kein Bodenleben mehr. Ein aktives Bodenleben ist ausschlaggebend für die Expression des Terroirs, ohne Bodenleben kann sich das Terroir nicht manifestieren. Die Menschen glaubten damals, sie können viele Trauben produzieren und gleichzeitig qualitativ hochwertig sein. Beides geht nicht.

Über das Leben im Boden

Ein aktives Bodenleben besteht aus einer Vielzahl an Mikroorganismen, Kleinlebewesen, das geht vom Regenwurm, der im Erdreich der Größte ist, bis zu Mikroorganismen, die das Grüne umsetzen und den Humus, der eingebracht wurde, bearbeiten. Was die Mikroorganismen wiederum hinterlassen, wird für die Wurzeln aufgreifbar. Das schwierigste und schlimmste für den Weinstock ist der Stickstoff. Stickstoff ist nichts anderes als ein Salz, und wenn sie mehr Salz im Boden haben, müssen die Pflanzen mehr Wasser haben. Durch zu viel Wasser bekomme ich Früchte, die extrem groß sind und keine dicke Schale mehr haben. Dadurch bekomme ich wiederum Weine, die keine Farbe und auch keine Frucht mehr haben. Das sehen wir hier in unserer Weinbibliothek bei Weinen aus den 60er-Jahren, die haben kein Extrakt mehr, keine Tiefe, keine Farbe, die Weine davor hatten das alles. Wir können heute Weine vorzeigen, da sind die aus den 50er-Jahren viel jünger als die der 70er-Jahre. Das kann es wohl nicht sein.

Alter der Rebstöcke und Anzahl der Trauben

Auf unseren Reben gedeihen 6–8 Trauben, je nachdem, wie der Jahrgang ist. Das kann manchmal weniger, das kann manchmal mehr sein. Pro Stock wollen wir nicht über 1,5 kg Trauben ernten. Bei den alten Weingärten haben wir eine Dichte von 6.400 Pflanzen, bei neueren Pflanzungen kommen wir auf 10.000 Stöcke, und dann sind wir mit dem Erntegewicht pro Stock natürlich tiefer.

Der geschmackliche Unterschied von Trauben von jungen und alten Rebstöcken

Der wesentliche Unterschied für mich ist, ob die Reben vor 1960 gepflanzt wurden. Das, was nach 1960 gepflanzt wurde, ist großer Mist, das gibt's bei uns fast nicht mehr, die so genannte Mitgift, das Gift haben wir schon entsorgt. Die jungen Rebstöcke sind oftmals besser, sind aber nicht so gut wie die ganz alten Reben. Die Trauben von jungen Reben sind früher reif und bringen uns viel Alkohol, haben aber wesentlich weniger Substanz in der Schale. Sie haben noch nicht diese dicken Schalen, weil einfach der Stock noch wüchsiger ist. Der Rebstock soll große Terroirs machen, und dafür muss er einen Wachstumsstopp einführen. Je jünger die Stöcke, umso weniger haben sie diesen

Wachstumsstopp. Die Quantität ist bei jüngeren Stöcken sehr wichtig, wenn sie die Geschichte von den alten Winzern hören, die sagten: „Im dritten Jahr des Wachstums – im ersten Jahr der Traubenproduktion – sind die Weine gut, dann werden sie schlechter.“ Warum? Im ersten Jahr produzieren sie nur ein, zwei oder drei Trauben. Im vierten und fünften Jahr haben sie schon viel mehr. Wenn man den Wein in eine höhere Qualitätsstufe heben will, muss man ab diesem Zeitpunkt viel rausschneiden. Was man sich nachher, wenn die Weinstöcke älter sind, schenken kann. Wenn man wie hier ganz alte Rebstöcke hat, dann braucht man bei einer Traube nur ab und zu eine Schulter wegnehmen. Das systematische Rausschneiden von 40% braucht man nicht mehr.
Und man darf nicht übersehen, dass hier die Menschen mit viel Ernte besser lebten als mit wenig und gut. Die Qualitätsschiene, das kann ich hier genau sehen, begann mit dem Jahrgang 1985, als der Winzer mit Qualität mehr verdient hat als mit Quantität.

Vom richtigen Zeitpunkt der Traubenernte

Gegen eine mögliche Botrytisbildung wird im ganzen Vegetationsjahr mit einer optimalen Durchlüftung der Stöcke gearbeitet. Das erste Wegnehmen von Blättern in der Traubenzone findet schon nach der Rebblüte statt. Dann nochmals, wenn die Beeren größer werden, und nur Blätter in Richtung der aufgehenden Sonne. Danach wird noch einmal durch die Weingärten gegangen, zum Ausgleichen der Blüteunterschiede für eine später gleichmäßigere Reife der Trauben.
Das teilweise Entblättern der Traubenzone in Richtung Süden erfolgt meist Ende August. Ein Sprichwort sagt: „Der August macht den Most.“ Dieser Monat ist für uns extrem wichtig. Wenn wir im Herbst die Trauben lesen, sind alle tief dunkelblau. Dann sieht man keinen Unterschied, kein Leser kann ihn sehen. Wir ernten zuerst die Südtrauben. Die Trauben, welche schon leicht runzelig geworden sind, nehmen wir zuerst heraus. Die Trauben von den jüngeren Rebstöcken werden getrennt gelesen und verarbeitet.“
„Sehen, spüren, schmecken. Das ist alles, was ich zur Kontrolle des Reifeverlaufes brauche. Die ganzen Analysen der Traubenwerte haben keinen Sinn, weil sie bringen nichts.“ Alle Trauben werden händisch geerntet, kommen in die kleinen Kisten, die 10–12 kg Trauben fassen. Die Kisten werden in das Weingut geführt.

Die Selektion der Trauben und Beeren auf den Sortiertischen

Sofort nach der Anlieferung der Trauben in den Gärkeller werden die Trauben händisch selektioniert. Vorsichtig werden die kleinen Lesekisten auf das erste Sortierband geleert. Unter dem Band ist ein Vibrationsmechanismus, hier fällt raus, was trocken oder offensichtlich faul ist. Alle Flüssigkeiten, auch kleinste Saftmengen, werden hier abgetropft und entfernt. Dieser Saft wird separiert und auch nicht weiter verarbeitet. Die Männer schauen, dass die Trauben gleichmäßig verteilt sind und nicht zu sehr auf einer Seite liegen. In einem Rebler werden die Stiele entfernt, und die Beeren kommen auf ein weiteres Sortierband. Die kleinen grünen Stielteile, die auch aus dem Rebler fallen, müssen jetzt herausgelesen werden. „Unsere Trauben haben sehr viel Struktur, und wenn die grünlichen Tannine der Stielteile auch noch mitkommen, werden die Weine hart, ich will aber einen harmonisch integrierten Wein.“ Die einzelnen Beeren wandern zum hintersten Teil des Sortierbandes weiter, wo eine weitere händische Selektion durchgeführt wird. Alle noch nicht ganz ausgereiften Beeren oder kleinste Stielfragmente, aber auch einzelne Beeren, die nicht ganz gesund sind, werden herausgesucht. Weitere 8 Damen sortieren hier, wenn mehr Traubengut verarbeitet wird, müssen wir eben mehr zum Sortieren dorthin stellen.
Die Sortiermannschaft ist speziell eingeschult: „Hier an den Sortiertischen muss man sehr aufpassen. Das ist eine sehr pingelige Arbeit, die an einem Lesetag – der über 8–9 Stunden gehen kann – sehr anstrengend wird. Auf den 3 Sortiertischen wird vieles herausgenommen, was nachher nicht mehr in die Gärständer kommt. Wir arbeiten bei der Gärführung mit den ganzen Beeren, deshalb sind die beiden Walzen nach dem Entfernen der Grünteile weggeschaltet.“ Die einwandfreien Beeren fallen dann auf ein Förderband, das sie direkt zum Maischegärständer bringt.

Die Fermentation ganzer Beeren

Wenn wir beim Sortieren der Beeren richtig arbeiten, können wir uns nachher im Keller spielen. Wir benutzen keine Hefen, wir haben Holzgärbottiche mit „piage“-System zum Untertauchen des Maischehutes. Mit den Ganzbeeren haben wir sehr lange Gärphasen, dabei gehen wir ein enormes Risiko ein. Aber wir können dieses Risiko minimieren, weil wir bei der Beerenselektion extrem pedantisch sind. Heute verarbeiten wir die ganze Ernte mit der Ganzbeerenvergärung. Die Beeren kommen völlig gesund und ohne Beschädigung in die Gärständer. Wir geben zur Sicherheit nur etwas Schwefel dazu, die Schwefelwerte – der freie und der gebundene Schwefel – gehen dann während der Gärung natürlich wieder weit runter.

Die Eichenholz-Gärständer

In Canon-La-Gaffelière verfügen wir über verschiedene Größen der Eichenholzgärständer, sie bewegen sich zwischen 80 und 110 Hektolitern. Bei Mondotte haben wir kleine Gärbottiche, die zwischen 1.000 und 3.000 Liter Beeren aufnehmen können. Innen sind alle Gärständer mit Wärmeaustauschern ausgestattet. Das Prinzip ist ein Holztank, der am Boden einen Wärmetauscher zum Wärmen und Kühlen hat. Wärmen heißt, dass wir, wenn wir es brauchen, eine Vorlauftemperatur geben, damit die Gärung beginnt. Oder dass wir, wenn die Gärtemperatur über 30°C ansteigt, mit Kaltwasser den Tank kühlen. Wir können auch

20°C warmes Wasser durchschicken und dadurch kühlen. In Edelstahltanks arbeitet man mit 5°–6°C kaltem Wasser, da ist der Schock für die Maische ein viel größerer.
Über den Gärständern läuft auf einer Schiene ein hydraulischer Stempel, der von einem Gärbehälter zum anderen geführt werden kann.
„Wir haben oben bei den Holzgärständern auch einen Edelstahlkranz eingebaut, damit man den Bottich besser abschließen kann. Einerseits wegen der Sicherheit und andererseits, wenn man die Holzbottiche nicht ganz voll macht, hat man das Problem, dass diese einbrechen können. Wir konnten nur Öffnungen von 1,50 m Durchmesser bauen und diese mit dem Edelstahlkranz stabilisieren. Die eigentliche Öffnung hat nur 60 cm im Durchmesser. Zusätzlich gibt es zur Sicherheit der Mitarbeiter ein Gitter, das die große Öffnung absichert. Zusätzlich wird das Gitter nach der Gärung zum Austrocknen der Bottiche verwendet. Nach dem Putzen trocknet ein Ventilator das Holz, da die Holzgärständer übers Jahr trocken konserviert werden."

Natürliche Mostkonzentration

Während des Befüllens des Gärständers mit den ganzen Beeren wird von unten Saft (Rosé) herausgezogen, um dadurch den Most auf natürliche Art zu konzentrieren. Durchschnittlich 10–15% des Saftes werden so entnommen, in manchen Jahren können das bis zu 20% sein. „Das ist die alte Methode der Saftkonzentration, ich nehme Rosé heraus und verändere dadurch das Verhältnis von Schale und Saft und erhalte eine andere Struktur. Mehr Schalen, weniger Saft bedeutet mehr Struktur im Wein."
Wenn man den Tank mit den Ganzbeeren befüllt, werden die bereits eingefüllten, unteren Beeren durch das Gewicht leicht gequetscht, und es entsteht schon etwas Saft (Rosé). Dieser Saft wird rundgepumpt, um die frisch eingefüllten Beeren an der Oberfläche damit zu befeuchten. Bei einsetzender Gärung werden die Beerenschalen porös, mit der Wärme und vor allem dem Alkohol platzen die Schalen langsam auf. Der Saft geht zwar nach außen weg, aber es braucht die doppelte Zeit, um den Zucker in den Beeren zu vergären. Bei der Vergärung von Ganzbeeren dauert die alkoholische Gärphase ungefähr 10–15 Tage. Was viel ist, weil ein Gärständer mit Trauben von 13% Alkohol bei einer Temperatur von 30°C in 4–5 Tagen durchgegoren ist.

Die eigenen Hefen aus dem Weingarten

Wir vergären alles nur mit den natürlichen Hefen, die vom Weingarten mitkommen. Dadurch kommt das spezifische Umfeld besser zur Geltung, die Hefen aus den eigenen Weingärten entsprechen uns am besten."
Wenn wir eine Gärung haben, die bei 100 Öchsle (20°KMW) beginnt, dann sehr stark runter geht und ganz langsam ausläuft, ist dieser langsame Auslaufmoment für uns sehr wichtig. Wir fixieren in der Gärung sehr intensiv die Tannine, die Gerbsäure und auf der anderen Seite die Farbe, die Anthocyane. Diese zwei Moleküle sind freie Moleküle, die nicht stabil sind. Wenn ich diese Moleküle nicht richtig über das Polyphenolmolekül fixiere, sind sie frei und fallen wieder aus. Das heißt, wenn die Gärung zu schnell ist oder wenn sie zu unterschiedlich verläuft, fallen mir extrem viele dieser Moleküle wieder aus. Sie liegen dann kaputt unten im Tank und sind für mich nicht mehr verfügbar.

Mikrooxidation

In einem Holzgärbottich fixieren wir durch die längere Gärphase mehr Polyphenole (Farbe). Dazu muss aber genug Sauerstoff verfügbar sein. Dabei ist mir wieder eingefallen, was mir die alten Winzer immer gesagt haben: „Ein kleiner Gärständer ist besser als ein großer." Ein kleiner Gärständer hat immer genug Sauerstoff, um die Polyphenole zu fixieren. Bei großen Tanks muss ich immer Sauerstoff einschießen. Nicht zu viel, aber doch. Einige, die diese Methode anwenden, machen auch dabei, wie überall, zu viel. Die Mikrooxidation darf nur so stark sein, dass der Wein offener wird, er darf aber nicht zum „Granny Smith" werden. Das ist dann eine „sur oxidation", da nimmt man schon dem Wein einen Teil seiner Zukunft weg und bringt ihn schnell in die Gegenwart. In manchen Jahren, wenn die Weine sehr konzentriert sind, schießen wir etwas Sauerstoff ein, öffnen so den Wein, sodass er nicht mehr reduziert ist. Wenn er stinkt, dann fehlt ihm Sauerstoff, und dann kann er auch nicht mehr die Moleküle fixieren.

Gärtemperaturen

Bei einer Gärtemperatur knapp unter 30°C beginnen wir mit dem Kühlen, bis dann die Wirkung einsetzt, ist die Temperatur bei 31° bis 31,5°C. Was weiter keine Rolle spielt, denn während die Gärung abnimmt, geht auch die Temperatur im Gärbottich langsam zurück. Dann stabilisieren wir die Temperatur bei 28°C und arbeiten noch lange mit der weiteren Auslaugung. Während dieser Zeit versuchen wir nochmals, alles herauszuholen, was vorhanden ist. Den „piage" – den Stempel – benutzen wir nur ganz behutsam während der stärksten Gärphase. Wenn wir Beeren mit einer Dichte von 1.100 reinbekommen, also mit 100 Öchsle (20°KMW), beginnen wir bei ungefähr 1.080 mit dem Untertauchen durch den Stempel. Dann ist die Oberfläche völlig geschützt, wir haben genug CO_2 produziert, und es gibt keine Oxidationsprobleme mehr. Bei einer Dichte von 1.035 hören wir auf, den Stempel einzusetzen. Das haben wir innerhalb von 3 bis 4 Tagen erreicht. Dann wird die Oberfläche mit dem Deckel verschlossen, und es wird nur mehr ganz leicht rund gepumpt, 3mal am Tag jeweils für 3 Minuten. Dann lassen wir die Gärung ganz langsam auslaufen. Während der Hauptgärphase bei einer Dichte zwischen 1.100 und 1.035 kommt nur minimal Sauerstoff in den Jungwein. Wenn der Wein Sauerstoff braucht, geben wir ihn dazu. Am Schluss, wenn wir bemerken, dass die Gärung nicht mehr stark verläuft, lassen wir den Jungwein aus dem Tank in Plastik- oder Edelstahlbottiche laufen, und der Sauerstoff kommt so auf natürliche Art dazu.

1,2

Merlot, Cabernet Franc, Cabernet Sauvignon

Stephan von Neipperg: „Auf unseren Reben gedeihen bis zur Ernte 6–8 Trauben, je nachdem, wie das Jahr ist. Das kann manchmal weniger, das kann manchmal mehr sein. Pro Stock wollen wir nicht über 1,5 kg Trauben ernten."

3

Die Rebsorten

Die Weingärten von Château Canon-La-Gaffelière liegen direkt am und unterhalb des Hügels von Saint Émilion. Der Merlot-Anteil liegt bei 55%, über 40% der Reben sind Cabernet Franc und 5% Cabernet Sauvignon.

7,8

Junge Reben sind früher reif

Wenn wir im Herbst die Trauben ernten, sind alle tief dunkelblau. Die Trauben von jungen Reben sind früher reif und bringen uns viel Alkohol, haben aber wesentlich weniger Substanz in der Schale. Sie haben noch nicht diese dicken Schalen, weil einfach der Stock noch wüchsiger ist.

9,10

Physiologische Reife der Trauben

Wir ernten zuerst die Südtrauben. Die Trauben, welche schon leicht runzelig geworden sind, nehmen wir zuerst heraus. Die Trauben von den jüngeren Rebstöcken werden außerdem getrennt gelesen und verarbeitet.

4,5

Die Traubenreife und Erntezeitpunkt

Stephan von Neipperg: „Wir probieren die Trauben, schmatzen, essen, sehen und fühlen. Wenn man die Schale kaut, spürt man auch die Qualität der Tannine, dazu braucht man aber Erfahrung."

6

Das Potenzial eines Rotweines ist die Schale

Das Potenzial eines Rotweines ist die Beerenschale. Wenn wir eine richtig gute Schale haben, dann können wir große Rotweine machen. Die Schale zeigt einem genau, welche Qualität man zu erwarten hat.

11,12

Kleine Lesekisten

Alle Trauben werden händisch geerntet, bis zu 50 Erntehelfer sind dabei im Einsatz. Die Trauben kommen zuerst in Lesekübel und dann in die kleinen Kisten, die 10–12 kg Trauben fassen. Die Kisten werden auf den Anhänger gestapelt.

13,14

Keine Traube wird beim Transport beschädigt

Die Kisten mit den gepflückten Trauben sind verladen, der Anhänger ist voll, und der Rückweg zum Weingut ist kurz. Dort werden die Trauben schon erwartet. Die Sortiermannschaft beginnt sofort mit der weiteren Verarbeitung.

1

Le vinification et l'Élevage

Nach der Anlieferung in den Weinkeller werden die kleinen Lesekisten mit den Trauben vorsichtig auf das erste Rüttelpult geleert.

2,3

Table de tri – das erste Sortieren der Trauben

Auf den Sortiertischen werden die Trauben und Beeren noch zweimal händisch selektioniert. Das erste Sortierband ist 8 m lang, hier werden die Trauben gleichmäßig verteilt.

8,9

Sorting good berries from bad ones

„Unsere Trauben haben sehr viel Struktur, und wenn man die grünlichen Tannine der Stielteile auch noch mitbekommt, werden die Weine hart, ich will aber einen harmonisch integrierten Wein haben."

10,11

Alle Weinbergrückstände, zerdrückte und unreife Beeren, werden entfernt

Alle Beeren, die nicht gleichmäßig ausgereift sind, zerdrückte und überreife, bleiben auf dem Band kleben und werden über ein Blech abgestreift und so entfernt.

4,5

Sortieren und Selektion

Die Mitarbeiter stehen auf beiden Seiten des Bandes verteilt und sortieren die Trauben. Bei diesem Vibrationsband tropft alles Feuchte ab, und auch die kleinen, trockenen Blätter werden weggeblasen.

6

Entrappen der Trauben

In einem Rebler werden die Grünteile und Stiele entfernt, die Beeren werden nicht verletzt und rollen weiter auf das zweite Sortierband.

12,13

Die besten Beeren dieses Jahres

Diese aufwändige Methode der Selektion der Beeren wird bei allen Rebsorten, Merlot, Cabernet Franc und Cabernet Sauvignon, angewandt.

14

Eine enorme Frucht und weichere Tannine sind der Lohn für diese Anstrengung

Die ausgewählten Beeren kommen auf das lange Band und werden direkt in den Holzgärbottich geführt. Bei Stephan von Neipperg wird kein Solidmaterial gepumpt, wenn schon gepumpt werden muss, dann nur der Saft, und dann nur mit Spezialpumpen.

Das Vergären von ganzen Beeren

Wir vergären unsere Rotweintrauben als Ganzbeeren. Das Vergären ganzer Beeren ist eigentlich eine burgundische Technik. Es ist eine interzelluläre Gärung in den Beeren, die erst später langsam aufgehen, und die Weine haben deshalb mehr Frucht. Wir finden beim Pressen immer wieder ganze Beeren, die nicht aufgeplatzt sind, weil sie nicht ganz reif waren. Die bleiben auch ganz. Ein weiterer, großer Vorteil ist, das die harten Tannine, die durch die Kerne entstehen, nicht herauskommen. Die Kerne bleiben in den Beeren und sind dadurch geschützt. Bei dieser Gärmethode entstehen Weine mit einer starken Konzentration, die aber nicht hart sind, weil eben die Kerne nicht ausgelaugt werden.

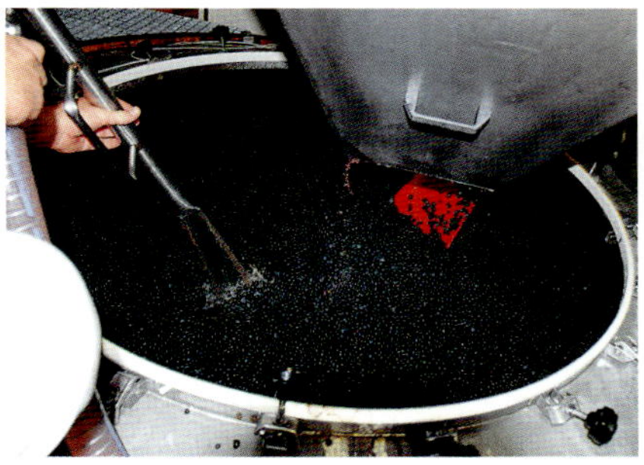

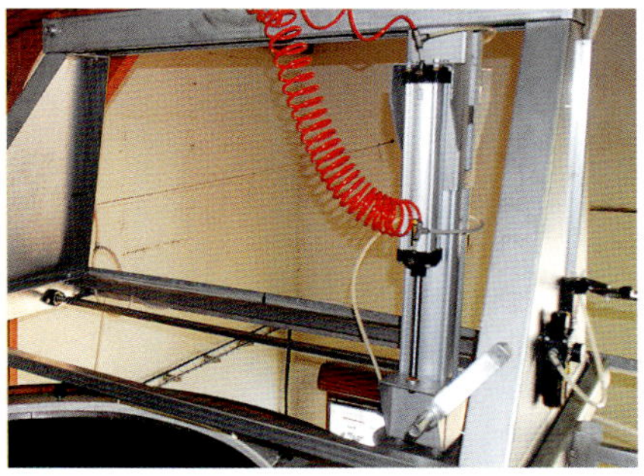

Stephan von Neipperg: „Mit den ganzen Beeren erreichen wir eine sehr langsame Gärung. Wir arbeiten nur mit den eigenen Hefen, die immer in den Weingärten und im Keller vorhanden sind. Dadurch kommt das spezifische Umfeld besser zur Geltung, die Hefen aus den eigenen Weingärten entsprechen uns am Besten. Damit hatten wir auch noch nie Gärprobleme."

„Piage" – Unterstoßen des Tresterhutes

Wenn der Maischekuchen so auf 1,10 Meter steht, ist nur die Hälfte davon vom Jungwein befeuchtet. Damit der Saft die ganze Maische auslaugen kann, muss der Maischekuchen aufgebrochen werden.
Mit dem Überbrausen werden der Kuchen aufgebrochen, neue Wege geschaffen und die Maische überall ausgelaugt. Die Plattform des „Piage"-Stempels ist 60–80 cm breit, diese setzt an mehreren Stellen des Tresterhutes langsam ein, taucht unter, kommt wieder hoch, so lange, bis alles untergetaucht ist. Das geschieht über einen Zeitraum von 3 Tagen 3mal am Tag, manchmal 4mal. Dann wird der Maischehut wieder langsam mit Jungwein überpumpt, damit die Maische nicht trocken wird und einen Oxidationston bekommt. Dabei wird der Maischehut wieder kompakt. Es hängt von der Qualität des Lesegutes ab, wie lange die Mazerationsphase dauert, wenn der Hut sehr kompakt ist, kann ich länger auslaugen. Wenn er sich in kleinen Jahren schnell auflöst, dann muss ich mit dem Wein schneller von der Maische runter.

Mazeration der Schalen (Auslaugung)

Die Mazerationszeit nach der alkoholischen Gärung kann 27 bis 35 Tage dauern, dabei ist die Größe des Gärständers zu beachten, je kleiner ein Tank, desto kürzer die Auslaugungszeit. „Man muss sich sicher sein, wie ausgereift die Kerne sind. Wenn die Kerne braun sind und sie diesen nussigen Geschmack haben, dann kann man ruhig etwas länger auslaugen."

Die Kerne laugen wir nur in großen Jahren aus, da sind sie reifer, in kleinen weniger. Bei dieser Methode entsteht auch keine dichte Schicht mit den Kernen am Boden des Gärständers. Wir wollen die Tannine von der Schale, aber nicht die Gerbstoffe von den Kernen. Die von den Kernen können wir kontrollieren, wir gehen so lange in die Auslaugung, bis wir merken, jetzt fängt es an zu kippen. Wenn die Kerne zu stark ausgelaugt werden, bekommen wir diese harten, bulligen Weine, die wir nicht wollen, die kurz sind, und man kann leicht dahinterschauen. Ich möchte aber Weine haben, die tief und vielschichtig sind.

Seihwein und Presswein

Der Seihwein geht direkt vom Gärbottich in die Barriques. Beim Pressen wird der Wein des ersten Pressdruckes abgetrennt. Die 2. und 3. Pressungen werden getrennt weiterverarbeitet. Diese Pressweine werden nicht gleich in Barriques gefüllt, sondern erst für 1 bis 2 Tage gekühlt. In dieser Zeit setzt sich schon der gröbste Teil des Trubes ab. Der klare Wein wird abgestochen und kommt dann in die Barriques. Ich möchte diese schweren Rückstände nicht in den Fässern haben, die bringen auch diese Geranientöne in den Wein. Das geht mehr oder weniger schnell, wenn zu viel CO_2 im Wein ist, ist dieses natürliche Absetzen schwieriger, da braucht es eben etwas länger.

Die malolaktische Gärung (BSA)

Die malolaktische Gärung (BSA) findet mit den natürlich vorkommenden Malo-Bakterien in den Barriques statt.

Rotweine: Aufrühren der Feinhefe (Bâtonnage) in den Barriques
Bei Rotweinen wird zu Beginn der Fassreife die Feinhefe in den Barriques aufgerührt. „Durch die Bâtonnage bekomme ich einen tieferen, breiteren Wein."

Wenn die Malolaktik nicht beginnt

Das passiert bei uns selten. Wenn wir manchmal einen tiefen Säurewert haben, dann ist der pH-Wert bei 3,5 – und das ist immer noch gut. Es kann vorkommen, und das wäre in kühleren Gegenden wie in Château d'Aiguilhe, dass wir einen pH-Wert von 3,4 haben, dann muss man sich überlegen, ob man was macht. Wir machen dann die Malolaktik in den kleinen Tanks erst im nächsten Frühjahr oder Sommer. Die Weine belassen wir im Keller und machen die Malo erst später.

Aufrühren der Feinhefe beim Rotwein (Bâtonnage) in den Barriques

Vor allem bei Rotweinen, die im frühen Stadium der Fassreife nicht sehr komplex sind, wird die Feinhefe in den Barriques aufgerührt. „Durch die Bâtonnage bekomme ich einen tieferen, breiteren Wein. Bei manchen Fässern muss man nicht viel machen, die kann man ruhig abziehen und die guten Hefen anderen Fässern dazufügen. Grundsätzlich beachten wir, bis die Malo durch ist, nichts mit den Weinen zu machen. Wenn die Malo durch ist, geben wir eine Schwefeldosis, damit der Wein geschützt ist. Sobald die Weine anfangen zu reduzieren, sprich sie haben nicht genug Sauerstoff, dann fangen wir an, etwas Sauerstoff zu geben. Mit der Bâtonnage können wir diese Phase sehr lange hinziehen, da müssen wir keinen Sauerstoff dazugeben.
Das Problem der Reduktion ist das Gewicht des Weines auf den Hefen, das macht das ganze reduktiv. Wenn ich die Hefe immer wieder aufrühre, geht die Reduktion weg. Die Bâtonnage bewirkt, dass die Hefen aufsteigen. Die dicken Teile, die die Hefen in sich haben, setzen sich auf den Polyphenolmolekülen fest und werden dadurch stabil. Das ergibt breitere, vollere Weine. Die Weine, die so behandelt werden, können nur für einige Zeit so gehalten werden. Ab einem gewissen Moment legen sich die Hefen am Boden als feste Schicht an, wie eine Patina, eine Creme, die rostbraun ist. Von diesem Zeitpunkt an können sie bâtonnieren wie sie wollen, da kommt überhaupt nichts mehr hoch. Das sieht man auch daran, dass der Wein nicht mehr trüb wird. Zu Beginn des Bâtonnierens merkt man, dass der Wein trüb wird. Innerhalb von 2–3 Tagen klärt er sich natürlich, und der Wein ist wieder sauber.

Gärversuche von allen Weingärten

Wir machen regelmäßig Gärversuche in Barriques ohne Deckel, um Trauben von verschiedenen Weinlagen und unterschiedlichen Bearbeitungsmethoden so zu untersuchen. Diese Trauben werden extra vinifiziert, um die Unterschiede feststellen zu können. Was wir hier drinnen haben, ist die Collection „Basal", ein Versuch nur mit den alten Rebstöcken, dann ein weiteres Barrique mit unserer jungen Collection, verglichen mit den alten Stöcken, und dann noch ein drittes Fass nur mit den jüngsten Rebstöcken. Und dabei haben wir festgestellt, dass die junge „Basal"-Collection nicht so gut ist wie die der alten Stöcke, aber besser als die schlechten Pflanzungen aus den 70er Jahren. Es werden ständig Versuche gemacht. Wenn ich im ersten Moment auch glaube, dass nichts herauskommt, müssen wir immer weiterdenken. Bei unseren Versuchen kommen wir immer zu Erkenntnissen, die gar nicht schlecht sind. Was ich ihnen heute erzähle und sie aufschreiben, haben wir in 5 Jahren schon wieder geändert, alles ist variabel. Alles entwickelt sich ständig weiter, wir haben am Anfang große Schritte gemacht, jetzt wird es „feinmechanischer", jetzt werden verschiedene Schrauben ganz leicht nach links oder rechts gestellt. Jetzt wird alles immer feiner. Wir verstehen mehr vom Boden. Über den Boden haben wir nie etwas gelernt, das Leben im Boden hat damals, als ich in Montpellier studierte, keine Rolle gespielt. Da haben wir gelernt, eine Pflanze exportiert soundsoviel, da muss man soviel wieder hineinbringen.

Der erste Abstich (Abziehen)

Der erste Abstich der Weine von den Barriques wird, je nach Jahrgang, im Januar oder Februar durchgeführt. Es kann aber auch sein, dass wir es bei manchen Fässern erst im Mai machen. Je nachdem, wie gut die Hefen sind. Wenn wir einen Jahrgang haben, der keine Botrytis hatte und sehr starke, komplexe Schalen, und nicht diese Überreife, keine zu hohen pH-Werte, machen wir den ersten Abstich relativ spät. Wenn wir aber Jahrgänge haben, die sehr filigran sind wie 2003, da machten wir sehr früh den ersten Abstich, weil wir bemerkten, dass die Hefen nicht mehr gut waren. Da muss man weg davon, es funktioniert rein über das Verkosten des Weines, nach dem Geschmack, nur so merkt man, ob ein Fass gut ist oder nicht.

Umziehen der Weine

Das Umziehen der Weine erfolgt ganz nach dem Potenzial des Jahrganges. Wir hatten Jahrgänge wie 1997, da haben wir nur 2mal umgezogen, das ist ein Jahrgang, der ist heute (2009) noch frisch, weil er nie überoxidiert wurde. Ein Wein, der nicht reduziert, braucht keinen Sauerstoff. Den würde ich nur wegen der Sauberkeit abstechen (umziehen). Das kann ich heute auch mit einer ganz leichten Filterung machen. Da filtriere ich lieber ganz grob, als einmal zu viel abzustechen. Die schlimmste Zeit für einen Abstich ist der Sommer, da bekommen die Weine viel Sauerstoff, der dann verarbeitet wird, und die Weine werden extrem mitgenommen. Weine, die nicht reduzieren, brauchen keine Öffnung, keinen Abstich.
Beim Abstich arbeite ich nur mit geschlossenen und offenen Systemen. Wenn ich einen Wein habe, der fruchtig ist, da mache ich nichts. Wenn ich einen Wein habe, der leicht anfängt zu stinken, er kann Unterholz- bis zu Wildtöne bekommen, der ist dann reduziert, da muss ich ihn mit Sauerstoff wieder öffnen. Entweder ich schieße mit dem Kicker Sauerstoff ein – oder ich bâtonniere eben. Wenn das einmal gemacht wurde und er reduziert weiter, dann mache ich einen Abstich.

Es gibt mehrere Arten von Abstichen

Wir arbeiten mit einem offenen Abstich, wo ich Sauerstoff kriege, oder dem geschlossenen Abstich, je nach dem, was ich brauche. Der erste Abstich ist immer mit wenig Luft, dabei wird über ein Heberohr vorsichtig Luft dazugegeben. Wir verwenden dazu ein Edelstahlrohr, das an der unteren Saugöffnung mit einem Distanzhalter ausgestattet ist und mit dem die Absaughöhe genau eingestellt werden kann. Nach 3 bis 4 Barriques sehe ich genau, wie hoch der Satz ist, und dass ich den nicht mitbekomme. Die Absaughöhe des Weines wird genau über dem Trub gehalten. Der Rest, der Satz, wird getrennt umgefüllt und auch gesäubert. Über einen Silikonstopfen wird gefilterte Luft ins Barrique hineingepresst, die Pressluft drückt von oben den Wein durch das Rohr ins nächste Fass. Wir arbeiten hier mit der alten Methode, was früher mit dem „souffler" gemacht wurde, einen Kompressor und Filter, aber nur mit gefilterter Luft, sonst gibt es Probleme. Dieses Umziehen der Weine erfolgt von Fass zu Fass. Manchmal müssen wir auch eine Assemblage vornehmen, da müssen wir eine Pumpe nehmen, aber nur eine Qualitätspumpe, die sehr schonend arbeitet und vor allem nicht zu viel Quantität pumpt.

Cuvée – Assemblage de vins

Der Wein von einem Gärständer mit 10.000 Liter Fassungsvermögen kommt in 26 bis 27 Barriques. Das ist dann ein Lot mit der Nummer X. Dieses Lot X bleibt so lange zusammen, bis wir eine weitere Zusammenstellung vornehmen, das kann bis Mai, Juni dauern. Dann erfolgt eine weitere Assemblage, und danach kommen die Weine wieder in die gesäuberten Barriques zurück. Jetzt haben wir gerade die meisten 2007er gehoben (Anfang März 2009). Die sind jetzt gerade in den Tank gekommen, aber 2007 ist ein Jahrgang, der nicht zu lange im Barrique braucht, das waren jetzt 18 Monate.
Die Assemblage wird schrittweise gemacht, zuerst immer in der Rebsorte. Zuerst werden die klaren Weine, die eine ähnliche Struktur haben, zusammengeführt. Aber das passiert nicht vor Mai, Juni nach der Weinlese. Die endgültige Assemblage erfolgt entweder Anfang September oder Ende Oktober, kurz vor oder nach der nächsten Traubenernte. Dann wird die richtige Assemblage zusammengestellt, zu diesem Zeitpunkt sieht man auch die Qualität der Pressweine. Vor allem die Evolution der Pressweine ist extrem schwierig zu beurteilen, ob sie in der Assemblage etwas bringen oder nicht.

Ein Jahr Fassreife vor der großen Assemblage

Dafür gibt es verschiedene Theorien, ich weiß, dass jeder Tank seine eigene Entwicklung hat, und ich möchte diesem Eigenleben auf die Spur kommen. Versuchen, jedes Fass am besten hinzubekommen und zu einer gewissen Reife zu führen. Manche Weine sind nur 13 oder 14 Monate in Barriques, dann kommen sie raus, weil sie nicht mehr vertragen, und andere hingegen brauchen eben 16 oder 17 Monate. Wenn ich den einen Wein aber 17, 18 Monate in den Barriques lasse, der aber nur 12 Monate braucht, dann habe ich schon wieder diesen Geschmack, den ich nicht will, die harten Tannine, die Oxidationserscheinungen, das aufgesetzte Holz, das ist alles nicht nötig. So versuchen wir, uns in die verschiedenen Lots, in jeden Tank hineinzudenken und dem alles recht zu machen. Und wenn wir dann von der Öffnung der Weine her alles auf Schiene haben, dann machen wir die Assemblage. Dann passen eben diese Weine rein und andere eben nicht.

Verschiedene Fassbinder

Bei den großen Holzgärbottichen haben wir eigentlich nur Taransaud, außer 3 Tanks in Clos de l'Oratoire, die sind von Seguin Moreau. Bei den Barriques haben wir 6 große Tonnellerien, die uns begleiten, Nadalie, Saury, Taransaud, Boutes, Seguin Moreau und Sylvain. Da gibt es immer wieder Versuche mit dem einen oder anderen, aber es sind im großen diese 6 Tonnellerien.
Bei der Auswahl der Fässer wird auf die Finesse des Holzes, die Enge der Maserung und auch ein bisschen auf die Herkunft des Holzes Wert gelegt. „Wir kaufen das Holz für ungefähr 100 bis 150 Fässer selbst ein. Aus zwei Gebieten, eines aus der Gegend von Tronçais, eines aus der Region von Jupy, bei Le Mans. Dadurch haben wir bei der Herkunft des Holzes eine bessere Kontrolle. Die enge Maserung, die finden sie überall, genauso in Österreich, in Deutschland, in Jugoslawien, in Zentralfrankreich. Wesentlicher ist es, wie das Fass getoastet wird. Die Toastung soll für unsere Weine nicht zu stark, aber auch nicht zu schwach sein. Wenn sie zu schwach ist, dann geht der Geschmackston zu sehr in Vanille hinein, wenn sie zu stark ist, kommen die Kaffeetöne zu intensiv. Es muss dazwischen liegen. Das Holz muss erkennbar sein, aber nicht spürbar.
Die Tonnellerien, die uns Fässer liefern, kommen zweimal im Jahr zu einer Weinprobe. Bei einer Blindverkostung können sie sich selbst von der Entwicklung der Weine in ihren Fässern überzeugen. Der schwierigste Teil beim Keltern von Wein, den wir nicht in der Hand haben, ist das Barrique. Wobei jedes Fass seine Eigenart hat. Heuer verwendeten wir beim Toasting einen Mittelbrand. Im letzten Moment sagten wir: doch etwas weniger, möglichst nicht zu heiß beim Toasten, kein Brennen, kein Feuer, sondern Glut und möglichst langes Ausbrennen. In die Tiefe brennen und nicht schwarzmachen. Das ist den Tonnellerien am schwersten klarzumachen, weil sie dafür viel mehr Zeit brauchen."

Tanninschönungen mit Hühnereiweiß

„Alle Zweitweine werden gefiltert, alle Pressweine, die in die erste Linie kommen, werden ganz grob filtriert. Die erste Qualität wird überhaupt nicht filtriert, wenn wir nicht müssen. Ich sag niemals nie, nur ist mir lieber – wenn ich es kann –, dass nicht filtriert wird", meint Stephan von Neipperg.

Eiweißschönungen machen wir vor allem bei Pressweinen, bei Seihwein, Free-run eigentlich weniger. Das geht zwar auf das Tannin ein, nimmt aber auch Struktur weg. Unsere Seihweine brauchen das nicht, da gibt es andere Schönungen mit verschiedenen Gelatinen, damit kann man noch feiner arbeiten. Da die Pressweine meistens etwas härter sind, wird eine Gerbstoffschönung durchgeführt, von 3–5 Eiweißen pro Barrique.
Wir arbeiten mit vielen traditionellen französischen Techniken, wir haben die Möglichkeit der „pigeage" (Untertauchen des Maischehutes), „bâtonnage" (Aufrühren der Hefe in den Barriques), wir haben Wärme, wir haben Kühlung, wir versuchen immer die für den Zweck nötige Methode einzusetzen, die wir im Moment brauchen. Ich sage nicht, ich bin gegen die Filterung, wenn wir die Filterung vermeiden können, sind wir froh. Wenn wir keine Schönung brauchen, sind wir auch froh. Aber es gibt Jahre, da brauchen wir eine Schönung. Wir sind immer für alles total offen, aber wenn wir es vermeiden können, ist es uns recht. Und das ist bei allen Dingen so, wir müssen den Wein begleiten. Nicht wir sind wichtig, der Wein ist wichtig. Der Wein steht im Zentrum, und wir versuchen, uns möglichst dem Wein anzupassen. Wenn er keinen Abstich braucht, bekommt er auch keinen, wenn er aber total reduziert ist, braucht er ihn, dann bekommt er ihn auch.

Toasting der Fässer

Ganz schlecht ist das Null-Toasting, davon bekommen sie sehr viele Grüntöne. Wenn die Weine eine lange Zeit in Fässern zubringen, bis zu 15 Monate, da merken sie die Qualität eines Fassbinders genau. Ob das Holz natürlich oder künstlich getrocknet wurde, bei einer kurzen Holztrocknung werden eine ganze Menge harter Tannine im Holz innen eingeschlossen, die kommen dann nach 12 Monaten heraus. Dann wird's ganz schlimm, da bekommt man Aromen wie Holzmehl, das schmeckt so richtig grün. Da muss man aufpassen, dass man das nicht in den Wein reinbekommt. Und dass es eine lange Trocknung des Holzes gibt. Wenn sie zu einer Tonnellerie kommen und er hat keinen Holzpark oder nur einen kleinen, oh, da stimmt irgend etwas nicht.

Was können wir noch verbessern?

Stephan von Neipperg: Wir arbeiten sehr eng mit den Entwicklern und Herstellern dieser Sortiersysteme zusammen. Was wir heute bei Canon-La-Gaffelière machen, wird dann übermorgen von anderen Betrieben übernommen. Wir versuchen immer einen Schritt weiterzudenken. Bei uns ist das Problem, was können wir im nächsten Jahr noch besser machen. Was können wir noch verbessern?
Das beginnt bei der Selektion der Trauben der Terroirs, dass wir die Verschiedenartigkeit herausarbeiten und noch individueller bearbeiten können und dadurch bis zur Lese noch mehr auf diese Eigenheiten zugehen können.

Klassifikation o *Classification*
AOC Saint-Émilion Grand Cru

Eigentümer o *Owner*
Stephan Graf von Neipperg, Comtes de Neipperg

Weingärten o *Vineyards*
Châteaux Canon-La-Gaffelière: 20 Hektar (49,6 acres)

Rebsorten o *Grape varietals*
55% Merlot, 40% Cabernet Franc, 5% Cabernet Sauvignon

Alter der Reben, Bodenstruktur o *Average age, soils*
45+ Jahre o Ton-Kalk, Ton-Sand am unteren Teil des Hügels

Weine o *Wines*
Châteaux Canon-La-Gaffelière

Pflanzdichte o *Density of plantation*
7.500 Rebstöcke/Hektar in den alten Weingärten

Hektarerträge o *Average yield per hectar*
30–50 Hektoliter/Hektar

Kellermeister/Önologe o *Winemaker*
Stephan Graf von Neipperg, Stéphane Derenoncourt

Elevage o *Winemaking and upbringing*
Die von Hand gelesenen Trauben werden in kleinen Lesekisten von 12 kg Inhalt zum Keller geführt und doppelt aussortiert, vor und nach dem Abbeeren. Die perfekten Beeren kommen über ein Förderband in die Eichenholzgärständer.
Weinbereitung: Kein Einmaischen, Ganzbeerenfermentation, je nach Jahrgang 27 bis 35 Tage lang in thermoregulierten Holztanks. Extraktion durch pneumatische Pigeage.
Ausbau: malolaktische Gärung in neuen Fässern (80 bis 100%) auf feiner Hefe. Ausbau 15 bis 20 Monate, je nach Jahrgang.

Jahresproduktion o *Annual production*
Châteaux Canon-La-Gaffelière: 150.000 Flaschen (im Durchschnitt der letzten 3 Jahre)

Weingutbesuch o *Visiting policy, Contact*
Nach telefonischer Vereinbarung

Weinverkaufspreise o *Average price*
Je nach Jahrgang unterschiedlich: € 30,–/200,–

Restaurant Weinkarte o *Winelist*
Weltweit in den besten Restaurants

Besondere Jahrgänge o *Great recent vintages*
2007, 2006, 2005, 2002, 2000, 1999, 1998, 1990, 1986

Vermarktung der Weine o *Sales*
Über den Handelsplatz Bordeaux

Château Canon-La-Gaffelière
La Mondotte, Clos de l'Oratoire
Château Peyreau, Château d'Aiguilhe
Clos Marsalette

BP 34 F- 33 330 Saint Émilion
Tel.: +33(0)5 57 24 71 33, Fax: 05 57 24 67 95

www. neipperg.com
e-mail: info@neipperg.com

Der Untergrund von La Mondotte

Der Boden von La Mondotte besteht aus stark lösshaltigen Ton und ruht auf der felsigen Unterschicht des Kalkplateaus von Saint Émilion.
Wie tief die Rebstöcke in den felsigen Untergrund wurzeln, bewies uns Josef-Hubert Graf von Neipperg. Er führte uns in die „Unterwelt" von La Mondotte. Kilometerlange Stollengänge, in denen einst der Kalkfels als Baublöcke abgebaut wurde, die überall in die Umgebung und bis nach Bordeaux geliefert wurden.

LA MONDOTTE

ELEGANT – MIT EINER EXQUISITEN FINESSE
SAINT ÉMILION, BORDEAUX

Als der aus einer uraltem deutschen Winzerdynastie stammende Josef-Hubert Graf von Neipperg im Jahre 1971 neben anderen Weingütern in St. Émilion auch das Château Mondotte erwarb, war dieser Besitz nicht wirklich ein Prestige-Objekt. Die 4,47 Hektar (11,1 acres) Rebflächen in Hanglage im Osten des Kalkplateaus waren zu 75% mit Merlot und zu 25% mit Cabernet Franc bestückt, die Weine, die damals gekeltert wurden, hatten allerdings nur wenig Charme. Neipperg hat aber das Potential dieser Rebfläche erkannt und geduldig gewartet, bis sein Sohn Stephan 1985 das Kommando über das Weingut übernahm. Ursprünglich wollte Stephan Graf von Neipperg Château Mondotte in sein Gut Canon La Gaffelière eingliedern, das hätte aber die Einstufung als Grand Cru Classé gekostet. Château Mondotte habe eine andere Klassifizierung, sei drei Kilometer von La Gaffelière entfernt und habe eine unterschiedliche Bodenstruktur wurde vom „Institut National des Appellations d'origine" argumentiert. Neipperg nahm die Entscheidung zur Kenntnis und beschloss im Sommer 1996, zusammen mit seinem Kellermeister Stéphane Derenoncourt, ein eigenständiges Weingut zu errichten und einen eigenständigen Wein aus den Trauben der damals durchschnittlich 30 Jahre alten Rebstöcke zu keltern.

Dass die Weine von Mondotte keine Klassifizierung haben würden, störte Neipperg und Derenoncourt nicht. Sie waren vom Terroir der Rebflächen, die direkt an jene von Château Troplong-Mondot anschließen, begeistert. Die aus stark lösshaltigem Ton bestehenden Böden sind nicht einmal einen Meter tief und ruhen auf einem felsigen Kalkuntergrund. Die hervorragende Wasserregulierung des Bodens fördert eine Wurzelbildung bis tief in die Felsspalten hinein und das zur Dordogne führende Gefälle bedingt eine natürliche Drainage.

Wie tief die Rebstöcke in den felsigen Untergrund wurzeln, bewies uns Josef-Hubert Graf Neipperg. Er führte uns sozusagen in die „Unterwelt" von La Mondotte. Kilometerlange Stollengänge, in denen einst der Kalkfels als Baublöcke abgebaut wurde, die überall in die Umgebung und bis nach Bordeaux geliefert wurden. Im Lichte von Taschenlampen konnte man die Wurzelstränge erkennen, die von der Decke der Stollengänge hingen. „Dann und wann stürzt ein Teil der Decke ein," erklärt der Graf, „dann müssen wir den Stein von unten abstützen und zu ebener Erde den Weingarten mit Erdreich wieder aufrüsten".

Zu den Pluspunkten von La Mondotte zählen weiters die außergewöhnliche Sonneneinstrahlung und der stets wehende leichte Wind, der bei Regen die Trauben rasch wieder abtrocknet.

Stephan Graf Neipperg baute auf dem Anwesen einen kleinen, feinen Weinkeller und ließ das Haus, in dem heute in den Sommermonaten sein Vater lebt, vorbildlich und aufwändig renovieren. Bescheidenheit zeigte er freilich bei der Namensgebung seines neuen Weinguts. Er verzichtete auf die Bezeichnung „Château" und nannte das Gut schlicht „La Mondotte". „Das kleine Haus kann man nicht wirklich als Château bezeichnen, obwohl es bereits im Jahre 1868 in einer Liste als solches angeführt wurde".

Die Weinbauphilosophie von La Mondotte

Der Grundsatz ist für Stephan von Neipperg bei allen seinen fünf Weingütern überall der gleiche: Respekt der natürlichen Gegebenheiten, Vorrang für Beobachtungen, Kenntnis des Terroirs und des Vegetationszyklus, Ablehnung etablierter Konzepte , Berücksichtigung der Eigenschaften eines jeden Jahrganges, hohe Flexibilität während der Weingereitung ...

So vereint La Mondotte in sich all die Prinzipien, die Stephan von Neipperg sich zu Eigen gemacht hat.

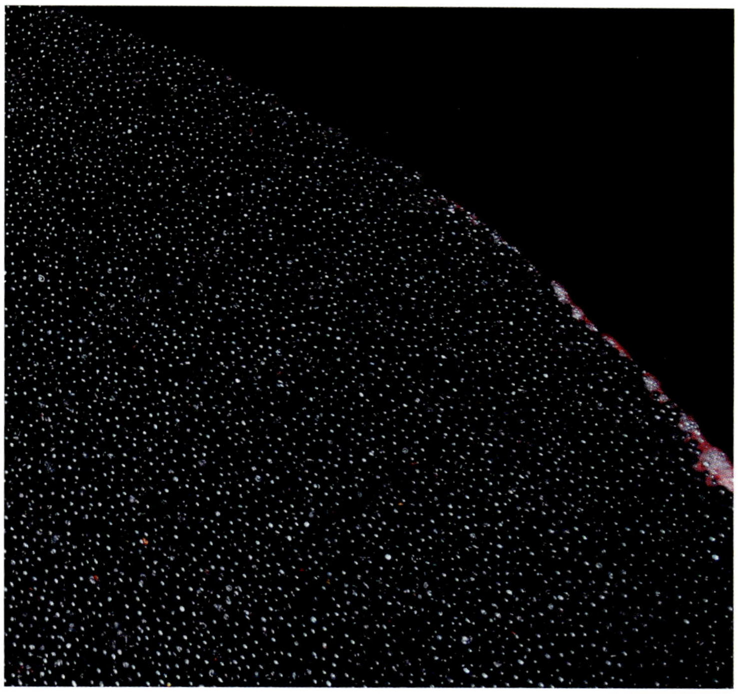

Eichenholz statt Edelstahl

Als Stephan Graf Neipperg 1996 seinen neuen Weinkeller in La Mondotte baute, richtete er sein Augenmerk auf die kleinen hölzernen Gärbottiche (Cuve de fermentation), die zwischen 1.000 und 3.000 Liter Maische aufnehmen können. In einem Interview erklärte er damals, dass er absolut nichts gegen rostfreien Stahl einzuwenden habe, solange es sich dabei um Sardinendosen handle.

Alle Trauben werden wie bein Canon mehrmals sortiert und nur die besten, ganzen Beeren kommen in die Gärbottiche. Die Mazerationszeit beim La Mondotte ist ebenfalls sehr lange, sie kann bis 29 Tagen dauern, dabei ist die Größe des Gärstäders zu beachten, je kleiner ein Tank, desto kürzer die Auslaugungszeit. Für den weiteren 18 bis 24 monatigen Barriqueausbau werden nur neue Fässer eingesetzt.

Die Weine, die seit 1996 aus dem Keller von La Mondotte kommen haben weltweit für Furore gesorgt. Um Verwechselungen mit früheren Jahrgängen des „Château Mondotte" zu vermeiden, bekamen die Weine von „La Mondotte" eine neue Flasche, ein neues Etikett sowie eine neue Holzkiste.

Schon der Debüt-Jahrgang wurde von Robert Parker mit durchschnittlich 98 Punkten bewertet. Alle weiteren Jahrgänge erzielten in Folge Maximalbewertungen. Der 2004er wurde als einer der vier besten Weine dieses Jahrganges des Bordeaux genannt, der 2005er bekam von Parker 99 von 100 möglichen Punkten und der 2006er 97 Punkte.

Es gibt einige Garagenweine die zur selben Zeit entstanden sind, von denen heute niemand mehr spricht. La Mondotte zeigt hingegen eine nicht enden wollende Erfolgsstory. Ermittelt man eine Durchschnittbewertung aller je produzierten Jahrgänge, liegt La Mondotte einsam an der Spitze aller Châteaus in Bordeaux.

„Unsere Weine altern extrem langsam", sagt Stephan Graf Neipperg, „selbst unser 1997er ist noch sehr jung".

Klassifikation o *Classification*
AOC St. Émilion

Eigentümer o *Owner*
Grafen von Neipperg

Weingärten o *Vineyards*
4,47 Hektar (11,1 acres)

Rebsorten o *Grape varietals*
75% Merlot, 25% Cabernet Franc

Alter der Reben o *Average age of the vines*
50+ Jahre

Bodenstruktur o *Soil*
Eine etwa 1m starke lösshaltige Tonschicht über dem massiven Kalkplateau von St. Émilion

Weine o *Wines*
La Mondotte

Pflanzdichte o *Density of plantation*
5.500 Rebstöcke/Hektar

Hektarerträge o *Average yield per hectar*
25 Hektoliter/Hektar

Kellermeister/Önologe o *Winemaker*
Stephan von Neipperg, Stéphane Derenoncourt

Elevage o *Winemaking and upbringing*
Die von Hand gelesenen Trauben werden in kleinen Lesekisten zum Keller geführt. Doppeltes Aussortieren vor und nach dem Abbeeren. Die perfekten Beeren kommen über ein Förderband in die Eichenholzgärständer.
Weinbereitung: Kein Einmaischen, Ganzbeerenfermentation, je nach Jahrgang bis 29 Tage lang in thermoregulierten Holztanks. Extraxtion durch pneumatische Pigeage.
Ausbau: Malolaktische Gärung in 100% neuen Fässern auf der Feinhefe. Ausbau 18 bis 24 Monate, je nach Jahrgang. Schönung und Filtration, falls notwendig, je nach Jahrgang.

Jahresproduktion o *Annual production*
La Mondotte: 9.500 Flaschen

Kellermeister/Önologe o *Winemaker*
Stephan Graf von Neipperg

Visiting policy o *Contact*
Keine Besuche im Weingut

Weinverkaufspreise o *Average price*
Je nach Jahrgang unterschiedlich: € 250,–/400,–

Besondere Jahrgänge o *Great recent vintages*
2006, 2005, 2004, 2003, 2001, 2000, 1998, 1996

Sales o *Vermarktung der Weine*
Über den Handelsplatz Bordeaux

La Mondotte

BP 34 F- 33 330 Saint Émilion
Tel.: +33(0)5 57 24 71 33,
Fax: +33(0) 5 57 24 67 95
www. neipperg.com
e-mail: info@neipperg.com

Im James-Bond-Film „Casino Royal“ trinkt James Bond (Daniel Craig) zusammen mit Vesper Lynd (Eva Green) im Speisewagen eine Flasche Angélus.

CHÂTEAU ANGÉLUS

SAINT ÉMILION, BORDEAUX

Das Weingut Château Angélus in St. Emilion kann man sich als ein riesiges Amphitheater vorstellen. Die ansteigenden hufeisenförmigen Publikumsränge werden von den Weingärten gebildet, die das am Fuße der Hügel gelegene Château und die Wirtschaftsgebäude umgeben. Dass das Château Angélus, das seit sieben Generationen im Besitz der Familie Boüard de Laforest steht, eine Glocke als Markenzeichen trägt, kommt nicht von ungefähr. Von einem bestimmten Punkt der Weingärten aus kann man nämlich dreimal täglich gleichzeitig das Geläut von drei verschiedenen Kirchen hören. Jenes der Kirche von St. Emilion sowie jene von La Chapelle de Mazerat und l' Église de Saint Martin de Mazerat. Geläutet wird stets um sieben Uhr morgens, zu Mittag und um sieben Uhr abends, um die Gläubigen zum Angelus-Gebet (Angelus bedeutet „Engel des Herrn") zu rufen.

Heute wird das Château Angélus von Hubert de Boüard de Laforest, Vater von zwei Söhnen und zwei Töchtern, geführt. Die Familie seines Großvaters Maurice de Boüard de Laforest bewirtschaftete schon seit 1850 das Nachbar-Weingut Château Mazerat und hat das Château Angélus im Jahre 1924 übernommen.

Hubert de Boüard de Laforest bewirtschaftet einen einzigen, 23,4 Hektar großen Weingarten, der nach Süden hin ausgerichtet ist. Der Boden besteht in den höheren Regionen aus einem lehmigen Kalkstein, weiter unten wird der Boden sandiger. Seit den 80er-Jahren des vorigen Jahrhunderts zählen die Weine des Château Angélus zu den absoluten Aufsteigern der Region, was im Jahr 1996 mit der Aufwertung zum „Premier Grand Cru Classé" gewürdigt wurde. Etwa 80 Prozent der Jahresproduktion von 80.000 bis 90.000 Flaschen gehen in den Export. Auf Château Angélus wird auch noch ein Zweitwein gekeltert, der als „La Carillon de l'Angelus" vermarktet wird. Von diesem Wein werden rund 10.000 Flaschen gefüllt.

Bei einer Winzerjause, zu der wir anlässlich unseres Besuches auf dem Château von Coralie de Boüard de Laforest gebeten wurden, hatten wir Gelegenheit, beide Weine zu verkosten. Bei der außerordentlichen Qualität des Weines ist es nur zu verständlich, dass auch der frühere US-Präsident Bill Clinton zu den Liebhabern des Château Angélus zählt. Was Carolie de Boüard de Laforest besonders freute, war der Umstand, dass der Château Angélus auch in die Filmwirtschaft Einzug gehalten hat. Aufmerksamen Kinobesuchern wird aufgefallen sein, dass James Bond (Daniel Craig) im Thriller „Casino Royal" zusammen mit Co-Agentin Vesper Lynd (Eva Green) im Speisewagen nach Montenegro eine Flasche dieses Rotweines leerten. Angélus steht damit in einer Reihe mit den anderen Lieblingsgetränken des 007-Agenten: Martini Dry Cocktail (gerührt, nicht geschüttelt) und die Champagnermarken Bollinger und Dom Pérignon.

Für Heiterkeit sorgt regelmäßig Carolies kleiner, quicklebendiger Hund, der auf den Namen Cayenne hört, bei den Château-Führungen. Die weiblichen Besucher assoziieren mit dem Namen stets eine Pfeffersorte, während die Männer sich wissend geben und meinen „aha, wie der Porsche".

1,2

Le Vignoble: Merlot, Cabernet Franc

Gering sind die Erträge eines Rebstockes, um eine optimale Ausreifung zu erzielen. Auf einem Cabernet Franc-Rebstock bei Angelus reifen bei der Ernte nur etwa 1,2 bis 1,5 kg Trauben.

3

Die Traubenernte

Ein Teil eines Weingartens ist abgeerntet, die Lesemannschaft begibt sich zum nächsten Block, um die fröhliche Arbeit fortzusetzen.

7,8

Das Terroir, die Herkunft

Der französische Begriff „Terroir" erfasst alle natürlichen Voraussetzungen, die die Biologie des Weinstocks und auch die Zusammensetzung der Traube selbst beeinflussen. Davon wird auch der Geschmack des weiteren Weines geprägt.

9,10

Das Terroir prägt den Wein

Terroir ist das Zusammentreffen von Landschaft, Boden und Klima, das Zusammenspiel einer unendlichen Anzahl von Faktoren: Tages- und Nachttemperaturen, Sonnenscheinstunden, Niederschlagsverteilung, Hangneigung und Bodendurchlässigkeit, um nur einige wenige zu nennen. Alle Faktoren reagieren miteinander und bilden das, was die französischen Winzer als „Terroir" bezeichnen.

4,5

100% händisches Ernten

Die Trauben werden bei der Ernte schon im Weingarten das erste Mal selektioniert, jede Traube wird rundum angeschaut, und notfalls werden kleine Teile, die nicht 100%ig gesund sind, weggeschnitten.

6

Transport zum Anhänger

Wenn die Lesekörbe voll sind, werden die Trauben in die größeren Butten umgeleert, die sofort zum Anhänger getragen werden.

11

Die Weingärten sind direkt neben dem Keller

Der Weingartenblock mit einer Fläche von 23,4 Hektar (58 acres) befindet sich direkt neben und rund um Château Angélus. Auch vom entferntesten Punkt des Weingartens ist es nur ein kurzer Transportweg bis zum Weingut.

12,13

Die Trauben kommen zum Keller

Im Keller angekommen, werden die Trauben sofort weiter verarbeitet. Die Sortiermannschaft wartet schon.

1,2

Abbeermaschine und Traubenmühle

Vorsichtig werden die Behälter mit den Trauben auf die erste Station des Sortierbandes geleert. In diesem Teil werden die Trauben gleichmäßig verteilt und auch die erste Sortierung der ganzen Trauben durchgeführt.

3

Table de tri – erst die Trauben sortieren und selektionieren, dann entrappen

Alle sichtbaren Traubenteile und Beeren, die nicht 100% gesund sind, werden von 4 Sortierhelfern ausgeschnitten. Erst dann bringt das Förderband die Trauben zum Entrappen.

7,8

Sortieren und kontrollieren der einzelnen Beeren

Kleine Teile des Stielgerüstes, rosa Beeren, bei Cabernet Franc auch manchmal kleine, noch grüne Beeren, alles was nicht optimal ausgereift und tiefdunkel ist, kommt weg. Nichts entgeht den scharfen Blicken dieser extrem aufwendigen Kontrolle des Lesegutes.

9

Perfekte Beeren, die Basis für große Weine

Ein Rüttelpult mit groben Kämmen zum Abschluß des Sortierbandes siebt noch einmal kleine Beeren oder mögliche kleinste Holzteile heraus. Was übrigbleibt, ist ein perfektes Lesegut, das beste Traubengut, welches von dieser Ernte zu selektionieren ist.

4,5

Sorting table, der Sortiertisch

Bei Angélus werden von den Trauben zuerst nur die Stiele entfernt und die Beeren nicht gemahlen. Die Walzen sind so einstellbar, dass jede gewünschte Stufe von unversehrtem bis zu feingemahlenem Traubengut gewählt werden kann.

6

10 Paar scharfe Augen, 20 flinke Hände

Die gesunden und unverletzten einzelnen Beeren kommen am Leseband aus der Abbeermaschine, jetzt ist höchste Konzentration bei der Sortiermannschaft angesagt. Ein scharfer Blick und flinke Finger sind notwendig, um die feinen Farbunterschiede zu erkennen und sofort die helleren Beeren auszusortieren.

10,11

Fermentation intracellulaire

Es ist ein echtes Vergnügen, diese prachtvollen Beeren in Richtung der Gärständer vorbeiziehen zu sehen. Man kann sich jetzt schon vorstellen, was daraus wird. Ein Band voll mit tief-dunkelblauen Beeren auf dem Weg, zu einem großartigen Wein veredelt zu werden.

12

Das Vergären ganzer Beeren

Im Château Angélus wird die ganze Traubenernte nach der Ganzbeerenmethode vergoren. Die Beeren kommen völlig gesund und ganz zur weiteren Gärung in die Gärständer.

Fermentation intracellulaire

Heute arbeitet man im Château Angélus so, dass die Beeren unversehrt belassen werden und damit die Gärbehälter befüllt werden. Erst später wird durch „pigeage" (Stampfen der Beeren) eingemaischt. Die Gärung der zum größten Teil ganzen Beeren erfolgt in temperaturgesteuerten Edelstahltanks, Zement- und Eichenholzgärtanks bei einer maximalen Gärtemperatur von 28° bis 32°C.

Mazerationszeit

Während der 2 bis 4 Wochen dauernden Mazerationszeit wird für die Befeuchtung und Zerkleinerung des Tresterhutes mit zwei Methoden gearbeitet, sowohl dem manuellen Unterstoßen als auch dem Rundpumpen mit Jungwein.

Angélus und der Cabernet Franc

„Hier in Saint Emilion, auf Château Angélus, auf dem Land meiner Vorfahren, haben der Weinbau und der Wein selbst fast schon eine religiöse Bedeutung. Das führt zu einer Leidenschaft, die von der ganzen Familie getragen wird", sagt Hubert de Boüard de Laforest, der auf seinem Weingut die Rebsorte Cabernet Franc zu einem wichtigen Bestandteil seines Cuvées gemacht hat, der in St. Emilion als Premier Grand Cru klassifiziert ist.

Hubert de Boüard de Laforest, der an der Universität von Bordeaux unter Emile Peynaud Önologie studierte und in Weingütern in Bordeaux und im Burgund Erfahrungen gesammelt hat, wurde im Jahre 1976 in die Verantwortung von Château Angélus eingebunden und sah gleich eine Reihe von Verbesserungsmöglichkeiten. Und zwar sowohl was die Weingärten als auch den Kellerbereich betraf. Innerhalb weniger Jahre wurden im Weinkeller die Gärzisternen aus Beton durch Stahltanks ersetzt und neue Holzfässer für den Ausbau des Weines angeschafft. Als Hubert de Boüard de Laforest im Jahre 1985 die Alleinverantwortung über das Weingut übernahm, wurde in einen klimatisierten Keller und einen neuen Verkostungsraum investiert. Diese Investitionen mögen vielleicht nicht großartig klingen, waren für das Château Angélus aber ein Meilenstein, wenn man bedenkt, dass eine Generation zuvor noch kein Ausbau des Weines im Holzfass erfolgt war und die Weine direkt aus der Betonzisterne in Flaschen gefüllt worden waren. Seit 1987 wird Hubert de Boüard de Laforest im Betrieb von seinem Cousin Jean-Bernard Grenie unterstützt.

Im Weingarten ging Hubert de Boüard de Laforest dazu über, organische Düngemittel zu verwenden, beließ Grasdecken zwischen den Rebstock-Reihen und achtet somit auf einen gesunden Boden. Im Weingarten wie im Weinkeller respektiert man zwar noch traditionelle Methoden, nützt aber auch den technischen Fortschritt, um aus jeder Ernte das bestmögliche Resultat zu erzielen. So war das Château Angélus einer der ersten Weinbaubetriebe in der Region, die Sortiertische verwendeten, auf denen die gerebelten Beeren einer zusätzlichen Auslese unterzogen wurden.

„So, wie die Jahre kommen und gehen", sagt Hubert de Boüard de Laforest, „entwickelt bei uns jeder Jahrgang eines Weines seinen eigenen Charakter, der von unserem großartigen Terroir und der Wetterbedingung geprägt ist. Jeder einzelne Jahrgang wird Teil der Geschichte von Château Angélus. Aus meiner Sicht gibt es auch keine schwachen Jahrgänge, sondern eben nur unterschiedliche."

Die Weine von Château Angélus sind eine Cuvée aus Merlot, Cabernet Franc und Cabernet Sauvignon, wobei die Anteile je nach Jahrgang variieren. Ein wichtiger Bestandteil ist jedenfalls der würzige Cabernet Franc, eine rote Rebsorte aus Frankreich, die im Laufe von Jahrhunderten durch Selektion aus alten Wildreben gezüchtet wurde.

Der Cabernet Franc stellt mit 47% einen hohen Anteil und bringt feine, elegante Aromen und intensive, seidige Tannine in die Château Angélus-Gesamtcuvée ein.

Beim Cabernet Franc werden beim Winterschnitt 5 bis 6 Augen pro Rebstock angeschnitten, bei den sehr alten Stöcken verbleiben für den Austrieb sieben Augen auf den Streckern. Gleich nach der Blüte, wenn 10 bis 12 Trauben auf einem Stock reifen, erfolgt das erste Ausdünnen. Hubert de Boüard de Laforest: „Wenn es während der Blüte sehr warm ist, werden die Trauben sehr groß, bei Kälte und Regen während der Blüte bleiben die Trauben kleiner."

Bis zum Herbst sind dann nur mehr 5 bis 6 Trauben auf einem Stock, die zu ernten sind. Vor der Haupternte werden in mehreren Durchgängen alle Geiztriebe, faule und nicht gleichmäßig ausgereifte Trauben weggeschnitten. Auch alle zu großen Trauben verbleiben nicht auf den Stöcken. „Die Trauben sollen gleichmäßig gereift sein, das ist das Wichtigste, sonst kann ich damit keinen charaktervollen Wein machen." Durch diese konsequente Arbeit erreichen die Trauben zeitig ihren besten Reifegrad und werden immer mit einem hohen potenziellen Alkoholgehalt gelesen.

Das Vergären der ganzen und unverletzten Beeren bringt eine enorme Fruchtigkeit, Intensivität und Komplexität in den Wein. Alle störenden grünen Geschmacksnoten und Gerbstoffe, die von Stängelteilen und Fragmenten kommen können, sind durch das extrem aufwendige dreimalige Sortieren, zuerst der Trauben, dann der Beeren, nicht vorhanden. Dieser Ausleseprozess ist aufwändig und kostenintensiv, das Ergebnis aber rechtfertigt diesen Aufwand.

Der neue Stil der Angélus-Weine zeigt die Vorteile dieser Traubenselektion: intensiv, tiefe Fruchtaromen, kraftvoll, und die Tannine bringen ein besseres Reifepotenzial.

Dieser Entwicklung geht mit einer Umstellung der Weingartenarbeit einher, ökologische Bearbeitung der Rebanlagen, noch weniger Erträge pro Weinstock und eine höhere Ausreifung der Trauben in Verbindung mit der Kaltmazeration, Malolaktik in den Barriques und Aufrühren der Feinhefen in den Barriques in den ersten Monaten der Fassreifezeit.

Der Merlot ist kleinbeerig, und durch die extreme Mengenreduktion haben wir im Durchschnitt nur 20 hl per Hektar Erträge.

Für die lange Ausbauzeit seiner Rotweine zwischen 18 und 24 Monaten in den Fässern verwendet Hubert de Boüard de Laforest, der vom berühmtesten Önologen Frankreichs Michel Roland unterstützt wird, Barriques aus unterschiedlichen Hölzern. Er bevorzugt das Eichenholz aus Central France, Allier- und die besonders feingewachsene Tronçais-Eiche wird ebenfalls eingesetzt. Alle Fässer werden nur mittel getoastet. Je nach der Qualität eines Jahrganges liegt der Anteil an neuen Fässern zwischen 70 bis 100%.

Der geschmackliche Mix der Fässer von verschiedenen Tonnellerien ist für Hubert de Boüard de Laforest entscheidend: die Weine in Fässern der Tonnellerie Sylvain werden sehr samtig und verfügen über eine gute Dichte. Seguin Moreau bringt Fülle und Kraft und die Barriques von Nadalie zusätzliche Finessen in die Assemblage.

Der Ausbau der Rotweine

Die Weine von Château Angélus sind eine Cuvée aus Merlot, Cabernet Franc und Cabernet Sauvignon, wobei die Anteile je nach Jahrgang variieren. Ein wichtiger Bestandteil ist jedenfalls der würzige Cabernet Franc, eine rote Rebsorte aus Frankreich, die im Laufe von Jahrhunderten durch Selektion aus alten Wildreben gezüchtet wurde. Der Cabernet Franc stellt mit 47% einen hohen Anteil und bringt feine, elegante Aromen und intensive, seidige Tannine in die Château Angélus-Gesamtcuvée ein.

Die Selektion der Fässer und das erste Blending innerhalb der Rebsorten beginnt Ende Februar. Die Assemblage der Weine aus den Tagesernten und Weinlagen ist für den Stil des Weines wesentlich. Die gesamte Ausbauzeit der Weine in den Barriques dauert zwischen 18 und 24 Monaten.

Der Weingarten

Weingarten: 23,4 Hektar (58 acres) als ein einzelner großer Weingartenblock direkt neben dem Weingut.

Geografische Lage des Weingartens: Am südseitig abfallenden Hang von Saint-Emilion, am „pieds de côte" (am Fuße des Hanges) gelegen.

Bodenstruktur: Lehm-Kalkstein im höher gelegenen Teil, Lehm-Sand-Kalkstein im unteren Teil des Hügels.

Pflanzdichte der Reben: 6.500 bis 7.500 Reben/Hektar

Rebsorten: 50% Merlot, 47% Cabernet Franc, 3% Cabernet Sauvignon

Alter der Reben: 30+ Jahre

Reberziehung und Rebkultivierung: „Girondine"-Reberziehung mit 2 Streckern, die Reben gedeihen in der traditionellen Erziehungsform des Bordeaux. Begrünung zwischen den Rebzeilen durch Einsaat von Gras und anderen Pflanzen. Ausbrechen von überschüssigen Knospen nach dem Austrieb und Reduzieren der Anzahl an Trauben im August, Freistellen der Traubenzone.

Traubenernte/Ganzbeerenverarbeitung: Zu 100% händisch geerntet. Die Trauben werden im Weingarten selektioniert. Im Keller gibt es noch 2 weitere Sortiertische zum Auslesen der Trauben und Beeren. An den Sortiertischen sind immer gleich viele Helfer beim Aussortieren der Beeren beschäftigt wie beim Ernten der Trauben im Weingarten.

Entrappen der Trauben: 100%

Hektarerträge: 30 bis 35 Hektoliter/Hektar

Vinifikation Merlot

Önologe: Hubert de Boüard de Laforest

Consultant Önologe: Michel Roland

Alkoholische Gärung/Fermentation: Sehr schonender Transport der Beeren beim Befüllen der Gärbehälter. Ganzbeerenvergärung in temperaturgesteuerten Edelstahltanks, Zement- und Eichenholzgärtanks bei einer Gärtemperatur zwischen 28° und 32°C.

Mazeration: 2 bis 4 Wochen. Die Tanks sind breiter gebaut, um einen möglichst großen Oberflächenkontakt mit der Maische zu haben. Während der langen Mazerationszeit wird für die Befeuchtung und Zerkleinerung des Tresterhutes mit zwei Methoden gearbeitet, sowohl das manuelle Unterstoßen als auch Rundpumpen mit Jungwein.

Seihwein/Presswein: Der Seihwein kommt direkt in 100% neue Barriques. Presswein vorerst getrennt ausgebaut.

Malolaktische Gärung: Die malolaktische Gärung findet in den Barriques statt. Die Weine werden anschließend für weitere 6–8 Wochen auf der Feinhefe gelagert.

Blending: Die Selektion der Fässer und das 1. Blending (innerhalb der Rebsorten) beginnt Ende Februar.

Fassreife: 18 bis 24 Monate in neuen Barriques.

Schönungen: Generell keine Schönungen, ausgenommen die traditionelle Gerbstoffschönung mit frischen Eiweißen.

Flaschenfüllung: Im Château Angélus je nach Jahrgang und Entwicklungsstand 20 bis 26 Monate nach der Ernte.

Klassifikation o *Classification*
Premier Grand Cru Classé, Appellation St.-Emilion Grand Cru

Eigentümer o *Owner*
Familie De Boüard de Laforest

Weingärten o *Vineyards*
23,4 Hektar (57,8 acres) als zusammenhängender Weingarten

Rebsorten o *Grape varietals*
50% Merlot, 47% Cabernet Franc, 3% Cabernet Sauvignon

Weine o *Wines*
Châteaux Angélus, Carillon de l'Angélus

Bodenstruktur o *Soils*
Lehm-Kalkstein im höher gelegenen Teil des Weingartens, Lehm-Sand-Kalkstein im unteren Teil des Hügels

Alter der Reben o *Average age of the vines*
30+ Jahre

Pflanzdichte o *Density of plantation*
6.500–7.500 Rebstöcke per Hektar

Hektarerträge o *Annual crop yield*
30–35 Hektoliter/Hektar

Jahresproduktion o *Annual production*
Châteaux Angélus: 90.000 Flaschen
Carillon de l'Angélus: 10.000 Flaschen

Generaldirektor/Önologe o *Director/Winemaker*
Hubert de Boüard de Laforest
Consultant oenologist: Michel Roland

Besuch im Weingut o Visiting policy, *Contact*
Nur nach telefonischer Vereinbarung o By appointment only

Weinverkaufspreise o *Average price*
Variable nach Jahrgang zwischen € 75,-/250,-

Besondere Jahrgänge o *Great recent vintages*
2005, 2003, 2002, 2001, 2000, 1998, 1996, 1995, 1990, 1989

Restaurant Weinkarte o *Winelist*
Weltweit in den besten Restaurants auf den Weinkarten

Vermarktung der Weine o *Distribution*
Vertrieb der Angélus-Weine überall in der Weinwelt über/durch Bordeaux-Weinhändler.

Château Angélus
F- 33 330 St.-Emilion, France
Tel.: +33(0)5 57 24 71 39, Fax: 05 57 24 68 56

Contact: Hubert de Boüard de Laforest
Coralie de Boüard de Laforest oder
Emmanuelle d'Aligny

www.chateau-angelus.com
e-mail: chateau-angelus@chateau-angelus.com

Cheval Blanc ist nach der Legende nach einem Posthaus benannt, wo König Heinrich IV., ein Liebhaber von Schimmeln, die Pferde zu wechseln pflegte.
Der Cheval Blanc 1947er-Jahrgang wird als einer der besten Weine aller Zeiten beschrieben.

CHÂTEAU CHEVAL BLANC

SAINT ÉMILION, BORDEAUX

Glaubt man der Legende, dann rührt der Name des Weingutes Château Cheval Blanc in St. Émilion an der Grenze zu Pomerol von einem Posthaus her, in dem der sowohl dem Wein als auch den Schimmeln zugetane König Heinrich IV. bei seinen Reisen nach Bordeaux die Pferde wechseln ließ. Tatsache ist, dass das wunderschöne Château selbst um 1860 errichtet wurde und um ein Kellergebäude sowie eine Kapelle und eine Orangerie erweitert wurde. Das Weingut verfügt heute über eine zusammenhängende Rebfläche von 37 Hektar, die unterschiedliche Bodenstrukturen aufweisen und mit den Rebsorten Cabernet Franc und Merlot bepflanzt sind. Allein diese Weingärten sind eine Augenweide, sind sie doch gepflegt wie ein japanischer Garten. Das Ziel, das sich Albert Frère und Bernard Arnault, die Château Cheval Blanc im Herbst 1998 erworben haben, gesetzt haben, ist, das große Erbe dieses Weingutes zu bewahren und die Weine ihres Gutes auch weiterhin an der Spitze der besten Qualitäten von Bordeaux zu halten. Und daran arbeiten General Manager Pierre Lurton und sein Team mit großem Einsatz und Talent.

Die Cheval-Blanc-Weine sind der Inbegriff dessen, was aus der Rebsorte Cabernet Franc in Saint-Émilion gekeltert werden kann: opulente, außerordentlich reichhaltige, seidig und auch etwas exotisch anmutende große Rotweine, die schon in ihrer Jugend erstaunlich zugänglich sind, aber in großen Jahrgängen das Potenzial für eine Lebenserwartung von 40 bis 70 Jahren haben. Der 1947er zählt noch heute zu den tragenden Säulen in der Geschichte der Bordeaux-Weine. Das Château Cheval Blanc ist auch eines der ganz wenigen Weingüter, das seit seiner Gründung im Besitz derselben Familie ist. Dieser lange Bestand und die damit verbundene Erfahrung sind auch sicherlich einer der Gründe für die Kontinuität bei der Produktion großer Weine. In den unzähligen Weinjahrgängen, seitdem Jean Laussac-Fourcauds Mitte des 19. Jahrhunderts zum besten Graves von Saint-Émilion gewählt wurde, gab es nie wirklich große Qualitätsschwankungen. Einige der um die Jahrhundertwende gekelterten Weine, speziell der 1899er und der 1900er, zählen zu den größten Weinen, die bisher in Bordelais produziert wurden.

Das heutige Weingut wurde in zwei Etappen gegründet. 1832 verkauften Figeac fünfzehn Hektar Land und einige Jahre später noch einmal dieselbe Fläche mit Weingärten. Im Jahre 1854 vermählte sich Henriette Ducasse mit Jean Laussac-Fourcaud, und das Weingut wurde als Mitgift in die Ehe mitgebracht. Bei den Weltausstellungen 1862 in London und 1867 in Paris errang der Rotwein Medaillen, die noch heute auf dem Etikett zu sehen sind. Im Jahre 1927 wurde die Aktiengesellschaft „Société Civile du Cheval-Blanc" gegründet. Der Besitz wurde in Form von Aktienanteilen an der „Société Civile du Cheval Blanc" immer wieder innerhalb der Familie weitervererbt. Château Cheval Blanc befindet sich im Besitz der Familien Arnault und Frère. Seit 1991 leitet Pierre Lurton als Directeur Général das Traditions-Château. „Cheval Blanc folgt keinem Trend und hört auch auf keinen Guru. Das einzige Ziel ist, mit unserem vorgegebenen ‚Terroir' harmonisch zu leben und sich auf uns selbst einzustellen", so fasst Pierre Lurton die Weinbauphilosophie zusammen.

Und über die Weine: „Der Cheval Blanc ist kraftvoll, rund, samtig und unwahrscheinlich elegant. Stilistisch wird der Cabernet Franc durch den Merlot abgerundet. Mit seinen „Kaschmir"-Tanninen wirkt er frisch und weich, und er reift auch wunderbar. Im Laufe der Zeit wird dieser Wein immer komplexer. In seiner Rasse und Subtilität, die er im Alter entwickelt, spricht sich der Stil eines großartigen Bordeaux in seiner klassischen Form aus." Der Cheval Blanc ist sehr reichhaltig, tiefgründig und fruchtbetont, vor allem in den großen Weinen der Jahrgänge 1921, 1928, „der" legendäre Cheval Blanc 1947, 1948, 1949, 1953, 1955.

Cheval Blanc kann ein unvergleichlich großer Wein sein. Vor allem gilt das für ältere Chevals aus den 40ern und 50ern. Von 1945 bis 1955 wurden insgesamt 8 große Cheval Blanc erzeugt. Weitere große Cheval Blanc-Weinjahrgänge waren 1959, 1961, 1964, 1982, 1983, 1985, 1990, 1998, 2000 und 2005.

Weingärten und Bodenstrukturen

Die 37 Hektar Weingärten, die das Château Cheval Blanc umgeben, liegen auf tiefgründigem Kiesboden mit einer Beimischung von Lehm, Sand und auch kieseligen Sandsteintrümmern. Darunter ist der harte, eisenhaltige Felsen, der „Crasse de fer". Die Cabernet-Franc-Traube erreicht nirgendwo sonst im Bordelais eine solche Ausprägung. Die Originalität der dominierenden Rebsorte und der kiesigen Böden verleiht dem Wein eine ganz besondere, nur ihm eigene Typizität. Die Weingärten des Château sind in einem zusammenhängenden Stück, die Bodenstruktur besteht aus tiefen Kiesschichten des Quaternaire auf einem leicht geneigten Sockel aus Lehm und Ortstein. Stellenweise finden sich auch sandige Partien und Partien mit kieseligen Sandsteintrümmern. Schon in der Mitte des 19. Jahrhunderts wurden die Entwässerungsanlage in den Weingärten installiert, die auch heute noch problemlos funktioniert.

Beim Rebschnitt im Winter werden die Stöcke sehr kurz geschnitten. Insgesamt vier bis sechs Augen verbleiben auf den Streckern, das Maximum sind 40.000 Augen auf allen Rebstöcken eines Hektars Weingarten. Das Durchschnittsalter der Weinstöcke liegt bei 45 Jahren. Mit den drei Bodenstrukturen und den unterschiedlichen Reifezeiten von Cabernet Franc und Merlot werden sechs verschiedene Weine vinifiziert.

Ende August wird damit begonnen, mittels Samples von jedem Weingarten den Reifeverlauf festzustellen; der Most wird auf Zucker, ph-Wert, Gesamtsäure und Äpfelsäure analysiert. Zusätzlich werden auch die Beerenhäute von 200 Beeren separiert, damit im Labor der Universität Bordeaux mittels eines Spektrometers die Farbstruktur und Totalphenole analysiert werden können. Die Farb- und Gerbstoffe, der Gesamtsäure- und Äpfelsäuregehalt sind dabei wichtiger als der Zucker. Damit wird die Entwicklung der Trauben verfolgt. Wenn das Maximum an Reife erreicht ist, wird eine Woche später geerntet. In den Trauben soll mindestens 5 g/l Weinsäure vorhanden sein. Ungefähr eine Woche nach dem Reifehöhepunkt ist eine bessere Extraktion der Tannine möglich. Man verlässt sich aber nicht nur auf die Analysen, zusätzlich werden alle Einzellagen sensorisch kontrolliert, der Geschmack der Trauben und die Reife der Stängel werden auch bei dieser Entscheidung einbezogen. „Ein Wein, der einerseits ein Reifepotenzial und andererseits den ganzen Ausdruck der Erde, in denen die Reben gewachsen sind, beinhalten soll, verlangt eine optimale Ausreifung der Trauben. Der Erntetag ist daher immer von großer Bedeutung", erläutert Thierry Garnaud, Kellermeister von Cheval Blanc.

Das Ernten der Trauben der alten und jungen Rebstöcke erfolgt getrennt. Erst nach 10 Jahren beginnt das Potenzial, das Trauben für einen großen Wein brauchen. Kleinbeerig sollen sie sein, und die Konzentration soll in den Beeren stattfinden.

1,2

Le Vignoble: Cabernet Franc

Jeder einzelne Rebstock im Weingarten bringt mit seinen Früchten, den Trauben, den individuellen Charakter und die Typizität der Rebsorten und des Terroirs zum Ausdruck.

3,4

Die kleinen Lesekisten

Die Trauben werden zuerst in Kübel oder Lesekörbe gelegt und dann in die Lesekisten der Träger umgeleert, die diese 10 bis 12 kg schweren Kisten zum Anhänger bringen.

9,10

Perfekte Traubenqualität

Es werden nur perfekte Trauben geerntet, die dann im Keller die Basis für den Cheval Blanc sind. Kleinbeerig sollen sie sein, und die Konzentration der Aromen und Inhaltsstoffe in den Beeren soll im Weingarten stattfinden.

11,12

Alte Rebstöcke, junge Rebstöcke

Das Ernten der Trauben von den alten und jungen Rebstöcken erfolgt getrennt. Erst wenn die Rebstöcke mindestens 10 Jahre alt sind, entwickeln sie das Potenzial, das Trauben für einen großen Wein brauchen.

5,6

Die Weinbereitung beginnt im Weinberg

Bei der Ernte der Trauben im Weingarten wird jede der einzelnen Trauben von allen Seiten begutachtet, und alles, was nicht perfekt aussieht, wird mit einer kleinen Schere sofort entfernt.

7,8

Die Lesemannschaft

Neben den Festangestellten des Weingutes werden auch noch 50 bis 70 Helfer speziell zur Ernte beschäftigt. Viele der jungen Helfer studieren Önologie und Weinbau und erleben hier eine unvergleichliche praktische Erfahrung.

13,14

Ein schonendes Ausbringen der Trauben

Wenn die Lesehelfer 4 Kübel mit Trauben in die Kiste umgefüllt haben, bringt der Träger die volle Kiste zum Anhänger, wo sie gesammelt werden.

15,16

Vom Weingarten zum Gärkeller

Die Trauben erreichen nach kurzer Zeit den Gärkeller, wo schon die Sortiermannschaft bereitsteht, um die Qualität der diesjährigen Traubenernte nochmals zu steigern.

1,2

Die Trauben kommen in den Weinkeller

Zwei kräftige Mitarbeiter leeren vorsichtig die Leseboxen mit den Trauben auf das Sortierband. Dort beginnt für die Männer und Frauen auf beiden Seiten des Bandes ihre verantwortungsvolle Tätigkeit.

3

Der Sortiertisch

Das Sortierband hat auch einen Vibrationsmechanismus, der alle trockenen Kleinteile separiert. Die Frauen achten peinlich darauf, dass die Trauben am Band gleichmäßig verteilt werden und nicht zu sehr auf einer Seite liegen.

8,9

Auswählen der Beeren

Die Trauben wurden entrappt, und die Einzelbeeren sind am Sortierband. Sechs Frauen sind damit beschäftigt, die an ihnen vorbeiziehenden Einzelbeeren genau zu beobachten und kleinste Farbunterschiede der Beeren zu erkennen, und hellere oder noch rosa gefärbte sofort auszuscheiden.

10

Alle, auch die kleinsten grünen Teile und Stielfragmente werden entfernt

Bei dieser Selektion wird die Qualität des weiteren Weines wesentlich erhöht. Auch die kleinsten grünen Teile der Stiele werden umsichtig aus den Beeren herausgesucht.

4,5

Sortieren der Trauben

Im ersten Abschnitt werden die Trauben begutachtet und wenn notwendig sofort selektioniert. Ein geschulter Blick, die volle Konzentration und vor allem rasches Handeln ist dabei notwendig.

6,7

Nach dem Sortieren zum Abbeeren

Die Trauben kommen zur Abbeermaschine zum Entfernen der Grünteile, die Walzen zum Quetschen der Beeren sind dabei weggeschaltet. Gesund und unverletzt sollen die Beeren die nächste Selektion erreichen.

11,12,13

Das Cheval-Blanc-Niveau ist sehr hoch, nur die beste Beeren kommen weiter

Diese weitere Beeren-Selektion ist kostenintensiv und aufwändig, aber dem hohen Niveau von Cheval Blanc entsprechend. Nach dem Sortieren werden die Beeren leicht gequetscht und die Gärständer befüllt.

14

Die Stängel kommen zur Kompostierung

Im Sinne eines ökologischen Kreislaufes werden die Stängel kompostiert und kommen als Dünger wieder in die Weingärten zurück.

ATEAU CHEVAL BLAN
1er Grand Cru Classé
2001
St Emilion Grand Cru
APPELLATION SAINT-ÉMILION GRAND CRU CONTRÔLÉE
Mis en bouteille au Château
St CIVILE DU CHEVAL BLANC
PROPRIETAIRE A ST-EMILION (GIRONDE) FRANCE

Cheval Blanc – Vinifikation Cabernet Franc

Maitre de chai /Önologe: Thierry Garnaud

Traubenverarbeitung: Mehrmaliges Sortieren der Trauben und Beeren auf Sortiertischen.

Alkoholische Gärung/Fermentation: Vergärung in kleinen Edelstahlgärtanks mit bis zu 100 hl Fassungsvermögen. Wir geben die Maische bei 22° bis 23°C in die Gärtanks, wenn nötig, wird erwärmt, wenn es zu warm wird, wird gekühlt. Von Anfang an wird der Most mehrmals täglich über den Maischehut gepumpt, solange bis der ganze Zucker vergoren ist. Der sich bildende Alkohol hat viel Kraft für weitere Extraktionen. Die höchsten Gärtemperaturen, die erreicht werden, liegen zwischen 30° und 32°C, die Gärständer kühlen dann langsam aus. Wenn die alkoholische Gärung beendet ist, wird das Rundpumpen des Jungweines für eine Woche unterbrochen. Es folgen zwei Wochen Mazeration (Kontakt der Beerenhaut mit dem Jungwein).

Mazeration: Durchschnittlich 3 Wochen dauert die gesamte Gär- und Mazerationszeit. Nach regelmäßigem Kosten werden die Weine vom Gärständer genommen und gepresst.

Pressen: Zum Pressen wird eine über 100 Jahre alte hydraulische Stempelpresse mit Holzkörben verwendet. Diese Presse bringt eine sehr gute Qualität der Pressweine.

Malolaktik: Die Malolaktik wird bei 20°C Raumtemperatur in den Barriques nur mit den eigenen Bakterien durchgeführt.

Fassreife: 100% neue Barriques von verschiedenen Tonnellerien werden verwendet, alle Fässer sind medium getoastet. Für 3 Monate werden Seihweine und Pressweine getrennt ausgebaut, nach den ersten Verkostungen werden zwischen 5 und 15% Presswein für die 1. Linie verwendet. Drei verschiedene Weine reifen im Keller, jede der Lagen wird extra ausgebaut. Insgesamt 18 Monate Barriquereife.

Verschnitt/Assemblage: Im Februar, vier Monate nach der Ernte, wird die erste Assemblage zusammengestellt. Diese Assemblage zeigt das schon das komplexe Zusammenspiel von „Terroir" und den verschiedenen Rebsorten. Die Weine werden verschnitten und kommen für weitere 14 Monate in die Barriques zurück. Alle drei Monate werden die Weine von Fass zu Fass umgezogen.

Klären der Weine/Fining: Eine Gerbstoffschönung wird in den Fässern mit frischem Eiweiß durchgeführt, man nimmt dabei die grünen Tannine weg, elegante und feine Tannine werden angestrebt.

Durch die Länge des Fassausbaus und die Umsicht beim Umziehen und Schönen der Weine kann am Ende der Fassreifezeit auf eine Filtration verzichtet werden.

Der „Petit Cheval": Der Zweitwein des Hauses, der „Petit Cheval", macht eine sehr restriktive Auswahl des „Grand Vin" möglich. Alle Weine, die den hohen Anforderungen nicht entsprechen, werden für die zweite Weinlinie, den „Petit Cheval", verwendet.

Der „Petit Cheval" reift für durchschnittlich 12 Monate in 50% neuen Barriques. Die Fässer kommen von verschiedenen Tonnellerien, um den dominierenden Einfluss einer speziellen Eichenart und auch Fassbinderei zu vermeiden.

Klassifikation o *Classification*
Premier Grand Cru Classé A

Eigentümer o *Owner*
Bernard Arnauld and Albert Frère

Weingärten o *Vineyards*
37 Hektar (91,4 acres)

Rebsorten o *Grape varietals*
58% Cabernet Franc, 42% Merlot

Weine o *Wines*
Châteaux Cheval Blanc, Le Petit Cheval

Alter der Reben o *Average age of the vines*
45+ Jahre

Pflanzdichte der Reben o *Density of plantation*
8.000 Rebstöcke per Hektar

Hektarerträge o *Average yield per hectar*
35 Hektoliter/Hektar

Jahresproduktion o *Annual production*
Châteaux Cheval Blanc: 100.000 Flaschen
Le Petit Cheval: 40.000 Flaschen

General Direktor o *Director*
Pierre Lurton

Önologe o *Winemaker*
Thierry Garnaud

Besuch des Weingutes o Visiting policy
Besuche nur für Professionelle nach Vereinbarung

Weinverkaufspreise o *Average price*
Variable nach Jahrgang zwischen € 125,–/500,–

Restaurant Weinkarte o *Winelist*
Weltweit in den besten Restaurants auf den Weinkarten

Besondere Jahrgänge o *Great recent vintages*
2006, 2005, 2003, 2001, 2000, 1999, 1998, 1995, 1990, 1985, 1983, 1982, 1947 (einer der besten Weine aller Zeiten)

Sales o *Vermarktung der Weine*
Vertrieb der Château Cheval Blanc-Weine überall in der Weinwelt über/durch regionale Weinhändler

Château Cheval Blanc

F- 33 330 St.-Emilion, France
Tel.: +33(0)5 57 55 55 55, Fax: 05 57 55 55 50

Contact: Cécile Supéry

www.chateau-chevalblanc.com
e-mail: contact@chateau-chevalblanc.com

Das Untergeschoss eines unscheinbaren Bauernhauses ist die Heimat des Le Pin, eines der berühmtesten Weine des Pomerol, wenn nicht sogar von ganz Bordeaux.

LE PIN, POMEROL
JACQUES THIENPONT

Während sich andere Weingüter in Bordeaux mit dem Begriff „Château" im Namen schmücken, heißen das Gut und die dort von Jacques Thienpont gekelterten Weine schlicht „Le Pin". Und das hat einen guten Grund. Das kleine Bauernhaus in Pomerol, an dem man deutlich erkennen kann, wie sehr der Zahn der Zeit daran genagt hat, ist nun einmal wirklich kein Château, und der staubige Hof, der zwischen Haus und Weingarten liegt, hat absolut nichts von einem Schlosspark. Aber die Weine, die aus dem dortigen Keller kommen, reinsortige Merlots, können es mit den besten Gewächsen aus Bordeaux aufnehmen und erzielen Preise, die abhängig vom Jahrgang jenseits der 1.000-Euro-Grenze liegen. Absolut bemerkenswert, wenn man bedenkt, dass die „Le Pin"-Weine wenig schmeichelhaft als „Garagenwein" bezeichnet werden. Aber so ganz ohne den Begriff „Château" kommt Jacques Thienpont freilich doch nicht aus. Mit „Mis en Bouteille au Château" auf dem Etikett seiner Flaschen wird auf die Gutsabfüllung des Weines hingewiesen.

Der Name „Le Pin" soll sich von einer großen Pinie vor dem Haus herleiten, was aber ein wenig verwirrend scheint, stehen dort doch zwei Pinien. Das Weingut müsste demnach „Les Pins" heißen.

Im Gegensatz zu anderen Weingütern in Bordeaux kann Le Pin nicht auf eine lange Geschichte zurückblicken. Sie beginnt im Jahre 1924, als eine Madame Loubie den gerade einmal ein Hektar großen Weingarten erwarb und den dort gewonnenen Wein als „Pomerol" verkaufte. So blieb es bis zu ihrem Tod im Jahre 1979, bis das Anwesen von der Familie Thienpont erworben wurde, zu deren Besitz bereits das benachbarte Weingut „Vieux Château Certan" gehörte. 1984 wurde eine kleine Fläche von 0,3 Hektar zugekauft und mit Rebstöcken bepflanzt, im Jahr darauf wurde durch einen weiteren Zukauf von 0,65 Hektar die Rebfläche von derzeit zwei Hektar erreicht. Die Zielsetzung war nicht gerade bescheiden. Man wollte es mit den besten Weingütern in der Region aufnehmen und nahm sich niemand geringeren als den Nachbarn „Petrus" zum Vorbild. Und tatsächlich gelang es, den „Le Pin" innerhalb weniger Jahre in die Spitzengruppe der Weine des Pomerol zu katapultieren. Der fast reinsortige Merlot zählt mittlerweile zu den besten Weinen, die die Appellation Pomerol zu bieten hat.

Die herausragende Qualität des „Le Pin" erklärt sich einerseits aus den bevorzugten Bodenverhältnissen des Plateaus von Pomerol – die alten Rebstöcke wachsen auf einem mit Lehm durchsetzten Schotterboden auf einem eisenhaltigen Kalksteingrund (Crasse de Fer) – zum anderen an der peniblen Selektion im Weingarten, durch die ein durchschnittlicher Ertrag von 30 bis 35 Hektolitern pro Hektar erzielt wird, und die nicht minder penible Arbeit im Weinkeller, für die Jacques Thienpont und Toine van Gorp verantwortlich zeichnen.

Dabei erklärt Jacques Thienpont, das Weingut Le Pin sei eigentlich nur sein Hobby, hauptberuflich sei er Weinhändler in Belgien. Was ihm insoferne zugute kommt, als er behaupten kann, dass seine jährliche Weinproduktion von gerade einmal 7.000 bis 8.000 Flaschen regelmäßig innerhalb einer Stunde verkauft ist.

1,2

Die Trauben kommen zum Keller

Von Anfang September beginnend (manchmal auch schon im August), werden wöchentlich aus den Weingärten Beerenproben gepflückt, die dann in den Labors der Universität Bordeaux analysiert werden.

3,4

Le vinification et l'Élevage

Jacques Thienpont: „Die natürliche Ausreifung der Trauben mit 20°KMW (99,6°Öchsle) ergibt bei den etwas höheren Gärtemperaturen einen Wein mit ungefähr 13vol% Alkohol."

9,10

Ein neuer Le-Pin-Jahrgang reift in den Barriques

Nach der alkoholischen Gärung und der Mazeration wird der Wein für den weiteren Säureabbau in die neuen Barriques gefüllt. Das frische Eichenholz, kombiniert mit der überreifen Frucht, entwickelt die weichen, geschmeidigen Tannine, die den Le Pin auszeichnen.

11

Umziehen von Fass zu Fass

Sobald die Malolaktik beendet ist, werden die Weine von Fass zu Fass sehr vorsichtig umgezogen. Einen Monat später nochmals, wieder mit Luftkontakt. Danach wird der Zeitraum des Fassreifens länger, alle 3 Monate werden dann die einzelnen Fässer dekantiert.

5,6

Gärführung in temperaturgesteuerten Inox-Tanks
Insgesamt drei Wochen dauert die Fermentations- und Mazerationszeit in den temperaturgesteuerten Inox-Tanks, die alkoholische Gärung dauert 5 bis 7 Tage.

7,8

Kleines Weingut – großer Wein
Die Autoren Sepp L. Barwirsch und Rudolf Lantschbauer im Gespräch mit Toine van Gorp während der Weinlese.

12

Der Wein ist gereift und fertig zum Füllen
Jacques Thienpont und die hilfreichen Hände des Belgiers Toine van Gorp sind die Geburtshelfer des Le Pin. Der Kellermeister (maître des chai) muss entscheiden, wann der Wein das Höchstmaß an Entwicklung und Reife aus dem Fassausbau gezogen hat und abfüllfertig ist.

13,14

Le Pin – Frucht, Würze und Opulenz
Der Le Pin besticht durch seine Frucht, Würze und Opulenz; seine Weichheit ist schon fast sinnlich, das extrem feine Tanningerüst umhüllt die Fruchtfülle, perfekte Ausgewogenheit und ein extrem langer Abgang sorgen dafür, dass einem dieser Wein sehr lange in Erinnerung bleibt.

gertrude
SEGUIN MOREAU
1

3
SEGUIN MOREAU
M

geraldine
SEGUIN MOREAU
4

D 121
CATUSSEAU
Cne de POMEROL

Le Pin – der Wein der Superlative

Das Pomerol ist die kleinste der bedeutendsten Appellationen in Bordeaux, ist aber die Heimat von Spitzenweingütern, die Weine hervorbringen, die gleichermaßen hervorragend wie kostspielig sind. Die Rebfläche des Pomerol beträgt gerade einmal ein Drittel der Rebflächen von St. Emilion, deshalb hat es niemand für notwendig erachtet, die Weingüter zu klassifizieren. Was aber auch gar nicht notwendig ist, da es nicht wirklich auf eine Klassifizierung ankommt, wenn die Weine ohnehin für sich sprechen. Die Weingüter liegen dicht beieinander, und die Weingärten sind durchwegs mit der Rebsorte Merlot bepflanzt. Die besten Weine erreichen ihr volles Bukett und Finesse nach etwa zehn Jahren, die erste Trinkreife beginnt aber schon nach fünf Jahren. Das gilt auch für die Weine von Le Pin.

Im ersten Moment ist man etwas erstaunt, wenn man im Pomerol nach einem Besuch des Château Petrus mit großen Erwartungen das Weingut Le Pin erreicht. Dort ein beeindruckendes Château und hier ein kleines, einstöckiges Bauernhaus, mit einem Balkon, der einen Blick zum Garten erschließt. Es sind aber nicht die Äußerlichkeiten, die das Wesen von Le Pin ausmachen. Es ist der Wein, dessen Trauben rund um das Anwesen reifen und im Weinkeller gekeltert werden. Der Keller gleicht eher einer Garage, und so gesehen ist der Begriff „Garagenwein" gar nicht von der Hand zu weisen. Treffender wäre aber eine Bezeichnung, wie sie die Amerikaner verwenden. Kleine, aber feine Weingüter nennen sie „Boutique Vinery".

Die von Hand gelesenen Trauben vergären in Edelstahltanks, die im relativ schmalen Zugang zum eigentlichen Keller aufgestellt sind. Dort befindet sich der Fasskeller, der gerade groß genug ist, um die Fässer für den Wein von zwei Ernten aufzunehmen. In Summe sind das nicht mehr als 70 Barriques. Die Weine aus jedem Gärtank werden separat ausgebaut, wobei seit Beginn dieses Jahrtausends jede Charge einen eigenen Namen bekam, und zwar dem Alphabet entsprechend aufsteigend, beginnend mit A. Der Jahrgang 07 beispielsweise reifte in Fässern mit der Aufschrift „Gertrude", „Geraldine" und „Gabriella". Beim Jahrgang 2008 suchte man vergebens nach einem Namen. „Wir haben wieder damit aufgehört", erklärte Toine van Gorp, „jetzt benennen wir die Weine nach ihrer Herkunft aus den vier Weingärten „Feugnet", „MMe Loubie", „J.V." und „Plince".

Die Weine von Le Pin sind mittlerweile zu regelrechten Kultweinen geworden, für die die Nachfrage stets größer ist als das Angebot. Kein Wunder, beläuft sich die Jahresproduktion auf nicht mehr als 7.000 bis 8.000 Flaschen.

Ein Megaseller von Le Pin war der Jahrgang 2000, der mit 98 von 100 möglichen Punkten von Robert Parker bewertet wurde, jetzt schon trinkreif ist und ein Lagerpotenzial bis 2025 aufweist. Der 2000er begeistert durch seine dichte Purpurfarbe und eine Nase nach Brombeeren, Kirschen und einem Hauch von Lakritze. Alles in allem ein perfektes Beispiel eines Le Pin mit einem luxuriösen Pegel an Extrakt und Vielschichtigkeit. Klarerweise hat der 2000er Le Pin einen stolzen Preis. Wenn überhaupt noch erhältlich, muss man mit mindestens 3.500 Euro für eine einzige Flasche rechnen. Da ist es schon von Vorteil, wenn man Millionär ist, will man sich ein paar Flaschen vom Milleniumswein in den eigenen Weinkeller legen.

Manche Menschen, denen das Schicksal gewogen war, mögen vielleicht eine Wallfahrt unternehmen, um dem Himmel seine Dankbarkeit zu zeigen. Toine van Gorp, der sozusagen im Keller von Le Pin zu Hause ist, hat sich für seine Dankbarkeit aber nicht den Jakobsweg in Spanien ausgesucht. Er hat sich von Holland aus auf den Weg gemacht, um in 31 Tagen zu Fuß nach Wien zu wandern. „Das war recht anstrengend", seufzte er, „schließlich hatte ich Tagesetappen von 43 Kilometern zurückzulegen."

Die herausragende Qualität des „Le Pin" erklärt sich einerseits aus den bevorzugten Bodenverhältnissen des Plateaus von Pomerol – die alten Rebstöcke wachsen auf einem mit Lehm durchsetzten Schotterboden auf einem eisenhaltigen Kalksteingrund (Crasse de Fer) – zum anderen an der peniblen Selektion im Weingarten, durch die ein durchschnittlicher Ertrag von nur 30 bis 35 Hektolitern Wein pro Hektar erzielt wird.

Die Weingärten

Der Le Pin wird zu 92% aus Merlottrauben und einem kleinen Anteil Cabernet Franc gekeltert. Auf einem der über 40 Jahre alten Rebstöcke reifen etwa 1 kg Trauben. Diese Ertragsbeschränkung bringt eine Ernte von maximal 30 hl/ha. Die Böden sind sehr karg und unterschiedlich. Die Weingärten rund ums Haus bestehen bis tief in den Untergrund aus roten Kieselsteinen. Eine andere Parzelle besteht wiederum aus Kies, Ton, mit etwas Sand. Überall ist im Untergrund aber das harte, eisenreiche Gestein, der Crasse de fer, von Pomerol zu finden. Die drei Weingartenparzellen werden getrennt geerntet und auch jede für sich ausgebaut.

Jedes Jahr werden diese Proben von den gleichen Stellen in den Weingärten gezogen, zum besseren Vergleich des Reifeverlaufes mit den Vorjahren. Dabei werden Zucker, Säuren und die Polyphenole analysiert, zusätzlich wird die Entwicklung der Traubenreife auch sensorisch, durch das Kosten der Trauben, festgestellt. Alle vier Komponenten Zucker, Säuren, Phenole und der Geschmack der Trauben, bestimmen den Erntezeitpunkt.

Le Pin – Vinifikation Merlot

Alkoholische Gärung/Fermentation: Sehr schonender Transport der Maische beim Befüllen der Inox-Gärbehälter. Etwa drei Wochen ist die Fermentations- und Mazerationszeit in den temperaturgesteuerten Inox-Tanks, die alkoholische Gärung dauert 5 bis 7 Tage, und die Gärtemperatur kann bis 35°C ansteigen.

Von Beginn an wird der Most in den Edelstahltanks einmal täglich rundgepumpt. Vor dem Einsetzen der Gärung noch ohne Luft, während der Gärung dann zweimal täglich mit Belüften, in der Zeit der Mazeration einmal täglich, aber ohne Luftkontakt.

Seihwein/Presswein: Beim Le Pin-Merlot werden Seihwein und Presswein nicht getrennt.

Malolaktik: Nach der alkoholischen Gärung und der Mazeration wird der Wein für den weiteren Säureabbau in die neuen Barriques gefüllt. Das frische Eichenholz, kombiniert mit der überreifen Frucht, entwickelt die weichen, geschmeidigen Tannine, die den Le Pin auszeichnen.

Sofort nach der Malolaktik von Fass zu Fass umziehen, eine leichte SO_2-Dosage, einen Monat später alle Fässer nochmals umziehen – immer mit Luft. Danach wird der Wein alle 3 Monate von Fass zu Fass umgezogen. Das Umziehen der Weine muss sehr vorsichtig durchgeführt werden, der Merlot ist sehr oxidationsanfällig.

Fassreife: Die Dauer des Fassausbaus ist je nach Jahrgang variabel, zwischen 18 und 24 Monate reifen die Weine in 100% neuen Barriques.

Klären der Weine/Filtration: Eine Gerbstoffschönung mit frischem Eiklar sorgt für die weichen Tannine. Der Le Pin wird nicht filtriert.

Eigentümer o *Owner*
Jacques Thienpont

Weingärten o *Vineyards*
2,2 Hektar (5 acres)

Rebsorten o *Grape varietals*
92% Merlot, 8% Cabernet Franc

Weine o *Wines*
Le Pin

Alter der Reben o *Average age of the vines*
40+ Jahre

Pflanzdichte o *Density of plantation*
6.500 Rebstöcke/Hektar

Hektarerträge o *Average yield per hectar*
max. 30 Hektoliter/Hektar

Jahresproduktion o *Annual production*
7.000 – 8.000 Flaschen

Kellermeister/Önologe o *Winemaker*
Jacques Thienpont

Visiting policy o *Contact*
Keine Besucher bei Le Pin in Pomerol

Weinverkaufspreise o *Average price*
Variable nach Jahrgang zwischen € 600,–/1.300,–

Besondere Jahrgänge o *Great recent vintages*
2007, 2006, 2002, 2000, 1999, 1998, 1990, 1986

Sales o *Vermarktung der Weine*
Weltweit einer der gesuchtesten Pomerol

Le Pin

F- 33 500 Pomerol, France
Telephone (France): +33(0)5 57 51 33 99,
Fax: +33(0)5 57 31 09 66

Mailing address:
Jacques Thienpont
Bossenaar 14, 9680 Etikhove, Belgium
Telephone (Belgium): +32(0)55 31 17 59,
Fax: +32(0)55 31 09 66

P
PETRUS

CHÂTEAU PETRUS - DER WEIN DER SUPERLATIVE

POMEROL, BORDEAUX

Man kann es schon als eine besondere Ehre ansehen, wenn man auf Château Petrus vom Besitzer Christian Moueix persönlich empfangen und durch den ganzen Betrieb geführt wird. Nun, wir hatten den Vorteil, Christian Moueix bereits zu kennen. Wir hatten ihn schon im Jahre 1989 in den USA kennengelernt, als wir für das Buch „Die Weine Kaliforniens" recherchierten und dabei auch sein „Dominus" Weingut in Augenschein nahmen.

Christian Mouiex, Jahrgang 1946, studierte an der University of California in Davis Önologie und beendete dieses Studium im Jahre 1969 mit dem Masters Degree. Im Jahr darauf stieg er in das von seinem Vater Jean-Pierre Mouiex gegründete Weinimperium ein, kümmerte sich zunächst um die Kultivierung der Weingärten, übernahm später auch die kommerziellen Aufgaben, bis er 1991 Präsident des Unternehmens wurde, dessen Vorzeige-Weingut ohne jeden Zweifel das Château Petrus ist.

Dieses Weingut ist bereits zum Mythos aufgestiegen, den „Petrus" – auf den Etiketten der Weinflaschen wurde bewusst auf den Begriff Château verzichtet – kennen Weinliebhaber auf der ganzen Welt. Die meisten davon wenigstens dem Namen nach. Davon getrunken haben haben nur wenige. Erstens, weil vom Petrus aktuell nur etwa 32.000 Flaschen pro Jahr gefüllt werden, und zweitens, weil dieser Wein auch einen Preis hat, den sich nicht jedermann leisten will oder kann.

Einer, der den Petrus kennt, wie kaum ein anderer, ist der britische Weinjournalist Michael Broadbent, der schon die besten und seltensten Jahrgänge des Petrus verkosten durfte und diese Kostnotizen in seinem Buch „Vintage Wine" veröffentlicht hat. So beschreibt er den Jahrgang 1893, den er im Jahre 1987 aus einer Doppelmagnumflasche probieren durfte, als „extraktreich, mit einer Nase nach Kaffee und einem würzigen Gerbton im Abgang, sehr eindrucksvoll", den Jahrgang 1900, den er 1986 verkostete, „als duftend, mit einem würzigen Nachgeschmack", und den Jahrgang 1908, den er ebenfalls 1986 im Glas hatte, als „süß und mit exotischen Düften und einer überreifen Oppulenz". Eines hatten all diese über 80 Jahre gereiften Weine gemeinsam: Trotz ihres hohen Alters waren deutlich Fruchtnoten erkennbar, die Weine waren als Ganzes gereift, harmonisch und vor allem mit viel Freude und Ehrfurcht trinkbar. Das sind die herausragenden Attribute wirklich großer Weine.

Faszinierend auf jeden Fall, dass sich die Weine aus dem Château Petrus über so viele Jahrzehnte halten und einen Trinkgenuss bedeuten. Dabei war das Château Petrus vor 100 Jahren zwar ein gutes aber keinesfalls überragendes Weingut gewesen. Die Weingüter des Pomerol standen im Schatten der großen Châteaus von Bordeaux, die schon 1855 anlässlich der Weltausstellung in Paris klassifiziert worden waren.

Der große Durchbruch gelang dem Château Petrus mit dem Jahrgang 1945, der zu Recht als Jahrhundertwein gepriesen wird. Michael Broadbent hatte mehrfach Gelegenheit, den 1945er zu verkosten und kam zuletzt im Jahre 2005, nach

1

Château Petrus
Christian Moueix, CEO von SA Ets Jean-Pierre Moueix, Eigentümer und Bewahrer von Petrus.

2,3

Das Château Petrus
Das kleine, unscheinbare Haus, in dem die große Dame des Pomerol, Madame Edmonde Loubat, gewohnt hat, ist die Heimat von Château Petrus, dem teuersten Wein der letzten Jahrzehnte und eines der absoluten Top-Ten-Weingüter von Bordeaux.

4,5

... to love Petrus
„Die Weine von Château Petrus sind vollfruchtig, intensiv und charmant, sodass Merlot-Freunde und Kenner viel Freude beim Genießen der Weine erleben werden. Einige werden meinen, er habe diese Aromen oder er schmeckt so ... . Aber man muss nicht alles über Wein wissen, um einen Petrus zu lieben - You don't have to know all about wine to love Petrus."

der Verkostung aus einer Magnumflasche, geradezu ins Schwärmen: „Die Eleganz in Perfektion, ein absoluter Traumwein, der am Gaumen gar nicht mehr aufhört. Er begeistert durch eine feine Süße und hat in der Nase eine immer noch schöne, beerige Frucht und klare Reifetöne in der Farbe." Wie Michael Broadbent, der dem Wein 4 von 5 möglichen Sterne gab, damals feststellte, sollte der Jahrgang 1945 in einer solch perfekten und authentischen Magnumflasche durchaus noch weitere 10 bis 20 Jahre halten. Eine gute Nachricht für alle, die bereit sind, für eine der wenigen noch auf dem Markt befindlichen Flaschen tief in die Tasche zu greifen. Je nach Zustand muss man für eine solche Flasche schon einen Betrag zwischen 7.000 und 11.000 Euro ausgeben.

Der nächste Petrus-„Jahrhundertwein" folgte nur zwei Jahre nach dem 1945er. Der Petrus 1947, dem legendären Jahrgang, erhielt bei Verkostungen in den Jahren 1992, 1996, 2005 und 2007 ebenfalls Höchstbewertungen.

Château Petrus – ein Mythos beginnt

Die Geschichte des Château Petrus ist bis Mitte des vorigen Jahrhunderts im Wesentlichen auch die Geschichte von Madame Edmonde Loubat, der Gattin des Eigentümers des Hotels Loubat in Libourne. Sie erwarb im Jahre 1925 Anteile an der von der Familie Arnaud gegründeten „Societé Civile du Château Petrus" und kaufte nach und nach weitere Anteile, bis sie schließlich nach Ende des Zweiten Weltkrieges alleinige Besitzerin von Château Petrus war.

Zu dieser Zeit hatte es der in Corrèze in Zentralfrankreich geborene Jean-Pierre Moueix in Libourne bereits zu einem erfolgreichen Weinhändler gebracht, der auch die Weine aus dem Château Petrus im Sortiment hatte. Die Preisvorgaben stammten freilich von Madame Loubat, die darauf bestand, die Weine keinesfalls unter ihrem Wert zu verkaufen. Was damals nicht gerade leicht war, galten die Weine des Pomerol als die „armen Verwandten" der Weine aus dem renommierten Médoc. Aber Madame Loubat war auch in Sachen Marketing geschickt. So sorgte sie für Aufmerksamkeit, als sie einige Flaschen ihres Petrus 1947 Prinzessin Elizabeth, der späteren Königin von England, zur Hochzeit mit Prinz Philip schenkte.

Erfolgreich, wie Jean-Pierre Moueix als Weinhändler war, erwarb er ab dem Jahr 1952 mehrere Weingüter, wie das Château Magdelaine in Saint Émilion oder die Chârteaux Trotanoy, Lafleur-Pétrus und Lagrange in Pomerol. Nach dem Tod von Madame Loubat ging das Château Petrus an ihre Nichte Lily Lacoste und ihren Neffen Monsigneur Lignc, der seinen Anteil 1963 an Jean-Pierre Moueix verkaufte. Als dann auch Lily Lacoste ihr Erbteil verkaufte, stand Château Petrus im alleinigen Besitz von Jean-Pierre Moueix.

In den folgenden Jahren krönte sich Jean-Pierre Moueix zum „König" des Pomerol, überstand die konjunkturell schwierige Zeit Mitte der 70er-Jahre ohne Einbußen und durfte sich 1982 über einen grandiosen Jahrgang freuen. Der amerikanische Weinkritiker Robert Parker nannte diesen Jahrgang einen „Jahrhundertwein", und von vielen Weinkennern wird dieser Jahrgang als der beste Wein bezeichnet, der je produziert wurde.

In den 90er-Jahren zog sich Jean-Pierre Moueix aus dem aktiven Geschäft zurück, um sich seiner zweiten großen Neigung, dem Sammeln von Kunstwerken aus dem 19. und 20. Jahrhundert, zu widmen. Die Kontrolle über das Château Petrus und das übrige Weinimperium überließ er seinem

Sohn Christian, der diese Aufgabe mit vollstem Einsatz bewältigt. Mit seinem Team hat Christian Moueix Château Petrus zu einem Vorzeige-Weingut gemacht, dessen Gebäude in ihrer architektonischen Klarheit ebenso beliebte Fotomotive sind wie die geradezu manikürten Weingärten. Im Hinblick auf seine Erfolge kommt es wohl nicht von ungefähr, dass Christian Moueix im Jahre 2008 vom Weinmagazin „Decanter" zum „Mann des Jahres" gewählt wurde.

Das Château Petrus ist heute das absolute Leitunternehmen im Pomerol. Es steht im Besitz von Christian Moueix und seinen beiden Kindern, dem 1977 geborenen Edouard, der als Verkaufsdirektor fungiert, und seiner Tochter Charlotte, die 1978 auf die Welt kam und Tierärztin ist.

Sozusagen im Windschatten von Château Petrus hat die gesamte Region profitiert. Was bedeutet, dass auch die Weine der übrigen Güter des Pomerol im Preis und Ansehen gestiegen sind.

50 bis 70 Jahre alte Rebstöcke

Zu der Zeit, als Madame Edmonde Loubat Château Petrus besaß, betrug die Rebfläche des Weingutes nur 17,5 Hektar, heute sind es 28,5 Hektar, die zu 95 Prozent mit Merlot und zu 5 Prozent mit der Rebsorte Cabernet Franc bepflanzt sind. Es sind durchwegs alte Reben, und das ist nicht zuletzt Madame Loubat zu danken, die nach dem verheerenden Frost des Jahres 1956 nicht, wie viele ihrer Nachbarn, sofort Neupflanzungen anlegte, sondern darauf vertraute, dass sich die Rebstöcke von selbst wieder regenerierten. Zum Teil wurden aber auch auf alte Wurzelstöcke neue Reben aufgepfropft. Noch heute stehen diese zum Teil ganz alten und zum Teil halb alten Rebstöcke im Ertrag.

Üblicherweise werden auf Château Petrus die Rebstöcke erst ab einem Alter von 70 Jahren durch neue ersetzt. Neu gepflanzt werden dabei immer gleich ganze Parzellen.

Das Erfolgsgeheimnis von Château Petrus liegt zu allererst im Boden des Weingutes, das auf einer vielleicht 30 Meter hohen Erhebung auf dem Plateau von Pomerol liegt. Während die Nachbarn rundum mit einem schottrigen Boden auskommen müssen, haben exakt die Rebflächen des Château Petrus eine dicke Deckschicht aus dunklem Lehm. Lehm ist unter normalen Umständen eher nicht für qualitativ hochwertige Reben geeignet, weil er im Gegensatz zum Schotter zu sehr Feuchtigkeit hält. Der Lehmboden auf Château Petrus weist aber Eiseneinschlüsse auf, die den Wasserhaushalt regulieren und ideale Voraussetzungen für den Merlot bringen. Ein ideales Terroir, wie es kein anderer Weingarten in Pomerol aufweist.

Die Verwaltung des Château Petrus liegt zwar in den Händen von Jean-Francois Moueix, aber wenn im Herbst die Lese ansteht, ist sein jüngerer Bruder und Eigentümer Christian Moueix praktisch omnipräsent. Er ist sich nicht zu schade, Autos auf dem Parkplatz einzuweisen, die Lese-Mannschaften einzuteilen und sich auch um deren Essen zu kümmern, er begleitet die Trauben vom Weinstock bis in den Keller und hat schon allein von seiner Körpergröße her den totalen Überblick.

Die Lese erfolgt am Vormittag immer erst, wenn der Morgendunst vorbei ist und die Trauben trocken sind. Es hat auch schon Fälle gegeben, dass die Sonne die Feuchtigkeit auf den Trauben nicht komplett abtrocknen konnte. Dann wurde ein Hubschrauber angefordert, dessen Abwind als Trockenfön fungierte. Die Traubenlese erfolgt nicht nur in einem Durchgang, sondern immer in mehreren. Es werden

stets nur die reifsten Trauben vom Stock geschnitten, eine Praxis, wie man sie weltweit nur bei den besten Weinproduzenten findet.
Zur Weinlese gesellen sich Jahr für Jahr auch Petrus-Liebhaber aus aller Welt zu den Lesemannschaften. Zuletzt, 2008, trafen wir dort auch ein Ehepaar aus England und sogar einen Australier, der die weite Anreise von Down Under nicht gescheut hat, nur um einmal dabei sein zu dürfen, wenn die Trauben für seinen Lieblingswein gelesen werden. Gelesen wird immer nur in kleine Kisten, wobei die Trauben sorgfältig in diese Lesekisten gelegt werden, damit nur ja keine Beeren platzen. Es werden schließlich nur wirklich perfekte Trauben und Traubenbeeren verarbeitet, um einen „Petrus" daraus zu keltern.

Festliche Tafel für die Lesemannschaft

Bei anderen Weingütern mag es üblich sein, der Lesemannschaft in den Arbeitspausen ein Jausenpaket mit einem Sandwich und einer Flasche Mineralwasser zu spendieren. Im Château Petrus gibt man sich großzügiger. Während der drei bis vier Wochen, die die Weinlese dauert, wird großzügig aufgekocht. Jedes Jahr kommt ein anderer kulinarischer Schwerpunkt auf die Teller. Im Jahr 2007 war Mexiko das gastronomische Thema, 2008 ging es um die ägyptische Küche.
Getafelt wird im Refektorium, gleich gegenüber dem Château Petrus, das 2002 von den Schweizer Architekten Herzog und de Meuron entworfen worden war und außerhalb der Erntezeit für große Empfänge genützt wird. „Wir essen alle an einem Tisch wie eine große Familie", sagt Christian Moueix, „bei dieser Gelegenheit können wir auch alles besprechen, was es zu besprechen gibt."

Weitere erstklassige Weingüter und Weine von Ets Jean-Pierre Moueix

Weitere Weinbaubetriebe, die zum Wein-Imperium von Christian Moueix gehören, sind das Château Magdaleine in Saint Émilion, das im Jahre 1952 erworben wurde und das einzige Weingut in der Gironde ist, dessen Weingärten noch von Pferden gepflügt werden, sowie weitere in Pomerol. Es handelt sich dabei um Château La Fleur-Pétrus, Château Hosanna und Château Trotanoy, die schon im Jahre 1953 erworben wurden, das Château Lagrange, Château La Grave und Château Lafleur-Gazin, weiters Château Canon, Château Canon de Brem, Château Feytit-Clinet, Château Fonroque, Château La Dauphine und Château Magdelaine.
Die jüngsten Aquisitionen waren das Château Certan Marzelle und das Château Providence, das seit 2005 im Besitz von Ets Jean-Pierre Moueix steht. Dieses Juwel am Eingang zur Ortschaft Pomerol wurde sorgfältig renoviert und dient zugleich als Empfangszentrale für die Domänen von Moueix. Bleibt noch das Château Latour á Pomerol zu erwähnen, das von Moueix seit 1961 bewirtschaftet wird.
Auch in Kalifornien ist Christian Moueix seit 1982 im Besitz eines Weingutes. Er war von Robert Mondavi auf Ingelnook Estates aufmerksam gemacht worden, ging mit den Besitzern eine Partnerschaft ein und gründete das Dominus Estate, das für seine Cabernet Sauvignons bekannt ist. Seit 1994 ist Christian Moueix alleiniger Besitzer von Dominus.
Die Zentrale des Wein-Imperiums von Christian Moueix befindet sich in Libourne am Quai du Priourat am Ufer der Dordogne. In den dortigen Lagerhäusern lagern auf einer Fläche von rund 20.000 m² beträchtliche Mengen an Weinen, die unter idealen Bedingungen reifen können.

1

Die Traubenernte beginnt
Jean-Claude Berrouet (links), Technischer Direktor, und Edouard Moueix (ganz rechts), Vertriebsdirektor seit 2003.

2

Die Kraft der alten Rebstöcke
Die ältesten Rebstöcke in den Petrus-Weingärten sind zwischen 50 und 70 Jahre alt, das Durchschnittsalter liegt bei 35 Jahren.

3

Die Lesemannschaft
Das Team der erfahrenen Lesemannschaft erntet selektiv, nur Trauben, die ihre optimale Ausreifung erreicht haben, werden von den Rebstöcken geschnitten.

8,9

Le Vignoble: Merlot
Je nach der Wetterlage dauert die ganze Weinernte für die Petrus-Weingärten 2 bis 3 Tage. In den Weingärten von Petrus reifen auf einem Merlot-Rebstock nur 6 bis 8 Trauben, das ergibt ein Gesamtgewicht pro Stock von 1 bis 1,2 kg Trauben.

10,11

Eine „familiäre" Traubenernte
Château Petrus ist eigentlich eine große Familie. Nicht weniger als 120 Leute sind im Weingut fix beschäftigt, zur Erntezeit kommen weitere 100 Helfer dazu. Jahr für Jahr gesellen sich Petrus-Liebhaber aus aller Welt zu den Lesemannschaften.

4

Kontrolle und Analyse der Traubenreife

Für die Beobachtung und Kontrolle des Reifeverlaufes werden alle paar Tage Beerensamples der Trauben von jedem der einzelnen Weingärten entnommen. Während der Ernte werden alle Reifeparameter der Trauben genau analysiert und ausgewertet.

5,6,7

Lesen, wenn die Trauben reif sind

Christian Moueix: „Wenn es möglich ist, beginnen wir mit der Traubenernte immer nach dem Mittagessen, wenn der Morgentau ganz abgetrocknet ist. Der Unterschied zwischen dem Morgen und frühen Nachmittag kann bis zu einem Brix Reife betragen."

12,13,14

Christian Moueix und sein Team

„Petrus ist ein Kleinod, dessen Weingärten mit seinem einzigartigen Lehmboden eingebettet zwischen dem tiefgründigem Kiesbodenstreifen von Saint Émilion und dem Plateau von Pomerol liegen. Für unser Ensemble von 16 Châteaus, die wir bewirtschaften, haben wir eine große Anzahl an qualifizierten Mitarbeitern, die alle im Laufe eines Vegetationsjahres anfallenden Arbeiten ausführen."

„Dieser große Mitarbeiterstab bringt uns natürlich auch viele Vorteile, wir können – wenn notwendig – alle Weingärten an einem Tag ernten, bevor der Regen kommt. Wir können im Frühling alle Weingartenarbeiten bereits fertig haben, bevor die Hitze kommt. Unsere Mitarbeiter ermöglichen es, die natürlichen Gegebenheiten unseres Terroirs noch besser in unsere Weine umzusetzen."

1,2

Über das Gleichgewicht Traubenanzahl – Qualität

„Normalerweise kultivieren wir 6 bis 8 Trauben auf einem Rebstock“, erklärt Moueix. „Wenn die Erträge niedriger sind, wenn zu viel ausgedünnt wurde, kann der Wein zu Gerbstoffreich werden."

3

Die kleinen Lesekisten

Gelesen wird nur in kleine Kisten, wobei die Trauben sorgfältig in diese gelegt werden, damit keine Beere verletzt wird. Es werden nur wirklich perfekte Trauben und Traubenbeeren verarbeitet, um einen Petrus daraus zu keltern.

8

„Green harvest“ im Sommer

Um eine höhere Konzentration der Inhaltsstoffe in den Trauben zu erzielen, ist es notwendig, schon im Sommer die Traubenanzahl eines Rebstockes zu reduzieren. „Wir haben 1971 damit angefangen“, erinnert sich Moueix, „und es hat gleich einen kleinen Skandal ausgelöst.“

9,10

Für eine natürliche Konzentration der Inhaltsstoffe

„Viele der Château-Besitzer waren deswegen entrüstet, sogar der Pfarrer hat deshalb von der Kanzel gewettert. Deshalb habe ich angeordnet, die abgeschnittenen Trauben in einem Sack zu sammeln und dann in der Nacht in den Fluss zu werfen.“ Das Reduzieren von unreifen Trauben war zu radikal für die damalige Zeit. Heute ist es eine übliche Praxis zur Anhebung der Traubenqualität.

4,5

La „Boutonnière" de Petrus – das einzigartige Terroir der Petrus-Weingärten

Lehm im Untergrund der Petrus-Weingärten reguliert den Wasserhaushalt, die Lehmböden weisen zusätzlich Eiseneinschlüsse auf, und das sind ideale Voraussetzungen für den Merlot. Ein spezifisches Terroir, wie es kein anderer in Pomerol hat.

6,7

Viele Freunde und Freude bei der Traubenernte

Bei der Petrus-Traubenernte trafen wir auch ein Ehepaar aus England und einen Australier, der die weite Anreise nicht gescheut hat, nur um einmal dabei sein zu dürfen, wenn die Trauben für ihren Lieblingswein gelesen werden.

11,12

Jeder Produktionsschritt ist perfektioniert

Das eigene Terroir, die alten Rebstöcke, das Kleinklima, die Anzahl der Trauben auf den Reben und der Erntezeitpunkt – alle natürlichen Voraussetzungen und die Pflege der Reben im Laufe des Jahres haben nur ein Ziel: möglichst perfekte Trauben zu ernten.

13,14

Das erreichte, höchste Niveau halten

Es lastet eine große Verantwortung auf jeden der Mitarbeiter. Der „Petrus" zählt seit Jahrzehnten immer zu den Besten der Weinwelt. Dieses Niveau Jahr für Jahr zu erreichen, ist eine immerwährende Herausforderung, das man nur unter Aufbringung aller Erfahrungen erreichen kann.

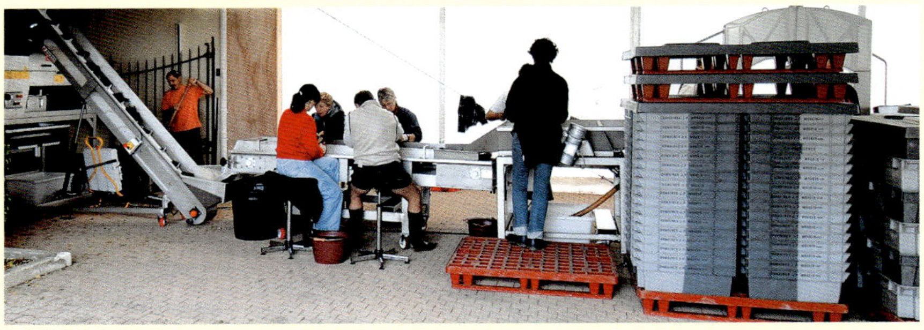

Auf den Sortiertischen wird die maximale Qualität eines Jahrgangs erreicht

Wenn die Trauben aufs Sortierband kommen, ist von jedem der Mitarbeiter ein geschulter Blick, die ganze Aufmerksamkeit und Konzentration und vor allem flinke Finger verlangt.

Die Sortiertische – Sorting table – Table de tri

Die Weingärten liegen rund um dem kleinen Weinkeller, der aber auf dem „State of the Art" eingerichtet ist. Die Trauben gelangen deshalb schon kurze Zeit nach der Lese an den Ort ihrer Verarbeitung. Sie werden in kleinen, flachen Kisten angeliefert, die jeweils nur acht bis zehn Kilo Trauben fassen. Dadurch wird verhindert, dass die Trauben vom Gewicht darüberliegender Trauben beschädigt werden. Vorsichtig wird der Inhalt jedes einzelnen Kastens auf das langsam laufende Band des Sortiertisches geleert. An beiden Seiten des Tisches stehen acht Mitarbeiter für die erste Trauben-Selektion. Sie suchen nach mangelhafen Trauben und entfernen auch die kleinsten Laubfragmente und prüfen jede Traube auf Unreife oder Fäulnis. Mit einer Schere wird alles sorgfältig herausgeschnitten, was nicht zur weiteren Selektion kommen soll. Nur gesunde und reife Trauben wandern weiter zum Entrappen.

Das Entfernen der Stengel und Grünteile geschieht mit größter Vorscht, die Beeren sollen nicht verletzt werden. Wenn die Beeren auf das weitere Sortierband fallen, warten schon 10 Mitarbeiter mit viel Routine, geschärftem Blick und voller Konzentration. Nichts entgeht ihnen bei ihrer Kontrolle. Ein unglaublicher Aufwand, um die wirklich letzte Möglichkeit zu nutzen, die Beerenqualität noch mehr zu optimieren. Der Sortiertisch dient jedoch nicht nur für die letzte Auslese, sondern er bietet Christian Moueix auch die Möglichkeit, das Lesegut aufmerksam zu begutachten und die Qualität zu interpretieren. Wenn die perfekten, dunklen, beinahe schon schwarzblauen Traubenbeeren zur letzten Selektion über ein Fließband laufen, ist Christian Moueix zufrieden. „So muss das Bild aussehen. Die Beeren sind prall, haben eine innere Spannung und den Glanz von Tahitiperlen. Sie sind wie Kaviar. Beluga ist mein Maßstab ..."

Happy grapes make better wine

Höchst zufrieden ist Moueix auch mit der neuesten Errungenschaft in der Kellertechnik. Eine Maschine aus Italien, die die Traubenbeeren nur ganz zart quetscht, ehe sie mit einer weiteren neuen Errungenschaft, einer ganz sanft arbeitenden Maischepumpe, in die Gärbehälter gepumpt werden. „Wir verwenden diese Geräte auch im Dominus Estate im Napa Valley. Man muss mit den Traubenbeeren ganz sorgsam umgehen. Ich bin davon überzeugt, dass glückliche Beeren einen besseren Wein ermöglichen... (happy grapes make better wine)", erläutert Christian Moueix schmunzelnd.

16.5
12.0
CUVE 21
16.7
17.3
CUVE 23
16.5
16.1
CUVE 22
16.7
17.4
CUVE 24

2002
PETRVS
POMEROL
Grand Vin
S. C. DU CHATEAU PETRUS
MIS EN BOUTEILLES AU CHATEAU
APPELLATION POMEROL CONTRÔLEE

Über die Vinifikation des Petrus Merlot

Önologen: Christian Moueix, Jean-Claude Berrouet

Während der Zeit der Traubenernte und Vinifizierung ist Christian Moueix immer im Weingut präsent. Er kümmert sich um alles und ist selbst für die Vinifizierung verantwortlich, dabei steht ihm sein Önologe Jean-Claude Berrouet zur Seite.

„Wenn ich zu Beginn der Ernte in den ersten Gärständer hinein rieche und der Duft der frischen und gesunden Maische meinen Geruchssinn erfreut, diese intensive Fruchtigkeit meine Nase betört, dann weiß ich, dass ich einen sehr guten Wein bekommen werde. Wenn dann das schöne Wetter anhält und die ganze Ernte so weiter verläuft, dann kann ich einen ausgezeichneten Jahrgang in den Keller bringen."

Alkoholische Gärung/Fermentation:

Die Vinifizierung des Petrus erfolgt einerseits traditionell, aber mit den zeitgemäßen, technischen Möglichkeiten der Kellerwirtschaft sowohl in temperaturgesteuerten Inoxtanks als auch in den Zement-Gärständer, zu Gärbeginn bei 18°C (64,4°F). Die Kontrolle der Temperatur während der Gärung ist einer der wichtigen Faktoren, die Temperaturen, in der die Hefen aktiv sind und Zucker zu Alkohol fermentieren, reichen von 10°–35°C (50°–95°F). Mit einer höheren Temperatur beginnt die Gärung schneller, wenn dann der Alkoholspiegel steigt, wird die Gärung langsamer. Bei 35°C (95°F) kann die Gärung vorzeitig stoppen, und es verbleibt ein unvergorener Zuckerrest, der nicht erwünscht ist.

Bei kühleren bis moderaten Temperaturen beginnt die Fermentation langsamer, und am Gärende ist der ganze Fruchtzucker vergoren, der Wein ist „trocken". Der Zeitraum vom Befüllen des Tanks bis zum Einsetzen der Gärung kann einen, zwei, vier oder sieben Tage bei Temperaturen von 35°C, 25°C, 15°C und 10°C dauern. Diese Zeitverschiebung bedingen auch andere Faktoren.

Fassreife: Die Weine reifen für 20 bis 28 Monaten in 100% neuen Barriques von mehreren Tonnellerien (Taransaud, Demptos, Seguin Moreau).

Klären der Weine/Clarification: Vor der Flaschenfüllung wird eine Gerbstoffschönung mit 5 frischen Eiweißen pro Barrique durchgeführt. Moueix: „Der Petrus wird nicht filtriert, um nichts von seinem enormen Aromenreichtum wegzunehmen."

Verschnitt/Assemblage: Eine erste Selektion der Weine wird gleich nach dem Ende der Gärung und Fermentation von den einzelnen Gärständern durchgeführt, dabei werden die Weine für den „Grand Vin" ausgewählt.

Christian Moueix:„Ich strebe mit meinen Weinen die größtmögliche Harmonie an, die vom jeweiligen Jahrgang erreichbar ist", erklärt Moueix bescheiden, „das ist mein Ziel in der Weinbereitung, und von Zeit zu Zeit erreiche ich es auch."

„Man muss nicht besonders begabt sein, um aus großen Trauben einen großen Wein zu machen", philosophiert er weiter, „vielleicht ist eines der Geheimnisse dabei, das Winemaking nicht zu übertreiben. Zu viel Technik ruiniert den besten Wein. Ein Petrus ist ein sehr konzentrierter Wein, das Produkt von Trauben aus gesegneten Weingärten mit einem unvergleichlichen Boden. Wir vermeiden durch das rigorose Aussortieren – auch der kleinsten Grünteile – bei der Beerenselektion, dass dann während der Mazeration die Weine diese grünen Gerbstoffe extrahieren können."

„2008 war eine wunderbare Ernte, und alles verlief perfekt. Die Weine sind extraktreich und fabelhaft fruchtig, die Gärtanks dufteten so herrlich, dass ich das Bedürftnis hatte, hineinzuspringen."

Während der drei bis vier Wochen, die die Weinlese dauert, wird bei Petrus großzügig aufgekocht. Jedes Jahr kommt ein anderer kulinarischer Schwerpunkt auf die Teller. Im Jahr 2007 war Mexiko das gastronomische Thema, 2008 ging es um die ägyptische Küche. „Wir essen alle gemeinsam an einem Tisch wie eine große Familie", sagt Christian Moueix, „bei dieser Gelegenheit können wir auch alles besprechen, was es zu besprechen gibt."

Die Petrus-Jahrgänge – persönliche Notizen von Christian Moueix

Preis für eine Flasche, Vignobles&Chateaux in St. Émilion

Petrus 2007
A vintage of challenges, with a very warm spring, a wet and cool summer and a beautiful month of September. The early maturing terroirs appear to have an advantage. A reminder of the Mark Twain definition: "Climate is what you expect, Weather is what you get".

Petrus 2006
A vintage contrasted by an uneven summer with mixed results. An early, sunny and successful harvest for the Merlots.

Petrus 2005, Euro 2.700
A vintage blessed by the gods. A superb summer, dry and hot, but not excessively so. Ideal harvest. A general success for all the varietals and all the appellations.

Petrus 2004, Euro 790
A rather successful vintage. The wines lack a bit of charm but their fine constitution makes them a bottle to keep.

Petrus 2003, Euro 1.450
A vintage of climatic excesses. Some grapes were sunburned, creating atypical wines. Attentive and cautious wine growers succeeded in producing rich wines with great promise. A particular success in Medoc and for the clay soils of Pomerol.

Petrus 2002, Euro 950
A difficult climate allowed for the production of easily accessible wines which can be drunk young.

Petrus 2001, Euro 980
A classic year under estimated after the fanfares of 2000. The wines are remarkably balanced and already delicious.

Petrus 2000, Euro 3.400
A banner year. Great, powerful, structured wines which are worth the wait.

Petrus 1999, Euro 790
A year without excess. A beautiful abundant harvest having produced wines relatively easy to drink now.

Petrus 1998, Euro 2.270
A particular success for the Right Bank thanks to sunny harvests after a very beautiful summer, some very great wines.

Eigentümer o *Owner*
SA Ets Jean-Pierre Moueix

Weingärten o *Vineyards*
28,5 Hektar (68,4 acres)

Alter der Reben o *Average age of the vines*
35–70 Jahre

Rebsorten o *Grape varietals*
95% Merlot, 5% Cabernet Franc

Weine o *Wines*
Petrus, Fleur Petrus

Pflanzdichte o *Density of plantation*
6,500 Rebstöcke per Hektar in den alten Weingärten

Hektarerträge o *Average yield per hectar*
2,5 t Trauben/acre, 36 Hektoliter/Hektar

Jahresproduktion o *Annual production*
Petrus: 25.000–30.000 Flaschen

Önologe o Viticultural management and *winemaker*
Christian Moueix, Jean-Claude Berrouet

Visiting policy o *Contact*
Besuche nur für Weinprofessionals nach Vereinbarung

Weinverkaufspreise o *Average price*
Variable nach Jahrgang zwischen € 250,–/1.500,–

Restaurant Weinkarte o *Winelist*
Weltweit in den besten Restaurants auf den Weinkarten: Petrus (Hongkong), Apicus, L'Atelier de Joël Robuchon, L'Ambroisie, L'Arpège, Pierre Gagnaire, Jules Verne, (Paris), Auberge de L'ill (Illhausen),Tom Aikens, Gordon Ramsay (London), Fat Duck (Bray), Dieter Müller (Bergisch Gladbach), Residenz Heinz Winkler (Aschau), Harald Wohlfahrt Schwarzwaldstube (Baiersbronn), Steirereck, Palais Coburg (Wien), Ikarus (Salzburg).

Besondere Jahrgänge o *Great recent vintages*
2007, 2005, 2004, 2003, 2001, 2000, 1998, 1995, 1993, 1990, 1989, 1982, 1975, 1961 (der teuerste Wein auf der Karte des Ritz Carlton in Moskau fast 60.000 Euro für die Magnum 1,5 l), 1959, 1953, 1949, 1947 (einer der besten Petrus aller Zeiten), 1945 (der Jahrhundertwein), 1921

Sales o *Vermarktung der Weine*
Ein Vertriebsteam ist für die Vermarktung der Petrus-Weine in über 30 Ländern zuständig

Château Petrus

Adress: F- 33 500 Pomerol
Mailing adress:
c/o SA Ets Jean-Pierre Moueix
54, Quai du Priourat, 33 500 Libourne, France
Contact: Frederic Lospied

Tel.: +33 (0) 5 57 51 78 96, Fax: 05 57 51 79 79

www. moueix.com
e-mail: info@jpmoueix.com

CHÂTEAU MARGAUX, BORDEAUX

MARGAUX IST EINFACH MARGAUX

Das Château Margaux zählt ohne jeden Zweifel zu den schönsten und bekanntesten Weingütern in Bordeaux. Es verkörpert all das, was man von einem wirklich großen Weingut erwartet. Am Ende einer mächtigen Platanen-Allee, geschützt durch ein wuchtiges schmiedeeisernes Tor, liegt der wunderschöne Bau, dessen Entree durch ein klassisches Säulenportal geschmückt ist. Am äußeren Erscheinungsbild des Châteaus, das im Jahre 1811 von Louis Combes im neoklassizistischen Stil entworfen wurde, hat sich bis heute kaum etwas geändert. Der Weinkeller (chai), der sich etwas abseits zur rechten Hand des Châteaus befindet, ist ebenso wie alle anderen Gebäude in einem eleganten Ockergelb gehalten.

Das Château präsentiert sich heute – zumindest was die Fassaden betrifft – fast genau so, wie es Thomas Jefferson im Jahre 1785 vorgefunden hatte. Damals noch amerikanischer Botschafter in Frankreich, musste er den seiner Ansicht nach „sehr teuren" Preis von drei Livres für eine Flasche des 1784er-Jahrganges bezahlen. Schon damals hatte Kellermeister Monsieur Berlon vier verschiedene Weinqualitäten erzeugt: einen „grand vin", einen „second vin", einen Wein für die Arbeiter und einen ganz speziellen für den Eigentümer, der aus ausgewählten Teilen von Weingärten des Weingutes stammte.

Der alte Name von Château Margaux lautete „La Mothe de Margaux", und diese Bezeichnung wurde nicht zufällig gewählt. Schließlich ist es auffallend, wenn in einem flachen Landstrich wie im Medoc plötzlich auch nur die geringste „motte", also auch nur eine kleine Erhebung, die Ebene unterbricht. Auch heute gilt noch die Weisheit, dass die besten Trauben auf einem abfallenden Terroir reifen, dessen Boden gut drainagiert ist.

Die Geschichte des Château Margaux und seiner Weine reicht bis ins 12. Jahrhundert zurück und ist genauso wechselhaft, wie es die Besitzverhältnisse waren. Fakt ist, dass die Weine seit jeher von besonderer Qualität waren und von König Richard Löwenherz ebenso geschätzt wurden wie drei Jahrhunderte später von Thomas Jefferson, der dann Präsident der Vereinigten Staaten wurde.

Ende des 17. Jahrhunderts umfasste das Château Margaux ein Areal von 265 Hektar (650 acres), von denen ein Drittel mit Rebstöcken bepflanzt war. Das ist etwa die selbe Rebfläche, wie sie auch heute im Ertrag steht.

Die „Neuzeit" begann für das Château Margaux, dessen Weine 1855 als Grand Cru klassifiziert wurden, im Jahre 1977, als der Grieche André Mentzelopoulos den Besitz erwarb. Damals ging ein Raunen durch die Weinwelt. „Ein Grieche im Medoc" titelte die Zeitung „Le Monde" und war verwundert, dass einer, dessen Landsleute eher in Finanzgeschäften oder als Reeder ein Vermögen machten, ins Weingeschäft einstieg. Aber Mentzelopoulos war seiner Zeit voraus und setzte alles daran, nach den schwierigen 70er-Jahren seinen Weinen wieder jenen Stellenwert zu geben, der ihnen gebührt. Also ganz oben.

André Mentzelopoulos, der sein Vermögen mit einer Supermarktkette und Immobiliengeschäften machte, investierte Unsummen in sein neues Weingut, ohne gleich Gewinne zu erwarten. In den Weingärten ließ er Neupflanzungen anlegen und Drainagen errichten. Im Keller wurde unter der Regie des Önologen Emile Peynaud der „Pavillon Rouge" wieder eingeführt und der „Pavillon Blanc" neu definiert. Für die Reife der Weine wurden ausschließlich neue Barrique-Fässer verwendet, die auch heute noch von einem eigenen Fassbinder hergestellt werden, und letztendlich plante er auch den ersten großen unterirdischen Weinkeller in der Region.

André Mentzelopoulos, Jahrgang 1915, starb im Dezember 1980. Zu früh, um die Wiederauferstehung seines Weingutes wirklich genießen zu können. Aber eines ist klar. Kein Besitzer in der langen Geschichte von Château Margaux vor ihm hat in so kurzer Zeit so viel für das Weingut geleistet.

Nach seinem Ableben war die Weinwelt besorgt, wie es mit dem Château Margaux weitergehen würde. Die Zweifler waren bald beruhigt und setzten das Vertrauen, das sie schon in André Mentzelopoulos gesetzt hatten, nun in seine Tochter Corinne Mentzelopoulos. Sie und ihr Team verfolgen mit dem Château Margaux nur ein Ziel. Sie will einerseits der Verantwortung gegenüber der Geschichte ihres Weingutes gerecht werden und andererseits auch die kleinsten Details in der Weinbereitung nicht ausser acht lassen, sodass ein Weinliebhaber wo immer auf dieser Welt niemals von einem Wein aus dem Château Margaux enttäuscht wird.

CHATEAU MARGAUX
2001
GRAND VIN

HÂTEAU MARGAU
2005
GRAND VIN
EMIER GRAND CRU CLASS

Mensch und Terroir

Terroir ist die Essenz eines großen Weines. Für den Wein hat es den selben Stellenwert wie das Erbe für einen Menschen. Es kann alles oder nichts bedeuten. Alles, weil ohne das eine oder andere nichts möglich ist, nichts, weil es nur durch die Erfahrung eines Menschen enthüllt werden kann.

Die wichtigsten Faktoren, die das Terroir für einen Grand Cru ausmachen, sind die natürlichen Voraussetzungen: der Boden und das Klima. Das Klima ermöglicht das Wachstum der Reben, und in bestimmten Fällen erreichen die Trauben eine perfekte, harmonische Reife. In solchen bevorzugten Lagen, in denen die Reife notwendigerweise langsam vor sich geht, spielen die Bodenverhältnisse eine bedeutende Rolle. Selbst geringe Unterschiede in der Bodenzusammensetzung, sogar zwischen benachbarten Rebzeilen, können sich in großen Unterschieden in der Qualität und Typizität der Trauben auswirken. Aber gerade diese Vielschichtigkeit ist unverzichtbar, um einen großen Wein zu keltern.

Aber selbst die für einen großen Wein bestens geeigneten Bodenverhältnisse und klimatischen Bedingungen helfen nichts, wenn es nicht Menschen gibt, die mit diesen Voraussetzungen umgehen können. Ohne die bis an die Schmerzgrenze gehende Hingabe des Winzers wird aus einem Flecken Erde, so geschaffen er auch dafür sein mag, nie ein großer Weingarten werden. Am Winzer liegt es, die für den speziellen Boden geeignetste Rebsorte auszuwählen und diese dann so zu hegen und zu pflegen, um aus den Trauben einen großen Wein machen zu können. Im Falle des Château Margaux wird diese Arbeit bereits seit mehr als vier Jahrhunderten geleistet und wurde Bestandteil des Terroirs dieses Weingutes. Und diese Arbeit wird kontinuierlich fortgeführt. Paul Pontallier: „Es ist unsere Aufgabe, dieses wunderbare Erbe zu bewahren, und dann und wann das Gebäude um einen kleinen Baustein zu erweitern …"

Wein und die Zeit

Abgesehen von seinem Ruf und den Gefühlen, zu denen er anregt, ist ein großer Wein auch dadurch gekennzeichnet, dass er Emotionen wecken kann. „Unsere großen Jahrgänge 1953, 1961, 1982, 1996, 2000 und viele andere haben nicht nur die Herzen erfreut, sondern auch unsere Gefühle überwältigt", heißt es auf Château Margaux. Diese Gefühle erzielt man nicht durch spezielle Aromen oder Geschmacksrichtungen, so eindrucksvoll sie auch sein mögen, sondern immer nur durch ein harmonisches Ganzes. Die richtige Balance bestimmt einen großen Wein und garantiert eine gute Flaschenreife. Für die Weine des Château Margaux bedeutet Flaschenreife weder eine Verpflichtung noch eine Selbstdarstellung, sondern schlicht und einfach die Möglichkeit, noch besser zu werden. Die Weine von Château Margaux haben – so wie wenige andere große Weine – die außergewöhnliche Fähigkeit, im Laufe der Jahre Aromen und Düfte zu entwickeln, die junge Weine einfach nicht aufweisen. Die Flaschenreife verfeinert den Geschmack und macht die anfänglich leicht raue Tannin-Note weicher. Was die Weine in den ersten Jahren der Flaschenreife an Frische verlieren, gewinnen sie an Kraft, Raffinesse und Komplexität.

Wann sollte man also einen großen Wein wie den Château Margaux trinken? Die Erfahrung hat uns viel gelehrt, und die Versuchung ist groß, der Zeit ihre gute Arbeit verrichten zu lassen. Aber sind die passendsten Gelegenheiten nicht immer gerade jene, wenn man das Bedürfnis hat, eine Flasche großen Weines aufzumachen, um einen großen oder vielleicht auch kleinen Moment unseres Lebens zu feiern und in unserer Erinnerung zu bewahren?

Wann sollte man also einen großen Wein wie den Château Margaux trinken?

Paul Pontallier: „Dazu gibt es eigentlich keine Regel, weil es einerseits auf den Jahrgang und andererseits auf das Alter des Weines ankommt. Wirklich alte Weine – die Rede ist von 40, 50 oder 60 Jahren – sollten auf alle Fälle dekantiert werden, um das Depot anzusondern. Das Dekantieren sollte aber im letzten Augenblick vor dem Genießen erfolgen. Zuviel Luft kann das spezielle Bukett des Weines beeinträchtigen, das sich über die Jahre entwickelt hat."

Weine, die jünger als 20 Jahre alt sind, sollte man bereits eine oder zwei Stunden, bevor sie getrunken werden, dekantieren. Diese Zeitspanne hilft dem Wein, sein ganzes Potenzial zu entfalten. Das gilt also für die Weine der 80er- und 90er-Jahre ebenso wie für die Jahrgänge des neuen Jahrtausends.

Die Versuchung ist groß, die Weine in den Keller zu legen und in der Flasche reifen zu lassen. Aber sind die passendsten Gelegenheiten nicht immer gerade jene, wenn man das Bedürfnis hat, eine Flasche großen Weines aufzumachen, um einen großen oder vielleicht auch kleinen Moment unseres Lebens zu feiern und in unserer Erinnerung zu bewahren? Wenn einem danach ist, dann sollte man es tun.

1,2

Cabernet Sauvignon, Merlot, Cabernet Franc

Jedes Jahr findet im Médoc die Traubenernte zwischen dem 20. September und dem 15. Oktober statt. Auf einen Rebstock gedeihen 6–8 Trauben, je nachdem wie der Jahrgang ist. Pro Stock sind es aber immer unter 1,2 kg Trauben.

3,4

Die Reben und der Boden

Die Cabernet Sauvignon-Rebstöcke gedeihen auf dem charakteristischen kiesigen Boden. Der Boden von Margaux ist der magerste im Médoc, mit dem höchsten Anteil an grobem Kies. Der Kiesuntergrund verzeiht keine Nachlässigkeiten bei der Weingartenarbeit im Laufe des Jahres.

9,10

Der Zeitpunkt der Traubenernte

Die Leseordnung ist nicht jedes Jahr gleich. Sie variiert entsprechend dem Reifestadium der einzelnen Parzellen, und jedes Jahr muss der Reifefortschritt sorgfältig verfolgt werden. Täglich werden Zucker- und Säuregehalt der Trauben der verschiedenen Weingartenlagen bestimmt und dadurch die Erntereihenfolge festgelegt.

11,12

Die Traubenernte

Die Traubenernte wird ausschließlich von geschulten Mitarbeitern durchgeführt, dabei wird noch bei jedem einzelnen Weinstock eine genaue Auswahl und Selektion der Trauben vorgenommen.

5,6

Das Terroir – ein stark kieshältiger Boden

An Nährstoffen hat der Boden der Rebe nicht sehr viel zu bieten. In guten und großen Jahren kommen die Vorzüge des Kiesbodens im Wein voll zur Geltung: Ein guter Margaux besitzt dann besonders delikate Fruchtnoten und eine untergründige Süße im Bukett.

7,8

Selektives händisches Traubenernten

Die Traubenernte wird immer nur von Hand durchgeführt. Die Lese der gesamten Rebgärten ist von 200 Erntehelfern in einem Minimum von zehn Tagen zu bewältigen, sie kann sich aber auch über mehr als drei Wochen ausdehnen.

13,14

Mehrmaliges Sortieren der Trauben

Die Leser leeren ihre Trauben in Butten. Die Buttenträger bringen die Trauben zu den Leseanhängern. Dort werden sie vorsichtig auf einen Sortiertisch geleert und von drei Frauen nochmals genauestens sortiert und selektioniert.

14,15

Nur die besten kommen weiter

Ein letztes Mal werden alle Trauben kritisch sortiert, und nur die besten schaffen den Weg in den Leseanhänger. Während der Lese werden immer wieder Pausen zur Regenerierung der Lesemannschaft eingelegt.

1,2

Perfekte Trauben im Korb

Die „Kirchenparzelle“ von Château Margaux hat als würdigen Hintergrund und Namensgeber die Kirche von Margaux.
Mit den Lesescheren ausgestattet, streifen die Erntehelfer durch die Reihen und schneiden die vollreifen Trauben von den Stöcken. In jedem Weingarten wird mindestens 2mal geerntet.

3,4

Organisation der Traubenernte

In jeder 5. Zeile gehen die Buttenträger, die Leser links und rechts davon leeren vorsichtig ihre vollen Körbe um. Dazwischen gibt es immer kurze Gespräche, Lieder und Scherze, die Stimmung ist entspannt und fröhlich.

5,6

Table de tri – der Sortiertisch

Routiniert und mit viel Sachkenntnis begutachten die Damen auf den Sortiertischen (table de tri) jede Traube, wenn eine Traube oder auch nur ein Teil einer Traube den hohen Qualitätsanforderungen nicht entspricht, wird diese sofort ausgeschieden.

7

Händisches Selektionieren jeder einzelnen Traube

„Triage" ist der französische Ausdruck für das Sortieren der Trauben im Weingarten oder im Weinkeller. Die hohe Qualität und Fruchtigkeit der heutigen Weine ist auf diese aufwändige Art der Selektionierung zurückzuführen.

1

Im Weinkeller

Nach der Ankunft der Leseanhänger mit den Trauben in der Kellerei wird das Lesegut schnell weiterverarbeitet.

2,3

Schnelles Verarbeiten der Trauben

Kellerarbeiter schaufeln die Trauben auf das Förderband, das die Trauben zur Abbeermaschine (Rebler) befördern.

7,8

Die alkoholische Gärung

Sind die Beeren in den hölzernen Gärbottichen, beginnt dank der eigenen Hefen die Fermentation von Zucker zu Alkohol, die eigentliche Hauptgärung, begleitet von einer komplexen Reihe von weiteren Reaktionen im Gärprozess.

9

Fermentation

In acht bis zehn Tagen ist der Zucker abgebaut. Danach lässt man den zu Jungwein gewordenen Most weiterhin mit den Beerenhäuten und Kernen zusammen. In dieser Maische geben die Beerenhäute die Tanninmoleküle an den Jungwein ab, die später den Körper des Weines ausmachen.

4,5

Das Entrappen der Trauben

Die Trauben werden leicht gemahlen, sodass die Beeren von den Kämmen fallen und aufspringen, dann werden sie – getrennt nach Rebsorte und Alter – in Gärbottiche gefüllt. Die Stiele und Kämme werden wieder in Brachparzellen zurückgebracht und dort als Dünger aufgebracht.

6

„Grand vin“ oder Pavillion Rouge

Jeder einzelne Gärbottich unterscheidet sich von den anderen in Bezug auf Rebsorte, Herkunftsboden, Alter der Rebstöcke und vor allem den Erntetag. Alles wird individuell behandelt und bearbeitet. Diese Unterteilungen sind im weiteren der Ausgangspunkt für einen „Grand vin“ oder Pavillion Rouge.

10

Die Mazerationszeit

Die Mazerationszeit mit der Maische kann bis zu 24 Tage dauern. Anschliessend wird der Wein vom Gärbottich abgezogen (écoulage). Der Jungwein wird sorgfältig in einen anderen Bottich umgezogen (vin de goutte). Die zurückbleibenden Beerenhäute werden gepresst und ergeben den Presswein (vin de presse).

11,12

Die malolaktische Gärung in den Fässern

Die Weine müssen jetzt eine zweite, sanftere Gärung, die Apfel/Milchsäure-Gärung (malolaktische Gärung), durchmachen, bei der sich die Apfelsäurebakterien in Milchsäurebakterien umwandeln. Sie findet Ende Oktober statt, wenn die Außentemperaturen schon auf 12°C abgesunken sind und der Raum mit den Fässern auf 20°C erwärmt werden muss.

DER TRADITIONELLE AUSBAU GROSSER ROTWEINE IN BORDEAUX

Paul Pontallier, Direktor Château Margaux

Der Ausbau von Rotweinen in Barriques

Anfang Dezember, sobald der Säureabbau beendet ist, beginnt der Ausbau der Rotweine in den Barriques und dauert normalerweise zwei Jahre. Während dieser Zeit finden gewisse Arbeiten (Umziehen von Fass zu Fass, Gerbstoffschönungen) statt, die den Zweck haben, dass bis zum Zeitpunkt der Flaschenfüllung die Weine klar und stabil sind. Beim Ausbau in Barriques ist dies besonders wichtig, da bei dieser Tradition keine Filtration der Weine vorgesehen ist.

Die Lagerung in Barriques erfolgt umgehend nach Abschluss des biologischen Säureabbaus und hat zahlreiche Vorteile: Die Klärung der Weine, die noch den feinen Hefeschlamm der Gärung enthalten, wird durch die Verkleinerung des Volumens und den kälteren Temperaturen im Weinkeller um diese Zeit (Anfang Januar) sehr gefördert. Innerhalb von drei bis vier Wochen findet eine erhebliche Klärung des Weines durch die starke Absetzung von Pigmenten, Salzen und sonstigen Partikeln statt. Es scheint, dass dieser starke Satz, der die Wände der Barriques teilweise „tapeziert“, verhindert, dass der Wein zu strenge Holztöne aufnimmt. Als ob eine Art Isolierung des Holzes stattfände, die den Kontakt zwischen Holz und Wein vermindert.

Schließlich bewirken das Befüllen der Barriques und die ersten Auffüllungen eine frühe und gründliche Belüftung des Weins, die besonders für die Farbintensität und die Stabilisierung von Wichtigkeit sind.

Spund oben oder seitlich?

Der traditionelle Barriqueausbau verläuft in zwei ungleich langen Phasen: während der ersten sechs Monate steht das Fass gerade, mit dem Spund oben, damit die aus dem Gärungsprozess verbleibende Kohlensäure entweichen kann. Bei neuen Barriques, die traditionell mit heißem Wasser vorbehandelt worden sind, ergibt sich in den ersten Wochen ein starker Weinverlust, da das neue Holz Wein absorbiert. Von einem Auffüllen zum anderen ergibt sich daher eine relativ große Kontaktfläche zwischen Wein und Luft, die dem Wein eine erhebliche Menge Sauerstoff zuführt. Dasselbe passiert beim Auffüllen der Fässer, wo größere Mengen an Flüssigkeit im Spiel sind und der Wein ebenfalls stärker belüftet wird.

Mit dem Ausbau in der Fassposition „Spund oben“ wird zu Beginn der Fassreife dem Wein eine große Menge Sauerstoff zugeführt. Es stellt sich die Frage, für welchen Weintypus eine derart starke Belüftung wünschenswert ist, bzw. wann davon abzuraten ist. Nach 6 Monaten werden die Fässer seitlich gedreht gelagert, der Spund ist dadurch nicht mehr die höchste Stelle am Fass. Das Auffüllen der Fässer fällt weg. Es gelangt viel weniger Sauerstoff in den Wein, wenngleich trotzdem eine konstante minimale Belüftung stattfindet.

Von der Tradition einmal abgesehen, kann man sich fragen, inwiefern es ratsam ist, das Schema „sechs Monate Spund oben, 18 Monate Spund seitlich“ streng einzuhalten. Eine frühe und relativ starke Belüftung ist der Entwicklung von

Außenansicht des Fasskellers (chai) von Château Margaux

Abziehen von Jungwein von einem Eichenholzgärständer

großen Weinen mit einem hohen Phenolanteil zweifellos zuträglich, aber wahrscheinlich ist das bei weniger gehaltvollen Weinen nicht mehr der Fall.

Die Tradition des Umziehens der Weine von Fass zu Fass

Da im Chateau Margaux vom Filtrieren Abstand genommen wird, hängt die endgültige Klarheit des Weins von der Anzahl der Umziehvorgänge ab, die man mehr als Dekantieren ansehen soll. Während des zweijährigen Barriqueausbaus werden die Weine sieben- bis achtmal umgezogen: im ersten Jahr alle drei Monate, im zweiten alle vier. Um den Bodensatz mit der Feinhefe nicht aufzurühren, ist die Verwendung einer Pumpe ausgeschlossen. Man verwendet daher ein Druckluftgerät, mit dem der Wein vorsichtig von einem Barrique in ein anderes geleitet wird. Wenn das Barrique fast leer ist, kommt das eigentliche Dekantieren, das zwei Mann in Anspruch nimmt: einer hebt vorsichtig das Fass wie eine alte Flasche, die man langsam nach vorne neigt, während der andere mit Hilfe einer Lampe beobachtet, wann der Wein beginnt, trüb zu werden.

Von der Klärung des Rotweins abgesehen, hat das Umziehen im Barriqueausbau noch zwei weitere Vorteile: erstens wird der Gehalt an freiem SO_2 geregelt, und zweitens wird dem Wein Sauerstoff zugeführt. Das ist im ersten Jahr sehr gut für die Entwicklung des Weins, aber im zweiten, vor allem nach der Schönung, ist diese Belüftung und damit das Umziehen eher nicht angeraten.

Schönen der Rotweine

Das Schönen hat den Zweck, den Wein zu stabilisieren. Es wird traditionell in den Barriques durchgeführt, was den doppelten Vorteil hat, eine gleichmäßige und vollständige Sedimentierung des Klärschleims zu bewirken. Es werden meist pro Barrique fünf bis sechs Hühnereiweiße (Eiklar) verwendet, die leicht schaumig geschlagen werden und dann durch den Spund ins Barrique gefüllt werden. Dann wird der Wein mit einem mechanischen Quirl durchgemixt, damit sich das aufgeschlagene Eiklar gleichmässig verteilt. Die Barriques werden dann mit seitlich ausgerichtetem Spund 45 Tage gelagert und anschließend noch einmal umgezogen.

Diese Eiklarschönung hat eine starke Auswirkung auf den Wein: Er verliert vorerst einen Teil seines aromatischen Ausdrucks, insbesondere der fruchtigen Noten. Am Gaumen haben die Weine weniger Adstringenz, sie scheinen vorübergehend „dünner" als vor der Schönung. Nach zwei bis drei Monaten zeigen sie dann wieder Körper und Substanz. Die Eiweiß-Schönung verleiht großen Rotweinen auch eine unbestreitbare Finesse und ist ein wesentlicher Bestandteil beim Barriqueausbau.

Die Önologie kann man mit der Erziehung von Kindern vergleichen: es gibt keine fixen Vorschriften, man muss sich dem Individuum anpassen. Je nach Persönlichkeit des Rotweins wird der Ausbau 15, 18 oder 24 Monate beanspruchen, um ihm am besten gerecht zu werden.

Der Wein muss im Barrique „reifen", um für eine lange und gedeihliche Existenz innerhalb der Flasche gerüstet zu sein, die ihn noch verfeinern wird. Die organoleptischen Veränderungen des Weins während des Barriqueausbaus können regelmäßig durch Verkostungen verfolgt werden, die auch den idealen Zeitpunkt für die Flaschenfüllung anzeigen.

Wie lange soll der Wein in den Barriquefässern reifen?

Die diesbezüglichen Kriterien sind so komplex wie der Wein selbst: Man versucht, einen ausgewogenen Tanninanteil anzustreben, aber das darf beileibe nicht das einzige Kriterium sein. Am Ende des Barrique-Ausbaus sollten sich die gesamten Komponenten des Weins in größter Reife und Ausdrucksstärke präsentieren; die Gerbstoffe sollen abgerundeter, milder, fast seidig erscheinen, die Aromen als eine Harmonie von Holz- und Fruchtnoten. Die Farbe verändert sich leicht, sie beginnt fast unmerklich ins Rubinrote überzuwechseln, was durch die grundlegende

Der ebenerdige „Große Keller" von Château Margaux, in dem die Barriques im ersten Jahr nach der Ernte reifen.

Veränderung der Gerbstoffe und Anthocyane/Farbstoffe bewerkstelligt wurde. Man braucht die Erfahrung der Vinifizierung von vielen Jahrgängen ein und desselben Weins, um genau den richtigen Moment zu erfassen, bevor der Wein – übrigens sehr plötzlich – außer Kontrolle geraten („umfallen") kann. Und dann ist es zu spät ...

Kellertemperatur und Luftfeuchtigkeit

Zahlreiche Faktoren außerhalb des Fasses können die Entwicklung des Weines beeinflussen. Beschränken wir uns auf solche, die wir kontrollieren können, wie z.B. die Temperatur des Kellers. Ihr Einfluss auf die Weine in Barriques ist wenig bekannt, man weiß jedoch, dass ungünstige Kellertemperaturen sowohl unerwünschte chemische Reaktionen auslösen, sowie das Absetzen der Hefen und Trubstoffe negativ beeinflussen. Daher ist es notwendig, während des ersten Jahres eine entsprechend niedrige Temperatur aufrechtzuerhalten (5°–10°C), damit die Absetzung der Sedimente rasch und gründlich vor sich geht. Andererseits sollte sie im Sommer 18°–19°C erreichen, um chemische Reaktionen zu beschleunigen. Werden 18°–19°C überschritten, muss man befürchten, dass sich Mikroorganismen entwickeln oder gewisse chemische Vorgänge falsch verlaufen (oxidierter oder „eingekochter" Geschmack). Während des zweiten Jahres bemüht man sich, starke Temperaturschwankungen zu vermeiden, da sich die meisten Partikel bereits abgesetzt haben, und nach der Schönung könnten überhöhte Temperaturen eine Fehlentwicklung der Phenolverbindungen zur Folge haben. Die ideale Bandbreite scheint bei 12°–15°C zu liegen. Allerdings kommt es hier wieder darauf an, mit welchem Wein man es zu tun hat. Insbesondere bei Weinen mit einem hohen pH-Wert (3,8–3,9) wäre es problematisch, Temperaturen von 15°–16°C zu überschreiten. Die Luftfeuchtigkeit im Keller spielt eine Doppelrolle: einerseits soll sie eine zu hohe Verdunstung des Weins verhindern (was bei zu trockenen Kellern vorkommt) und andererseits einen zu hohen Alkoholverlust (zu feuchte Atmosphäre) verhindern. Der Erfahrungswert liegt bei 80 bis 90% Luftfeuchtigkeit.

Mögliche Abwandlungen des traditionellen Schemas

Im vorangehenden Teil wurde die Bordeaux-Tradition für große Rotweine beschrieben, aber sie wird praktisch nur von den großen Châteaus konsequent befolgt. Abweichungen können in Betracht gezogen werden, ob man nun wirtschaftliche Gründe hat oder aber es mit großen Rotweinen zu tun hat, die nicht aus Bordeaux stammen.
Wie dem auch sei, man darf niemals das „warum" einer gegebenen Handlung aus den Augen verlieren und muss sich vor allem einprägen, dass dieses traditionelle Schema ein homogenes Ganzes bildet, und jede Veränderung eines Elements die Wirksamkeit des gesamten Ausbaus gefährdet. Die Verteuerung der Personalkosten spielt für viele Weingüter eine übergeordnete Rolle. Aus Gründen der Rentabilität wird insbesondere die Zeit der Lagerung der Barriques mit „Spund oben" verkürzt und die Tradition des Schönens und des Umziehens nicht mehr respektiert, was zwangsläufig das Filtrieren des Weines unumgänglich macht. Die ganz großen Châteaus sind von diesen Sparmaßnahmen nicht betroffen, aber man kann nicht umhin, in dieser Abweichung von einer lange etablierten Tradition ein

Risiko für die Qualität großer Weine zu erkennen. Für große Rotweine, die nicht aus Bordeaux sind, wird es natürlich notwendig sein, leichte bis einschneidende Abwandlungen der klassischen Ausbaumethode zu erwägen. Wenn sie auch nicht mehr Schritt für Schritt befolgt wird, sollte doch die zentrale Philosophie beibehalten werden.

Die Dauer des Barriqueausbaus, die Belüftung durch Umziehen oder die Spundposition, die Kellertemperaturen und sonstigen Umstände müssen der Persönlichkeit des Weins jeweils angepasst werden. Das hauptsächliche Talent eines Winzers besteht eben darin, sein Können trotz ständiger Veränderungn der Umstände unter Beweis zu stellen.

Warum werden große Rotweine in Barriques ausgebaut?

Diese Technik des Weinausbaues in Kleinfässern (Barriques) ist seit dem Anfang des 18. Jahrhunderts bekannt und hat sich grundsätzlich wenig geändert, wohl aber verfeinert. Ihr Ziel ist nicht ein absichtlicher „Reifungsvorgang", sondern eine Entwicklung, während dieser der Wein die Fähigkeit erwirbt, in den Flaschen weiter zu reifen. Dabei werden verschiedene physische und chemische Veränderungen gefördert bzw. hervorgerufen.

In der ersten Ausbauphase in den Barriques muss sich der Wein klären und stabilisieren. Das ist ein wichtiger Punkt für Weine mit einem erwünschten Lagerungspotenzial von 20, 30 und mehr Jahren. Der Ausfall von Weinsäure und Farbstoffen muss deshalb in dieser Phase stattfinden, damit dies nicht später in der Flasche passiert. Auch muss sich die Farbe stabilisieren und die Adstringenz der Gerbstoffe mildern. Und schließlich müssen sich die Weine während des Ausbaus die organoleptische Komplexität aneignen, die zur Entwicklung des Buketts des Weins in der Flasche führt.

Der unterirdische Fasskeller des Château Margaux, in dem die Barriques im zweiten Jahr reifen. Während des zweijährigen Barriqueausbaus werden die Weine sieben- bis achtmal umgezogen: im ersten Jahr alle drei Monate, im zweiten alle vier.

Der spezifische Beitrag von Eichenfässern

Eichenfässer, insbesondere aus neuer Eiche, beeinflussen alle diese Umwandlungen auf eine sehr günstige Art und Weise. Da ist zunächst ihr geringes Volumen, das Konvexionserscheinungen mindert, im Winter eine echte Temperatursenkung ermöglicht und das Absetzen von Partikeln in kolloidaler Lösung beschleunigt.

Andrerseits begünstigen neue Eichenfässer die langsame und kontinuierliche Zufuhr von Sauerstoff, der bekanntlich wesentlich zu der Kondensation der Anthocyane (Farbstoffe) und der Gerbstoffe beiträgt. Diese chemischen Verwandlungen der Phenolverbindungen bewirken eine erhöhte Stabilität der Farbe von Rotweinen und haben einen unbestreitbaren Einfluss auf die Entwicklung der organoleptischen Eigenschaften: Rückgang der Adstringenz und Grundlage einer erweiterten aromatischen Komplexität.

Schließlich und endlich findet während des Ausbaus in neuen Eichenfässern ein Abbau (eine Lösung) von gewissen Holzkomponenten statt. Es sind dies zunächst phenolische Verbindungen in kleinen, aber besonders reaktiven Mengen, die an der Verwandlung nicht nur der Farbstoffe von Rotweinen teilnehmen, sondern auch die aromatischen Substanzen beeinflussen, die das Bukett von großen Rotweinen auszeichnen.

Château Margaux - Die Weingärten

Geografische Lage der Weingärten: Die 262 Hektar (650 acres) Weingärten von Château Margaux liegen alle in der Appellation Margaux. Château Margaux ist das einzige „grand cru classe" von Bordeaux, der den gleichen Namen wie die „appellation d'origine" trägt. Die Margaux-Rebstöcke wachsen auf Kiesböden der leicht gewellten Landschaft westlich des lang sich hinziehenden Mündungsarmes der Gironde. Alle Weingärten sind im Ortsgebiet von Margaux gelegen, die „Puch sem Peyre" mit seinen Kieselsteinen verleiht dem Cabernet Sauvignon seine ganze Feinheit. Eine der besten Parzellen ist „Cap-de-haut", sie grenzt direkt an den Park an, und die unteren Hänge von „Cap-de-haut" sind mit Merlot bestockt. Die Parzelle „Le Cuvier" liegt rechts der Plantanenallee die zum Schloss führt, und schließt direkt an das Schloss und die Kellerei an. Die „Kirchenparzelle" hat als würdigen Hintergrund und Rahmen die Kirche von Margaux. Die Parzelle „Terre Blanche" schließt direkt an die „Le Cuvier" an.

Bodenstrukturen (Soils): Auf den Grundstücken des Château Margaux erheben sich die sanften Hügel kaum mehr als zwanzig oder fünfundzwanzig Meter. Die geologischen Bedingungen sind hier nie identisch, doch die besten Weine gedeihen auf den mageren, abgeschliffenen Pyrenäenkiesel-Böden der Hanglagen. 75 bis 80% der steinigen Hügelrücken sind mit Lehmkies oder Lehmkalk vermischt. Die Hügel wurden im Quartär vom Fluss angeschwemmt. Im Laufe der Zeit fraßen verschiedene Bäche, die im Medoc „jalles" heissen, die Tälchen ein. Die einzelnen Kuppen, ganz besonders aber die höchsten und dem Fluss am nächsten gelegenen, bilden das große, klassische Terroir des Medoc, das an dieser speziellen Stelle noch durch einen höheren Lehmanteil verbessert wird.

Das erklärt den speziellen Charakter der Margaux-Weine, denn die gleiche Rebsorte ergibt, entsprechend den verschiedenen Standortbedingungen, einen anderen Wein.

Pflanzdichte der Reben: 10.000 Reben per Hektar

Rebsorten: 75% Cabernet Sauvignon, 20% Merlot, 5% Cabernet Franc, Petit Verdot

Alter der Rebstöcke: 35+ years

Reberziehung und Rebkultivierung: Die Reben werden in der traditionellen „Girondine"-Erziehung mit je 2 Streckern kultiviert. Mengenreduktion durch Ausbrechen von Knospen nach dem Austrieb und ein weiteres Reduzieren von Trauben am Weinstock im August.

Traubenernte: 100% händisch. Die Trauben werden als erstes schon im Weingarten selektioniert, mehrmaliges selektives Lesen jedes Weingartenblocks. Ein weiteres Selektionieren der Trauben auf den Lesetischen direkt auf den Leseanhängern. Rascher Transport mit den Leseanhängern in den Weinkeller (chai).

Entrappen der Trauben: 100%.

Hektarerträge: 45 Hektoliter per Hektar.

Château Margaux - Vinifikation Cabernet Sauvignon

Önologe: Paul Pontallier

Alkoholische Gärung/Fermentation: Sehr schonender Transport der Maische beim Befüllen der Holzgärbehälter. Etwa drei Wochen dauert die Fermentation und Mazeration in den temperaturgesteuerten Holzgärständern (vats), wobei die reine alkoholische Gärung 5 bis 7 Tage bei Temperaturen zwischen 28° und 30°C dauert. Während dieser Extraktionszeit wird der Maischehut zur besseren Auslaugung manuell untergetaucht.

Mazeration: 2 bis 3 Wochen

Malolaktik: Anfang Dezember ist die Apfel/Milchsäure-Gärung in den Holzgärständern beendet. Möglichst rasches Umziehen der Weine in die Barriques, um die Trubstoffe der letzten Fermentation möglichst rasch zu eliminieren. Das geringe Volumen der Kleinfässer und die natürlichen klimatischen Bedingungen der Jahreszeit (Januar) bewirken eine

massive Ausscheidung von Farbstoffen, Salzen und anderen schwebenden Partikeln, sodass der Wein nach drei, vier Wochen erstaunlich klar ist. Die Fasswände sind in kurzer Zeit mit Ablagerungen beschlagen, was zugleich verhindert, dass der Wein einen zu starken Holzgeschmack annimmt.

Fassreife: 18 bis 24 Monate in neuen Barriques. Im ersten Jahr im ebenerdigen „Großen Keller" mit den runden Säulen und im zweiten Jahr der Fassreife im unterirdischen Fasskeller mit den quadratischen Säulen.

Die ersten sechs Monate lagern die Barriques mit dem Spundloch nach oben, damit die bei der Gärung entstehende Kohlensäure leicht entweichen kann. Außerdem saugt das neue Holz einen nicht unbeträchtlichen Weinanteil auf, den man mit beständigem Nachfüllen (ouillage) ausgleicht. Nach sechs Monaten werden die Spundlöcher verschlossen und die Fässer zur Seite gedreht.

Der Erfolg der weiteren Reife hängt ganz wesentlich von der Qualität des Umziehens von Fass zu Fass ab. Dieses wiederholte Umfüllen ist nichts anderes als ein Dekantieren, das bei einem Rotwein sieben- bis achtmal stattfindet. Im ersten Jahr in Abständen von drei, im zweiten Jahr alle vier Monate. Dabei werden jedesmal Bodensatz und Flüssigkeit mit der größtmöglichen Sorgfalt voneinander getrennt.

Verschnitt/Blending: Selektion und Verschnitt der ersten Fässer nach dem ersten Sommer nach der Ernte.

Klären der Weine/Fining: Traditionelles Klären mit Hühnereiweißen, keine Filtrationen. Erhält der Wein durch das Umziehen seine Lauterkeit, so bewirkt das Klären (collage) seine Stabilität. Es wird in den Barriques vorgenommen, um eine möglichst vollkommene Homogenität und Sedimentation zu erreichen. Man führt über das Spundloch fünf bis sechs zu leichtem Schnee geschlagenes Eiweiß ein, rührt den Wein energisch durch und lässt das Fass 45 Tage mit seitlich gewendetem Spund ruhen. Dann wird ein weiteres Mal umgezogen. Neben einer größeren physikalisch-chemischen Stabilität verleiht das Klären mit Eiweiß dem Wein eine unbestreitbare Feinheit.

Flaschenfüllen: Im Fass reift der Wein, ehe er sich in der Flasche verfeinert. Die Zeitbestimmung für das Abziehen auf Flaschen ist so komplex wie der Wein selbst. Man strebt eine gewisse Ausgeglichenheit im Holzcharakter an, der nie dominieren darf; die Tannine sollen abgerundet, weich, fast seidig und im Gleichgewicht mit dem Fruchtgeschmack sein; die Farbe muss sich auf einen rubinroten Ton stabilisiert haben. Der Flaschenabzug im optimalen Augenblick ist die letzte passive Möglichkeit, die Qualität eines Weines zu halten oder sogar noch um einen Grad zu verbessern.

Klassifikation o *Classification*
First Growth in 1855

Eigentümer o *Owner*
Corinne Mentzelopoulos

Weingärten o *Vineyards*
262 Hektar (650 acres)

Rebsorten o *Grape varietals*
75% Cabernet Sauvignon, 20% Merlot, 5% Cabernet Franc and Petit Verdot

Weine o *Wines*
Châteaux Margaux, Pavillon Rouge, Pavillon Blanc

Alter der Reben o *Average age of the vines*
Rotweine: 35+ Jahre
Weißweine: 12 Hektar (30 acres) Sauvignon Blanc
Durchschnittsalter der Weißweinreben: 25+ years

Pflanzdichte der Reben o *Density of plantation*
10.000 Rebstöcke/Hektar

Hektarerträge o *Average yield per hectar*
45 Hektoliter/Hektar

Jahresproduktion o *Annual production*
Châteaux Margaux: im Durchschnitt der letzten 3 Jahre 150.000 Flaschen
Pavillon Rouge: 200.000 Flaschen
Pavillon Blanc: 33.000 Flaschen

Direktor/Önologe o *General Director*
Paul Pontallier

Estate Direktor o *Estate Director*
Philippe Bascaules

Besuch im Weingut o *Visiting policy, Contact*
Besuche im Château Margaux nur nach schriftlicher Vereinbarung für alle Freunde von Margaux, Weinsammler, Brooker, Journalisten und Händler. Nach telefonischer Vereinbarung.

Weinverkaufspreise o *Average price*
Variable nach Jahrgang zwischen € 75,–/350,–

Restaurant Weinkarte o *Winelist*
Weltweit in den besten Restaurants auf der Weinkarte

Besondere Jahrgänge o *Great recent vintages*
2006, 2003, 2000, 1996, 1995, 1990, 1986, 1985, 1983, 1982

Vermarktung der Weine o *Sales*
Vertrieb der Château Margaux-Weine überall in der Weinwelt über/durch Bordeaux-Weinhändler.

Château Margaux

Head Office: F- 33 460 Margaux
Tel.: +33(0)5 57 88 83, Fax: +33(0) 5 57 88 31 32

Administration: 19, avenue Montaigne – 75 008 Paris
Tel.: +33(0)1 44 43 43 20,
Fax: +33(0)1 40 70 13 01

www.chateau-margaux.com
e-mail: chateau-margaux@chateau-margaux.com

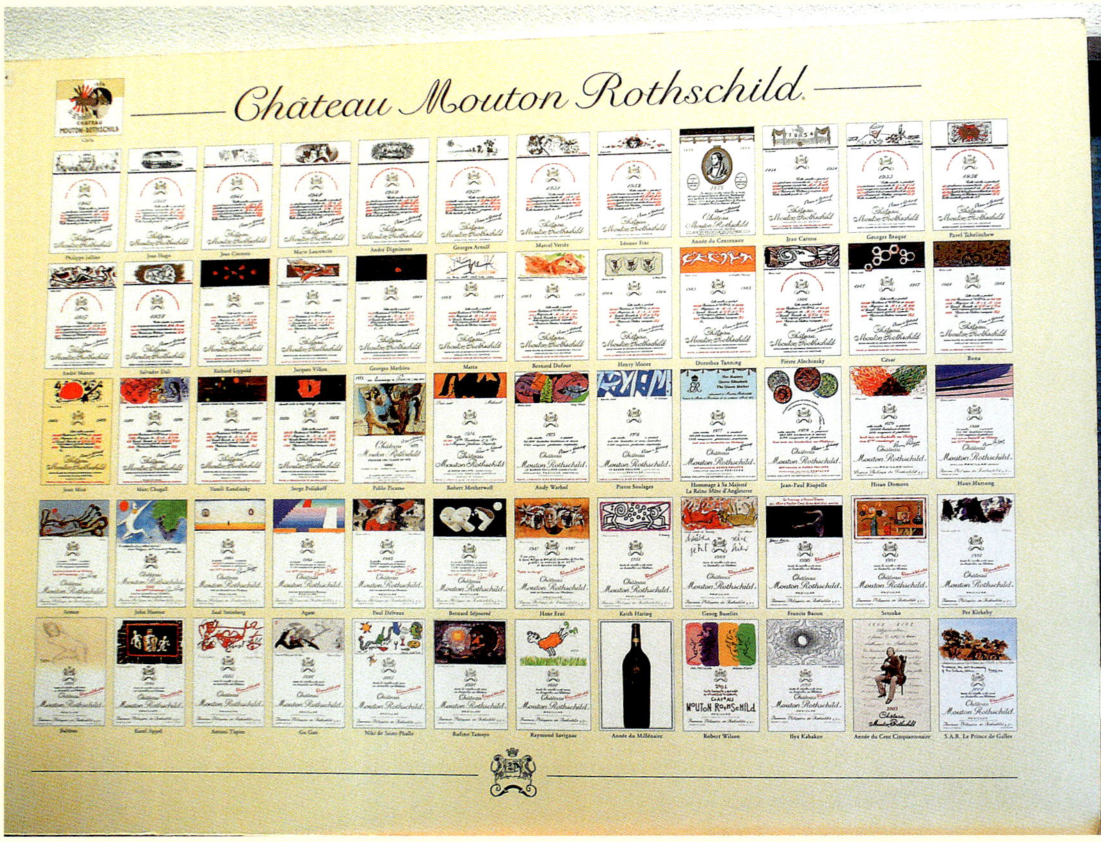
Château Mouton Rothschild

Château
Mouton Rothschild
PAUILLAC
1987 1987
Château
Mouton Rothschild
PAUILLAC
5L

FOR PHILIPPINE
ROBERT WILSON
2001
toute la récolte a été mise
en bouteilles au Château
CHATEAU
MOUTON ROTHSCHILD
PAUILLAC

CHÂTEAU MOUTON ROTHSCHILD

EIN LEBEN FÜR WEIN UND KUNST

Der Wein und die schönen Künste waren die beiden großen Passionen, die das Leben von Baron Philippe de Rothschild geprägt haben. Die Weine aus seinem Château Mouton-Rothschild in Pauillac inmitten des Medoc erlangten bereits einen Kultstatus, und daran hat nicht zuletzt auch die Bildende Kunst ihren Anteil. Seit dem Jahrgang 1945 bot er den berühmtesten Malern weltweit die Möglichkeit, ihre Kunst auf den Flaschenetiketten der Château-Mouton-Rothschild-Weine zu verewigen. Die Galerie der Flaschenetiketten ist gleichsam ein Who is who der Gegenwartskunst. Man findet dort Arbeiten von Malerfürsten wie Pablo Picasso, Marc Chagall, Andy Warhol, Wassily Kandinsky, Keith Haring, Salvadore Dali, Henry Moore oder Jean Cocteau, um nur einige zu nennen.

Die Etiketten seiner Flaschen waren seit jeher ein großes Anliegen von Baron Philippe de Rothschild. Als er das Weingut im Jahre 1922 überschrieben bekam, beendete er die in den Weingütern der Region übliche Praxis, den gesamten Wein eines Jahrganges in Fässern an Händler in Bordeaux zu verkaufen. Er beschloss – revolutionär in der damaligen Zeit – seine Weine selbst in Flaschen zu füllen und diese selbst zu vermarkten. „Mise en Bouteille au Château" ist seither Standard auch bei den übrigen Weingütern. Schon im Jahre 1924 zierte ein Etikett die Flaschen aus dem Château Mouton, das von Jean Carlu entworfen worden war und ein interessantes Beispiel der kubistischen Kunst liefert.

In der Klassifizierung der Weine der Gironde, die anlässlich der Weltausstellung 1855 vorgenommen wurde, waren die Weine des Château Mouton lediglich unter den „Seconds Crus" eingestuft, was Baron Philippe de Rothschild nicht ruhen ließ, eine Neuklassifizierung durchzusetzen. Es dauerte allerdings bis ins Jahr 1973, bis es soweit war, dass auch die Weine aus dem Château Mouton Rothschild als „Premier Cru" eingestuft wurden. Das einzige Mal übrigens, dass ein Weingut in Bordeaux neu bewertet wurde.

Nach dem Tod von Baron Philippe de Rothschild im Jahre 1988 trat seine Tochter Philippine das Erbe an. Sie ist genauso ambitioniert wie ihr Vater und führt den Betrieb mit großem Engagement weiter. Dieses Engagement und die ererbte Liebe zur Kunst fanden auch von der Regierung ihres Landes höchste Anerkennung. So wurde sie bereits zum „Ritter der Ehrenlegion" geschlagen.

Die Kunst findet auf Château Mouton Rothschild aber nicht nur auf den Flaschenetiketten statt. Im Weingut wurde schon im Jahre 1962 ein eigenes Museum eingerichtet. Im „Musée de Vin dans l'Art" (Museum für Wein in der Kunst) sind Schätze aus 45 Jahrhunderten, die von der Familie Rothschild seit mehr als 150 Jahren zusammengetragen wurden, zu sehen. Tausende Besucher kommen jedes Jahr als Einzelreisende oder in Gruppen in das Château, um den Mythos dieses Weingutes aus erster Hand zu erleben. Führungen werden in mehreren Sprachen angeboten, und kaum jemand verlässt das Château Mouton Rothschild, ohne eine Flasche Wein oder wenigstens eine Postkarte oder ein Plakat, auf dem die einzelnen Flaschenetiketten abgebildet sind, als Souvenir mitgenommen zu haben.

Es gehört schon zu den Glücksfällen, wenn man Gelegenheit bekommt, die unterirdischen „Schatzkammern" zu besichtigen, in denen Baronesse Philippine de Rothschild ihre edelsten Weine aus aller Welt aufbewahrt. Oder jenes Gewölbe, in dem die eigenen Weine aus den letzten 150 Jahren lagern.

Die Ausstellungsräume des „Museum of Wine in Art" sind im Herz des Weingutes, zwischen dem „Grand Chai" und dem „Vat Room".

Die Gründung von Château Mouton

Das Weingut Château Mouton, das im Jahre 1853 von Baron Nathaniel de Rothschild erworben wurde und seither im Familienbesitz steht, umfasst heute rund 82 Hektar Rebflächen in Paulliac, etwa 80 Kilometer nordwestlich von Bordeaux. Ursprünglich hieß das Weingut „Brane Mouton", es wurde erst vom neuen Besitzer auf „Mouton Rothschild" umbenannt. Unklar ist die Herkunft das Namens „Mouton". Eine Theorie leitet den Namen vom altfranzösischen „Mothon" her, was soviel wie eine „kleine Anhöhe" bezeichnet, eine andere besagt, der Name rührt von der französischen Bezeichnung für das Schaf her. Was plausibler erscheint, finden sich doch immer wieder Widder-Darstellungen im Zusammenhang mit Mouton Rothschild. Zuletzt auf der Etikette des Milleniums-Weines.

Die Weingärten des Château Mouton Rothschild liegen auf einer kleinen Kuppe, die etwa 30 Meter hoch ist. Der Boden besteht aus einer mächtigen Kiesauflage, die ihrerseits auf einem Kalksockel ruht. Auf diesem Boden sind die regionstypischen Rebsorten Cabernet Sauvignon, Merlot, Cabernet Franc und Petit Verdot gepflanzt, wobei die durchschnittliche Bepflanzungsdichte bei 8.500 Rebstöcken pro Hektar liegt. Der karge Schotterboden auf dem Kalksockel reduziert einerseits auf natürliche Weise die Erträge, fördert aber andererseits durch den begünstigten Wärmehaushalt des Schotterbodens eine frühere Reife der Trauben.

Die Traubenernte bei Mouton Rothschild

Bei großen Rebflächen wie jenen des Château Mouton Rothschild bedeutet es stets einen gewaltigen Aufwand, wenn im Herbst die Lese ansteht. Bis zu 200 Leser sind dabei im Einsatz. Zum Teil professionelle Erntehelfer, zum Teil aber auch Weinliebhaber, die aus der ganzen Welt anreisen, um einmal bei einem derartigen Ereignis dabei sein zu dürfen. „Bewaffnet" mit einer Schere und Handwägelchen, die die kleinen Lesekisten für die Trauben aufnehmen, werden die Rebstöcke abgeerntet. Es wird sehr sorgsam mit den Trauben umgegangen. Sie werden vorsichtig in die Kisten gelegt, um die Trauben möglichst nicht zu verletzen. Dabei geht es mitunter zu wie in einem Ameisenhaufen, aber bei aller Konzentration auf die Arbeit herrscht doch beste Stimmung. Es wird gesungen und gescherzt, und man ist sichtlich stolz, wenn die Arbeit zur Zufriedenheit geschafft worden ist. Sobald ein Weingarten abgeerntet ist, geht es per Bus-Konvoi zum nächsten.

Mittlerweile werden die gesammelten und gestapelten Lesekisten in den Weinkeller gebracht und per Hubstapler in den ersten Stock gehoben. Dort werden die Trauben vorsichtig gerebelt und die auf einem Förderband laufenden einzelnen Beeren noch von speziellen Arbeitern mehrfach nachsortiert, um auch die letzten Grünanteile und eventuelle Farbunterschiede zu entfernen.

Vom Erstwein Château Mouton Rothschild werden jährlich etwa 300.000 Flaschen produziert. Von der zweiten Linie des Weingutes, dem „Le Petit Mouton de Mouton Rothschild", werden 43.000 Flaschen pro Jahr gekeltert. Bei diesem Wein handelt es sich so wie beim „großen Bruder" um eine Cuvée aus Cabernet Sauvignon, Cabernet Franc und Merlot, wobei die prozentuellen Anteile je nach Charakteristik des Jahrganges unterschiedlich sein können.

Der „Petit Mouton de Mouton Rothschild" wird seit 1993 produziert, bekam aber erst im Jahr darauf diesen Namen. Zuvor wurde er nur schlicht „Zweiter Wein von Mouton Rothschild" bezeichnet. Die Trauben für diesen Wein stammen aus noch jungen Rebstöcken, die freilich mit der gleichen Aufmerksamkeit gelesen und vinifiziert werden wie die Trauben für den „Premier Cru".

1,2

Alte Rebstöcke bringen die Trauben für den optimalen Ausdruck des Terroirs

Einer der über 50 Jahre alten Cabernet Sauvignon-Rebstöcke, die auf dem für das Medoc charakteristischen kiesigen Boden wachsen. Bei den roten Trauben erreicht der Merlot als erstes die physiologische Reife, etwas später erfolgt dann die Vollreife der Cabernet Sauvignon- und Cabernet Franc-Trauben.

3,4

Der Weingartenmanager - Maître de culture

Meist wird aus organisatorischen Gründen der Lesebeginn an einem Montag festgelegt: „Aber der Kalender der Natur unterscheidet sich manchmal von unserer Wunschvorstellung. Wenn die Trauben reif sind, müssen wir mit der Ernte beginnen." Die Umsetzung mit den bis zu 200 Erntehelfern obliegt dann dem „Maître de culture", dem Weingartenmanager.

5

Mise de château – die wahren Schätze

Alte Rebstöcke sind die wahren Schätze jedes Kellermeisters, seine „Mise de château". Diese Reben sind die solide Basis für Weine, die das Reifepotenzial von Jahrzehnten in sich tragen. Wenn dann zur Erntezeit die Wettervorhersage für die nächsten Tage schlechtes Wetter und Regen ankündigt, sind es die Trauben von diesen wertvollen Stöcken, die zuerst geerntet werden.

6,7,8

Die Traubenernte

„Bewaffnet" mit einer Schere und Handwägelchen, die die kleinen Lesekisten für die Trauben aufnehmen, werden die Rebstöcke abgeerntet. Es wird sehr sorgsam mit den Trauben umgegangen. Sie werden vorsichtig in die Kisten gelegt, um die Trauben möglichst nicht zu verletzen.

1,2,3

Die Traubenernte – Les Vendanges

Um die Trauben von über 80 Hektar Weingärten abzuernten, erfordert es eine genaue Koordinierung der Erntehelfer. Es sind zum Teil professionelle Erntehelfer, zum Teil aber auch Weinliebhaber, die aus der ganzen Welt anreisen, um einmal dabei sein zu dürfen.

4

Proben der Traubenreife

Von jedem abgeernteten Weingartenblock wird eine Stichprobe der Trauben gezogen, um die Reife auch analytisch zu kontrollieren. Im Labor werden der Zuckergehalt, die Säuren und die Polyphenole bestimmt und die Werte an den Kellermeister weitergegeben.

9

Ein fröhliches Ernten

In den Weingärten geht es während der Traubenernte zu wie in einem Ameisenhaufen, aber bei aller Konzentration auf die Arbeit herrscht doch beste Stimmung. Es wird gesungen und gescherzt, und man ist sichtlich stolz, wenn die Arbeit zur Zufriedenheit geschafft worden ist.

10,11

Die Lesekisten und die Handwägelchen

Locker sind die Trauben in die Erntekisten gelegt, die in den kleinen Wägelchen (einzig bei Mouton Rothschild) zum Anhänger geführt werden. Mitarbeiter des Weingutes übernehmen die Kisten und beladen damit den Anhänger.

5,6

Konzentration der Beeren am Stock im Weingarten

Die Qualität eines großen Weines hängt von der Konzentration der Beeren am Rebstock ab. Ein alter Rebstock produziert gerade so viele Trauben, wie für eine Flasche Wein benötigt werden, dafür verfügen diese aber über mehr Körper und Fülle.

7,8

Die Rebsorten - Le Vignoble

Die Mouton Rothschild-Weingärten sind mit 77% Cabernet Sauvignon, 12% Merlot, 9% Cabernet Franc und 2% Petit Verdot-Reben bepflanzt.

12

Die Trauben werden zum Keller gebracht

Sobald ein Weingartenblock abgeerntet ist, werden die Trauben zum Keller geführt, und die Erntehelfer fahren im Bus-Konvoi zum nächsten Weingarten.

13,14

Stärkung im Weingarten

Zur Stärkung der Erntehelfer kommt ein Kleinbus mit der Jause in den Weingarten, bei 120 bis 150 Lesern ist die benötigte Menge an Baguettes, Käse, Schinken und Wasser entsprechend groß.

1

Die Trauben kommen ins Presshaus

Im Presshaus angekommen, werden die Leseboxen mit den Trauben an den Ort ihrer weiteren Verarbeitung, in den ersten Stock des Weinkellers, gehoben. Dort befinden sich die Sortierbänder und der obere Teil des Gärkellers.

2,3,4

Eine weitere Selektion der Trauben im Keller

Der Inhalt jedes einzelnen Kastens wird vorsichtig auf das laufende Band des Sortiertisches geleert. Zuerst werden die Trauben locker am Band verteilt und dann von 8 fleißigen Mitarbeitern sortiert, und mit kleinen Scheren werden mangelhafte Teile ausgeschnitten.

8,9

Die Sortiertische mit den ganzen Beeren

Jeder der Mitarbeiter im Sortierraum ist sich der Bedeutung der Sorgfalt seiner Auslese für die weitere Weinqualität bewußt.

10,11

Beere um Beere wird begutachtet

An jedem der 4 Sortierbänder arbeiten mindestens 10 Personen. Sie suchen nach mangelhaften Beeren, entfernen eventuell vorhandene kleine Laubstücke und überprüfen mit scharfem Blick jede Beere auf Unreife und Fäulnis. Alles was nicht perfekt ist, wird von flinken Fingern vom Band genommen.

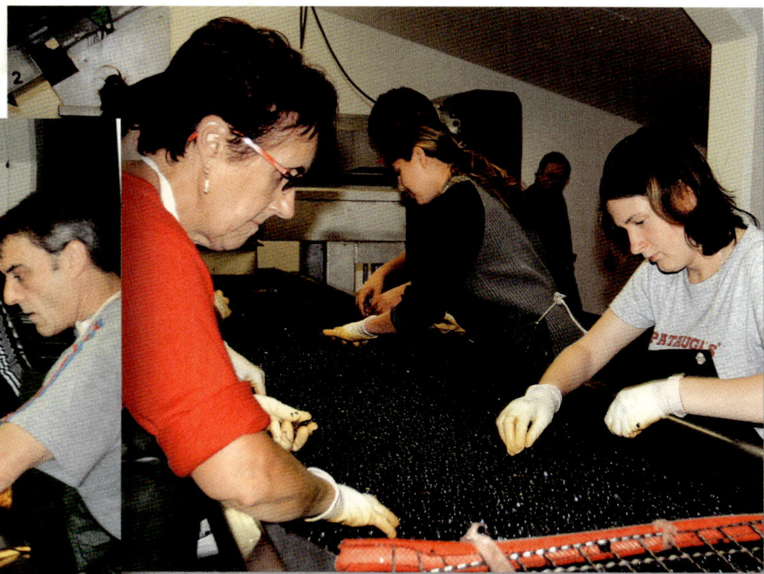

5,6

Die Sortiertische mit den ganzen Trauben

Bei den Sortiertischen mit den ganzen Trauben wird die letzte Auslese des Lesegutes durchgeführt und dadurch die Qualität des weiteren Weines festgelegt.

7

Entrappen der Trauben

Vor der nächsten Qualitätsselektion werden die Trauben entrappt, es werden dabei nur die Grünteile entfernt, und die Beeren bleiben unverletzt.

12,13

Ausgereift und ident in der Farbe sind die ausgewählten Beeren

Es ist ein wirkliches Vergnügen, das Förderband mit den Beeren, die für den zukünftigen Wein ausgewählt wurden, zu sehen. Bei diesem Ausgangsmaterial kann man seine Größe schon erahnen.

14

Die Beeren kommen zur Fermentation

Mittels der Schwerkraft werden die gesunden und reifen Beeren in den nächsten Raum befördert, und dort werden die hölzernen Gärständer von oben damit befüllt.

1

Le vinification et l'Élevage

Bei Châteaux Mouton Rothschild werden nur Gärständer aus Eichenholz zur Fermentation verwendet.

2,3

Der „Vat Room" – Holzgärständer zur Fermentation

Jeder Weingarten und einzelne Erntetag werden getrennt verarbeitet. Normalerweise dauert die alkoholische Gärung fast 2 Wochen. Die weitere Auslaugung (Mazeration) der Beerenhäute für intensive und langlebige Rotweine mit kräftigen Tanninen benötigt weitere 14 bis 21 Tage. Die Rebsorte, die Reife der Trauben, der Stil des Weines und die weitere Ausbauzeit bestimmen die Länge der Auslaugphase.

8,9

Der „Grand Chai", der Fasskeller für das 1. Jahr

Das Presshaus ist das Reich des Kellermeisters, des „Maître de chai", und seines Teams. Im „Grand Chai" werden die Barriques im ersten Jahr nach der Ernte gelagert. Die über 1.000 Fässer, die hier reifen, sind ein imposanter Anblick. Weinarchitektur, entstanden aus einer Mischung aus Funktion und Ästhetik.

10

Eine Weinprobe im Weinkeller

Für einen Weinliebhaber zählt eine Weindegustation in den ehrwürdigen Räumen, in denen der Wein reift, zu den schönsten Erlebnissen.

4,5

Eine lange Gärführung und Mazeration

Die langsame Gärung und eine lange Mazerationszeit, insgesamt 4–5 Wochen, bringen erst das wirkliche Potenzial des Jahrganges und des spezifischen Terroirs hervor.

6,7

Aération – Belüften der Weine

Das Belüften der Jungweine während der Gärung wird regelmäßig durchgeführt. Der Wein wird dabei in einen Edelstahlbehälter herausgelassen und dann wieder in den Gärständer über den Tresterkuchen gepumpt.

11,12

Die ersten 6 Monate

Die ersten sechs Monate lagern die Barriques mit dem Spundloch nach oben. Dieses wird nur durch einen Glasstopfen leicht verschlossen, damit die bei der Gärung entstandene Kohlensäure leicht entweichen kann.

13,14

Der Ausbau in den Barriques

Der Wein wird nach der Fermentation und Mazeration zügig in Barriques, kleine Holzfässer von 225 Liter, transferiert, wo er dann 19 bis 22 Monate lang reift. Für die Fässer wird ausschließlich neues Holz verwendet.

Im unterirdischen Weinkeller reifen die Fässer im 2. Jahr ihrer Fasslagerung. 18–22 Monate dauert die gesamte Ausbauzeit, während dieser Zeit werden die Weine alle vier Monate umgezogen.

Julien Pascal, Sohn von Baroness Philippine de Rothschild, und Rudolf Lantschbauer mit dem Buch: Mouton Rothschild „Museum of Wine in Art", einem der 100 besten Koch- und Weinbücher, ausgezeichnet beim Gourmand World Cookbook Award „Best of the Best 1996–2008" in Frankfurt 2008.

Lage, Boden und Rebflächen

Mouton Rothschild bewirtschaftet 82,66 ha (205 acres) Rebflächen, die zu 77 % mit Cabernet Sauvignon, 12 % mit Merlot, 9 % mit Cabernet Franc und 2 % mit Petit Verdot bestockt sind. Die Stockdichte liegt bei 8.500 Reben je Hektar und das durchschnittliche Alter der Reben bei 48+ Jahren.
Sowohl Château Mouton-Rothschild als auch das weiter nördlich an der Grenze zu Saint-Estèphe gelegene Château Lafite-Rothschild liegen auf einer bis zu 30 Meter hohen Kuppe. Die mehr als acht Meter mächtige Kiesauflage dieser Kuppe ruht auf einem Kalksockel. Dieser Deckenschotter stammt aus Ablagerungen der nahegelegenen Gironde, die zu Ende der Günz-Kaltzeit aus den Pyrenäen fluvoglazial angeschwemmt wurden.
Diese Bodenstruktur ist ideal für die Rebsorte Cabernet Sauvignon. Der karge Boden, die niedrigen Erträge und der durch den Kies begünstigte Wärmehaushalt tragen zu einer früheren Reife bei. Durch die Kiesauflage sind die Reben gezwungen, die Wurzeln sehr tief in den Boden zu treiben; das Angebot der Nährstoffe ist dabei vielfältiger und beeinflusst die Aromenvielfalt des Weins. Die Weingärten von Mouton-Rothschild verfügen auch über eine hervorragende Drainage zum Vallon du Poujalet hin.
Die Summe der förderlichen Elemente erklärt den hohen Anteil von Cabernet Sauvignon im Wein des Gutes.

Château Mouton Rothschild – die Vinifikation

Alkoholische Gärung/Fermentation: Nach einer strengen Selektion werden die Beeren nur mit Hilfe der Schwerkraft in die Holzgärbehälter gefüllt. Etwa 4 bis 5 Wochen dauert die Fermentation und Mazeration in den temperaturgesteuerten Holzgärständern (vats), wobei die reine alkoholische Gärung 5 bis 7 Tage bei Temperaturen zwischen 28° und 30°C dauert. Während der Extraktionszeit wird der Maischehut manuell untergetaucht.
Mazeration: 2 bis 3 Wochen.
Malolaktik: Nach der Mazerationszeit werden die Jungweine sofort in die Barriques umgezogen. Anfang Dezember ist die malolaktische Gärung in den Barriques beendet.
Verschnitt/Blending: Beginn der Selektion der Fässer und erster Verschnitt Ende Dezember.
Umziehen/Racking: Während der Fassreife alle 4 Monate von Barrique zu Barrique. Die leeren Fässer werden mit Wasser gereinigt und anschließend wieder befüllt. Das rasche Umziehen erfolgt, um die Trubstoffe der letzten Fermentation zu eliminieren.
Beim 2. Umziehen wird der Wein für die weitere Reifung dekantiert. Der Erfolg der weiteren Reife der Weine hängt von der Qualität des Umziehens von Fass zu Fass ab.
Fassreife: 18 bis 22 Monate in neuen Barriques. Im ersten Jahr im ebenerdigen „Grand chai" neben dem Museum, im zweiten Jahr der Fassreife im unterirdischen Fasskeller.
Klären der Weine/Fining: Traditionelles Klären mit Hühnereiweiß, keine Filtrationen.

Klassifikation o *Classification*
First Growth in 1973

Eigentümer o *Owner*
Baroness Philippine de Rothschild GFA

Weingärten o *Vineyards*
82,66 Hektar (205 acres)

Rebsorten o *Grape varietals*
77% Cabernet Sauvignon, 12% Merlot, 9% Cabernet Franc und 2% Petit Verdot

Bodenstruktur o *Soils*
Eine 8 Meter dicke Kiesauflage auf einem Kalksockel

Alter der Reben o *Average age of the vines*
48+ Jahre

Pflanzdichte o *Density of plantation*
8.500 Rebstöcke per Hektar

Hektarerträge o *Annual crop yield*
35–40 Hektoliter/Hektar

Weine o *Wines*
Châteaux Mouton Rothschild, Le Petit Mouton de Mouton Rothschild, Aile d'Argent

Jahresproduktion o *Annual production*
Châteaux Mouton Rothschild: 300.000 Flaschen
Le Petit Mouton de Mouton Rothschild: 43.000 Flaschen
Aile d'Argent (Weißer Bordeaux): 13.000 Flaschen

Technischer Direktor/Önologe o *Winemaker*
Philippe Dhalluin

Commercial Direktor o Commercial *Director*
Hervé Berland

Besuch im Weingut o Visiting policy, *Contact*
Führungen nach Vereinbarung (Tel.: +33 05 56 73 21 29 oder Fax: +33 05 56 73 21 28), Montag-Donnerstag, 9.30–11, 14–16 Uhr; Freitag, 9.30–11, 14–15 Uhr;
April bis Oktober: Jedes Wochenende und Feiertags geöffnet (für Besucher Führungen nur 9.30, 11, 14 Uhr und 15.30 Uhr)

Weinverkaufspreise o *Average price*
Variable nach Jahrgang zwischen € 125,-/800,-

Restaurant Weinkarte o *Winelist*
Weltweit in den besten Restaurants auf den Weinkarten

Vermarktung der Weine o *Distribution*
Vertrieb der Château Mouton Rothschild-Weine überall in der Weinwelt über/durch regionale Weinhändler

Besondere Jahrgänge o *Great recent vintages*
2006, 2005, 2003, 2002, 2000, 1998, 1996, 1995, 1989, 1986, 1982, 1945

Château Mouton Rothschild

F- 33 250 Pauillac, France
Tel.: +33(0)5 56 59 22 22,
Fax: +33(0)5 56 73 20 44
www.bpdr.com
e-mail: webmaster@bpdr.com

CHÂTEAU LAFITE-ROTHSCHILD WEINGUT SEIT 1707

PAUILLAC, BORDEAUX

Die Weine aus dem Château Lafite haben schon immer begeistert. Auch am französischen Hof in Versailles. So adelte schon König Ludwig XV. die Gewächse aus dem Château Lafite zum „Wein des Königs". Kein Wunder, dass diese Weine auch von seinen Mätressen, Madame de Pompadour und Madame du Barry, favorisiert wurden. Zu den großen Liebhabern des Château Lafite zählte auch der amerikanische Präsident Thomas Jefferson.

Ins Schwärmen geriet auch Emile Paynaud, der legendäre Doyen der französischen Weinwelt, bei einem Lafite-Tasting im Jahre 1977, bei dem die Jahrgänge von 1972 bis zurück ins Jahr 1906 verkostet wurden. Zum letzten Kostdurchgang wurden die Jahrgänge 1961, 1955 und schließlich 1906 aus dem Flaschenarchiv gebracht. Außen völlig verstaubt, der Inhalt aber voller Leben.

Den 1906er, den er zuvor noch nie verkosten durfte, beschrieb Paynaud in höchsten Tönen. „Mit diesem Jahrgang betreten wir eine neue Dimension von Weinen ebenso wie eine neue Dimension von Kellermeistern. Der Wein weist zwar Noten auf, die wir aus heutiger Sicht als kleine technische Fehler ansehen würden, aber das war damals der Weinstil dieser Periode. Mit seinem Charakter bringt der Wein die wundervollen Erinnerungen an die französische Belle Epoche zurück. Es ist einfach bemerkenswert und auch ein bewegender Moment, wenn man einen so alten und so gut erhaltenen Wein verkosten darf. Diese Weine sind wie Frauen, die in Schönheit gealtert sind. Vielleicht in wenig überlebt, etwas aus der Mode, aber immer noch von großer Klasse."

Für Emile Paynaud bedeutete es ein absolutes Privileg, diesen damals 70 Jahre alten Wein verkosten zu dürfen. „Einen guten 1955er oder einen guten 1961er kann man auch in anderen Weingütern des Medoc verkosten, aber einen Wein aus 1906 im Glas haben zu dürfen, ist wirklich ganz große Klasse. Nur wenige Güter sind in der Lage, einen Wein dieser Güte nach 70 Jahren zu präsentieren. Aber das ist Lafite. Der Wein ist möglicherweise heute besser, als er es jemals war, und gibt uns die Möglichkeiten, in die großen Mysterien des Weines einzutauchen. Angesichts solcher Weine sind wir ein wenig erstaunt, aber zugleich auch ein wenig gerührt."

Mehr gab es von Emile Paynaud über diesen Wein nicht zu sagen. Der Château Lafite 1906 sprach deutlich für sich selbst.

Es gibt nur wenige Weingüter, die auf eine so lange Geschichte zurückblicken können, wie das Château Lafite-Rothschild . Die erste urkundliche Erwähnung datiert aus dem Jahre 1234, seit dem 14. Jahrhundert ist Lafite als Lehensgut verzeichnet. Der Name des Besitzes soll sich vom gaskognischen „la hite" (kleiner Hügel) herleiten. Als Weingut ist das Château Lafite seit dem Jahr 1707 belegt. Der damalige Besitzer war die französische Adelsfamilie Ségur, die mit ihren Weinen sogar den Königshof in Versailles belieferte. In den folgenden Jahrzehnten wechselten die Besitzer des Weingutes mehrfach, bis es Baron James de Rothschild am 8. August des Jahres 1868 zum Preis von 4,4 Millionen Francs von Ignace-Joseph Vanlerberghe ersteigern konnte. Drei Monate später starb Baron James de Rothschild, ohne seinen neuen Besitz je gesehen zu haben. 1868 war aber auch in einer anderen Hinsicht ein bedeutsames Jahr. Für ein Fass Lafite – seit 1855 als Premier Cru eingestuft – wurde der Rekordpreis von damaligen 6.250 Francs erzielt. Nach heutigem Geld entspricht das 4.700 Euro. Erst Ende des 20. Jahrhunderts wurden bei den Primeur-Verkäufen noch höhere Preise lukriert.

Rekordpreise erzielen Weine aus dem Château Lafite auch regelmäßig bei Versteigerungen. So war bei einer Auktion von Christies im Jahre 1985 dem amerikanischen Verleger Forbes eine Flasche Château Lafite 1787 mit den Initialen des US-Präsidenten Thomas Jefferson 210.000 Euro wert.

Heute wird das Château Lafite bereits in fünfter Generation von Baron Eric de Rothschild geführt, und er setzt alles daran, die Tradition des Weingutes zu bewahren und Weine zu produzieren, die für ihre Qualität und Langlebigkeit weltberühmt sind. Seine Suche nach Perfektion zeigt sich nicht zuletzt darin, dass er seine Weingärten renovierte, Neupflanzungen anlegte und auch in den Weinkeller bzw. die Kellertechnik investierte. Baron Eric de Rothschild sieht sich selbst aber nicht als „Herr" über seinen Besitz: „Ich bin nur vorübergehend der Bewahrer des Château Lafite-Rothschild."

Im Besitz der „Domaines Baron de Rothschild" steht neben dem Château Lafite-Rothschild noch eine ganze Reihe weiterer Weingüter. So das Château Duhart-Milon-Rothschild in Pauillac, das Château L´Evangile in Pomerol und das Château Rieussec in Sauterns. Seit 1988 engagieren sich die Domaines Baron de Rothschild auch in Weingüter außerhalb Frankreichs. In das Weingut Los Vascos in Colchagua in Chile, in die Quinta do Carmo in Alentejo in Portugal und in die Bodegas Caro in Mendoza in Argentinien.

Zu den Produkten aus den Domaines Baron de Rothschild gehört seit den 1990er-Jahren auch ein eigener Cognac mit der Bezeichnung „Très Vieille Réserve". Für diesen Cognac, der zunächst nur für den Eigenbedarf der Familie Rothschild bestimmt war, wurden einige Fässer mit alten Destillaten von Trauben aus dem Bereich Les Bordieries aus den Jahren 1900 bis 1920 gekauft. Für dieses Steckenpferd der Rothschilds, das aus reiner Leidenschaft entstanden und dementsprechend exklusiv ist, muss man freilich tief in die Tasche greifen. Eine Flasche, die in einem kleinen Korb geliefert wird, kostet um die 300 Euro.

Die Schatzkammer von Lafite-Rothschild

Eine besondere Kostbarkeit des Château Lafite-Rothschild stellt die „Schatzkammer" des Weingutes dar. Die ältesten Weine reichen bis in die Zeit der französischen Revolution zurück, bis ins Jahr 1797, als Napoleon Feldzüge gegen Italien unternahm. Genau drei Flaschen dieses Jahrganges sind noch im Besitz des Weingutes. Sie gehören zu den ersten Flaschenfüllungen, die auf Château Lafite durchgeführt wurden, um den Ausbau des Weines in Flaschen zu erproben.

Insgesamt lagern dort etwa 1500 Flaschen, Jahrgänge bis herauf zum Ausbruch des Ersten Weltkrieges im Jahre 1914. Aber nicht nur Weine aus der eigenen Produktion werden dort aufbewahrt, sondern auch solche von anderen Gütern wie zum Beispiel dem Château Latour, Château Mouton oder Château Loville. Diese Schatzkammer ist heute praktisch ein Museum.

Nur noch selten wird noch einer dieser raren Weine aus dem Keller zu einer Degustation geholt.

Jüngere Jahrgänge ruhen im großen Keller, der sich zwischen den Weinlagern der einjährigen und zweijährigen Weinen befindet. Dieser große Keller fasst 25.000 Flaschen.

DOMAINES
LAFITE
CHÂTEAU
LAFITE ROTHSCHILD

Château Lafite-Rothschild

Das Château Lafite-Rothschild liegt in Pauillac an der Gemeindegrenze zu Saint-Estèphe und verfügt über eine Gesamtfläche von 178 Hektar, von denen 103 Hektar mit Rebstöcken bepflanzt sind. Diese Rebflächen erstrecken sich im Wesentlichen auf drei Lagen, deren Böden aus einer dicken Schotterschicht bestehen, die auf einem mächtigen Kalksteinsockel ruht. Bei den Lagen handelt es sich um jene, die um das Château angelegt sind, um jene in der Carruades Ebene und schließlich um einen kleinen Weingarten in St. Estèphe, deren Trauben gemeinsam mit solchen aus Pauillac verarbeitet werden dürfen. Die Flächen sind zu 70% mit Cabernet Sauvignon bepflanzt, zu 25% mit Merlot, zu 3% mit Cabernet Franc und nur 2% mit Petit Verdot. Das durchschnittliche Alter der Rebstöcke beträgt 30 Jahre, wobei die Trauben von jüngeren Stöcken – gemeint sind Stöcke, die jünger als zehn Jahre alt sind – nicht für die Grands Crus herangezogen werden. Das Durchschnittsalter der Rebstöcke beträgt demnach 40 Jahre.

Für das Weingut ist seit 1994 Charles Cuvelier verantwortlich, und ihm ist es zu verdanken, dass der Name Château Lafite noch immer genannt wird, wenn von den besten Weinen der Welt die Rede ist.

Die Weinlese erfolgt selbstverständlich von Hand, und es ist höchst amüsant zuzusehen, mit welcher Freude die Leser am Werk sind. Bei aller Ernsthaftigkeit der Arbeit bleibt Raum für Scherze, die Buttenträger scheinen die Last der Trauben nicht zu spüren und eilen singend durch die Reihen der Rebstöcke, und oben, auf dem Lesewagen, werden die Trauben peinlich genau selektioniert. Nur die wirklich besten Trauben kommen zur Weiterverarbeitung in den Keller. Das gilt für die Trauben der Premier Crus ebenso wie für den Zweitwein des Château Lafite, der seit den 80er-Jahren „Carruades de Lafite" genannt wird.

Der neue Barrique-Keller, den Baron Eric de Rothschild bauen ließ, ist eines der Prunkstücke des Weingutes. Es ging ihm darum, auf eine natürliche Weise ein Kellerklima zu schaffen, das mit seinen Temperatur- und Feuchtigkeitsbedingungen den traditionellen Weinkellern des Châteaus entspricht, um eine optimale Reifung des Weines zu gewährleisten. Für die Planung verpflichtete Baron Eric de Rothschild den katalanischen Architekten Ricardo Bofill, der außerdem die Auflage bekam, die Arbeitswege im Barrique-Keller zu verkürzen. Das Ergebnis war ein von Säulen getragenes achteckiges unterirdisches Gewölbe, in dem nun die 2000 Barrique-Fässer kreisförmig angeordnet sind, und wo in der Mitte eine freigestellte Arbeitsfläche liegt. Worin die Arbeitsersparnis durch die kreisförmige Anordnung der Fässer liegt, erklärt Baron Eric de Rothschild: „Viermal pro Jahr, wenn wir unsere Weine abziehen, müssen wir alle 2000 Fässer bewegen. In unserem neuen, runden Keller ersparen wir uns pro Fass eine Distanz von 50 Metern. Hochgerechnet auf alle Fässer ersparen wir uns somit 300 Kilometer im Jahr."

In dem Keller, der einen Durchmesser von 50 Metern aufweist, beenden die zweijährigen Weine des Château Lafite und der Carruades ihren Ausbau in den Eichenfässern, die übrigens aus der eigenen Küferei stammen.

Mit der kreisförmigen Anordnung der Barrique-Fässer im Keller hat Baron Eric de Rothschild ein bahnbrechendes Beispiel gegeben, das mittlerweile auch schon von anderen Betrieben kopiert wurde, die bislang lineale Anordnungen in ihren Fasskellern hatten.

Die Außenfassade des Kellergebäudes besteht aus zwei zueinander laufenden Mauern, die den Besucher zu einer mächtigen Tür führen, die den Weinkeller erschließt. An den Mauern ranken sich Weinreben hoch, so dass sich das Gebäude nahtlos in die umgebende Hügellandschaft einfügt.

1,2

Beginn der Traubenernte

Traditionell bestimmt der „Maître de chai" – der Kellermeister – den Erntebeginn, er entscheidet, welche Weingärten und Trauben zuerst gelesen werden. Bei den roten Trauben erreicht der Merlot zuerst die physiologische Reife, etwas später erfolgt die Reife der Cabernet Franc- und Cabernet Sauvignon-Trauben.

3,4

200 Erntehelfer in den Weingärten

Hunderte Erntehelfer aus allen Teilen Europas, den USA, Australien, Köche, Sommeliere, Weinbaustudierende, Lehrer, Studenten, Sänger und Geschichtenerzähler, alle kommen zur Traubenernte nach Pauillac.

5,6

Vom Lesekübel in die Butte

Die Traubenernte bei Lafite-Rothschild ist gut organisiert, ein Buttenträger betreut 8 Lesehelfer, die die vorselektionierten Trauben von den Rebstöcken schneiden. Es ist ein ständiges Befüllen und Ausleeren der Lesekübel.

7,8

Zügig geht die Traubenernte voran

Es herrscht eine ausgelassene Stimmung in den Weingärten, wenn die vielen Erntehelfer bei der Arbeit sind. Obwohl die Stimmung sehr fröhlich ist, werden die Trauben schnell und gewissenhaft von den Reben geschnitten.

1,2,3

Farbmarkierungen

Am Rand der Weingartenzeilen sind Farbmarkierungen angebracht. Diese weisen den Buttenträgern den Weg zum Einsammeln der geernteten Trauben.

4

Cabernet Sauvignon

Durch die Kiesauflage des Bodens im Medoc dringen die Wurzeln sehr tief in den Boden ein; das Angebot der Nährstoffe ist dadurch vielfältiger und beeinflusst die Aromenvielfalt des Weins.

5

Die Lesemannschaft

Wenn ein Weingarten abgeerntet ist, geht's mit den Bussen zum nächsten.
Das schöne Wetter muss für die weitere Ernte genützt werden.

10,11

Die Trauben kommen zum Presshaus

Die Weingärten liegen rund um den Weinkeller, sodass ein voller Anhänger mit den Trauben in kürzester Zeit zum Keller gebracht werden kann.

12,13

Rasches Verarbeiten der Trauben

Die Trauben werden in eine große Inox-Wanne geleert und dann mit einem kleinen Förderband zum Rebler zum Abbeeren transportiert. Alle Trauben werden vor der Fermentation gerebelt.

6,7

Selektionieren auf den Lesetischen

Auf jedem der Leseanhänger sind noch mindestens 4 Frauen damit beschäftigt, alle Trauben genau zu begutachten und alles, was den strengen Qualitätskriterien nicht entspricht, sofort auszusondern.

8,9

Ein routinierter Blick

Bei dieser Tischselektion wird die Qualität rigoros ausgesucht. In diesem Jahr waren die Reife und Gesundheit der Trauben hervorragend, das Ernten war ein Vergnügen.

14

Les chais d'élevage

Die Trauben aus den verschiedenen Weingärten, Bodenstrukturen und dem Alter der Rebstöcke werden getrennt vinifiziert.

15,16

L'élevage en Fût

Zu Beginn der Gärung wird der Most mehrmals täglich über den Maischehut gepumpt, solange, bis der ganze Zucker vergoren ist. Während der Hauptgärphase wird der Jungwein zweimal täglich mit viel Sauerstoff aus dem Gärständer gepumpt.

Eine eigene Tonnellerie

Die Küfer von Château Lafite-Rothschild stellen die Fässer und Gärständer selbst her, in denen der Wein für viele Monate reifen wird. Das ist ein wichtiger Schritt für die Qualitätssicherung der Weinherstellung.

Durch den technischen Charakter der Fassherstellung trägt der Küfer eine hohe Verantwortung, die Qualität der Barriques hängt von der Auswahl des Holzes, dem Aussortieren des Holzes während der Herstellung, der Feinarbeit bei der Vorbereitung der Fassdauben und der Sorgfalt beim Zusammenbau der Fässer ab.

Die Küferei befindet sich in Pauillac. Heute arbeiten dort fünf Küfer und stellen die 2.000 Barriques (225 Liter) her, die auf den verschiedenen Weingütern der Lafite-Rothschild-Gruppe benötigt werden.

Das Eichenholz wird zwei Jahre lang in Lafite luftgetrocknet, bevor es verarbeitet wird. Diese Autonomie erlaubt es, sowohl den geografischen Ursprung des Holzes und die Qualität des Trocknungsprozesses zu kontrollieren, als auch das Erhitzen des Holzes während des Zusammenbaus, mit dem, je nach Qualität des Weines, ein mehr oder weniger starker Holzgeschmack erzielt wird.

Château Lafite-Rothschild – die Weingärten

Die 103 Hektar (247 acres) Rebflächen von Château Lafite-Rothschild sind zu 70% mit Cabernet Sauvignon, 25% mit Merlot, 3% mit Cabernet Franc und 2% mit Petit Verdot bestockt. Die Stockungsdichte liegt bei 8.500 Reben je Hektar und das durchschnittliche Alter der Reben bei 30+ Jahren.

Bodenstrukturen: Die Weingärten liegen an der Grenze zu Saint-Estèphe auf einer bis zu 30 Meter hohen, natürlichen Kuppe. Die mehr als acht Meter mächtige Kiesauflage dieser Kuppe ruht auf einem Kalksockel. Dieser Deckenschotter stammt aus Ablagerungen der nahegelegenen Gironde, die zu Ende der Günz-Kaltzeit aus den Pyrenäen fluvoglazial angeschwemmt wurden.

Dieser spezielle Untergrund und die nach den Bodengegebenheiten ausgewählte Bepflanzung der Rebsorten erklärt den speziellen Charakter der Lafite-Rothschild-Weine, denn die gleiche Rebsorte ergibt, entsprechend den verschiedenen Standortbedingungen, einen anderen Wein.

Pflanzdichte der Reben: 8.500 Reben per Hektar.

Reberziehung und Rebkultivierung: Die Reben werden in der traditionellen „Girondine"-Erziehung mit je 2 Streckern

kultiviert. Mengenreduktion durch Ausbrechen von Knospen nach dem Austrieb und ein weiteres Reduzieren von Trauben am Weinstock im August, Freistellen der Traubenzone.

Traubenernte: 100% händisch, mit über 200 Lesehelfern. Die Trauben werden schon im Weingarten selektioniert, mehrmaliges Lesen jedes Weingartenblocks. Ein weiteres Sortieren der Trauben auf den Lesetischen direkt auf den Leseanhängern. Durch die kurzen Wege erfolgt ein rascher Transport der Trauben mit den Leseanhängern in den Weinkeller (chai).

Entrappen der Trauben: 100%.

Hektarerträge: 50 Hektoliter per Hektar.

Château Lafite-Rothschild - Vinifikation Cabernet Sauvignon

Alkoholische Gärung/Fermentation: Sehr schonender Transport der Maische beim Befüllen der Inox- und Holzgärbehälter. Etwa drei Wochen dauert die Fermentation und Mazeration in den temperaturgesteuerten Gärständern (vats), wobei die reine alkoholische Gärung 5 bis 7 Tage bei Gärtemperaturen zwischen 28° und 30°C. dauert. Während dieser Extraktionszeit wird der Maischehut zur besseren Auslaugung manuell untergetaucht. Regelmäßiges Belüften während der alkoholischen Gärung.

Mazeration: 2 bis 3 Wochen.

Malolaktik: Im Dezember ist die malolaktische Gärung beendet. Möglichst rasches Umziehen der Weine in die Barriques, um die Trubstoffe der letzten Fermentation möglichst rasch zu entfernen.

Fassreife: 20 bis 30 Monate in neuen Barriques im großen „Rundkeller“. Umziehen der Weine im ersten Jahr in Abständen von drei Monaten, im zweiten Jahr alle vier Monate.

Verschnitt/Blending: Beginn der Fass-Selektion und Verschnitt der Rebsorten im ersten Sommer nach der Ernte. Rebsortenanteil Grand Vin: Cabernet Sauvignon 80 bis 95%, Merlot 5 bis 20%, Cabernet Franc und Perdit Verdot 0 bis 3%.

Klären der Weine/Fining/Filtration: Traditionelles Klären mit Eiweiß (Gerbstoffschönung), eine leichte Filtration vor der Flaschenfüllung.

Klassifikation o *Classification*
Premier Cru Classé 1855

Eigentümer o *Owner*
Domaines Barons de Rothschild (Lafite)

Weingärten o *Vineyards*
103 Hektar (247 acres)

Rebsorten o *Grape varietals*
70% Cabernet Sauvignon, 25% Merlot, 3% Cabernet Franc und 2% Petit Verdot

Weine o *Wines*
Château Lafite-Rothschild, Carruades de Lafite

Alter der Reben o *Average age of the vines*
40+ Jahre

Pflanzdichte der Reben o *Density of plantation*
8.500 Rebstöcke per Hektar

Hektarerträge o *Average yield per hectar*
45 Hektoliter/Hektar

Jahresproduktion o *Annual production*
Château Lafite-Rothschild: 210.000 - 300.000 Flaschen
Carruades de Lafite: 240.000 - 300.000 Flaschen

Technischer Direktor/Önologe o *Winemaker*
Charles Chevalier

Besuch des Weingutes o *Visiting policy*
Besuche nur nach Vereinbarung von Montag - Freitag
Professionelle: 9.00 Uhr und 10.30 Uhr
Privatpersonen: 14.00 Uhr und 15.30 Uhr
Geschlossen an gesetzlichen Feiertagen und langen Wochenenden und von Anfang August bis Ende Oktober
Führungen in englischer und französischer Sprache
Die Besichtigung der technischen Anlagen mit anschließender Weinprobe ist kostenlos.
Fax: +33 5 56 59 26 83, e-mail: visits@lafite.com
Kontakt: Charles Chevallier (oder Cecilia Lesure)

Weinverkaufspreise o *Average price*
Variable nach Jahrgang zwischen € 150,-/750,-

Restaurant Weinkarte o *Winelist*
Weltweit in den besten Restaurants auf den Weinkarten

Besondere Jahrgänge o *Great recent vintages*
2005, 2003, 2002, 2001, 2000, 1999, 1998, 1996, 1995, 1990, 1988, 1986, 1985, 1983, 1982, 1959, 1953, 1875

Sales o *Vermarktung der Weine*
Im Weingut in Pauillac ist kein Direktverkauf, dafür aber in der „Maison du Tourisme et du Vin.
Vertrieb der Château Lafite-Rothschild-Weine überall in der Weinwelt über/durch regionale Weinhändler

Château Lafite-Rothschild

F- 33 250 Pauillac
Tel.: +33 05 56 73 18 18, Fax: 05 56 59 26 83

www.lafite.com
e-mail: visits@lafite.com

CHATEAU
20 05
d'YQUEM

Lur-Saluces
1893

CHÂTEAU D'YQUEM DER WEIN DER KÖNIGE

SAUTERNES, BORDEAUX

Es gibt Namen, bei deren Nennung den Freunden des Schönen und des Guten eine freudige Erregung befällt. Ein Kunstliebhaber mag entzückt sein, wenn er von den Exponaten im Pariser Louvre hört, ein Automobilist etwa bei der Erwähnung der Marke Bugatti und ein Weingenießer, wenn die Rede von den einzigartigen Süßweinen aus dem Château d'Yquem ist. Kein Wunder, begeistern diese Weine aus Sauternes bereits seit Jahrhunderten Generationen von Genießern.

Das Château d'Yquem wurde von Léon de Sauvage 1711 von der französischen Krone erworben und blieb bis zum Jahre 1999 im Familienbesitz. In diesem Jahr verkaufte Graf Alexandre de Lur Saluces den Besitz an den Luxusgüter-Konzern LVMH (Louis Vuitton Moët Hennessy), blieb aber noch bis 2004 an der Spitze des Managements des Weingutes, das übrigens das einzige des Bordelais ist, das anlässlich der Klassifikation von 1855 den offiziellen Status als „Premier Grand Cru Classé Supérieur" genießt.

Die höchsten Ansprüche, die im Châteu d'Yquem an die dort gekelterten Weine gestellt werden, sind auch für den neuen Direktor Pierre Lurton, der auch für das Weingut „Château Cheval Blanc" verantwortlich zeichnet, sowie die charmante Kellermeisterin Sandrine Garbay eine Verpflichtung, der sie mit höchstem Engagement nachkommen.

Sandrine Garbay, die an der Universität von Bordeaux Önologie studierte und 1998 die Nachfolge von Kellermeister Guy Latrille antrat, war damals die einzige Frau in der Region, die eine derartig verantwortungsvolle Position inne hatte. Sie sieht in ihrer Arbeit die Herausforderung, das über Jahrhunderte gewachsene Erbe mit moderner Kellertechnik zu verbinden.

In ihrer Arbeit kann Sandrine Garbay auf die für die Produktion von Süßweinen idealen natürlichen Voraussetzungen der Rebflächen bauen. Die Böden der 100 Hektar großen Weingärten, die zu 20 Prozent mit der Rebsorte Sauvignon Blanc und zu 80 Prozent mit Semillon bepflanzt sind, bestehen aus mehreren Schichten. Obenauf liegt eine Schicht aus Sand und Kies, darunter findet man eine feuchtigkeitskonservierende Schicht aus Lehm und Kalksteintrümmern, die ihrerseits auf einem massiven Kalksteinsockel ruht.

Neben den optimalen Bodenverhältnissen genießt das Château d'Yquem auch ein ideales Kleinklima für die Entwicklung des Edelpilzes Botrytis cinerea. Dieser Schimmelpilz durchlöchert die Beerenhaut, wodurch die Flüssigkeit in der Beere verdunstet und sich die Inhaltsstoffe konzentrieren.

Das Kleinklima ist durch die beiden Flüsse Garonne und Ciron geprägt, die dafür verantwortlich sind, dass im Herbst in den Morgenstunden stets dichter Nebel über den Weingärten des Sauternes liegt, der aber zur Mittagsstunde aber wieder von Sonnenschein aufgelöst wird. Laut Statistik verfügt Sauternes über 92 Nebeltage pro Jahr.

Die Erträge der Traubenernte auf Chateau d'Yquem sind erstaunlich niedrig. Im Durchschnitt werden acht Hektoliter pro Hektar erzielt. Mit anderen Worten: Aus den Trauben und Beeren eines einzelnen Rebstocks wird gerade ein Glas Château d'Yquem gekeltert.

1

Sauvignon Blanc und Semillon

Reife Trauben sind die Voraussetzung für einen großen Süßwein. In Sauternes sind Sauvignon Blanc und Semillon die Hauptsorten, die dafür verwendet werden.

2

Die Weingärten

Die traditionelle und sehr arbeitsintensive Methode ist, in mehreren Lesedurchgängen (tries) den Weinberg auf optimal vom Edelpilz Botrytis cinerea befallenen Trauben durchzukämmen, und nur die jeweils vollständig befallenen Trauben und Beeren werden herausgelesen.

3

Die Beerenselektion

Die noch gesunden Beeren verbleiben am Stock, um eine höhere Zuckerkonzentration zu erreichen.

4

Der Edelpilz
Der Edelpilz Botrytis cinerea in seiner schönsten Form.

5,6

Die Lesemannschaft
In mehreren Durchgängen werden jeweils die vollständig befallenen Trauben herausgelesen – oder sogar nur einzelne Beeren mit der Schere oder mit den Fingern herausgepflückt.

7

Die idealen Trauben für edelsüße Weine
Den richtigen Zeitpunkt für das Ernten der Botrytistrauben (Noble Rot) zu wählen, ist von großer Bedeutung. Wenn die Beeren zu früh geerntet werden, ist die Zuckerkonzentration nicht hoch genug. Wird zu spät geerntet, können die Beeren schon verdorben sein.

Château d'Yquem
Lur-Saluces
1989

hâteau d'Yquem
Lur-Saluces
1929
EN BOUTEILLES AU CHÂTEAU
APPELLATION CONTROLÉE
âteau d'Yquem
Lur-Saluces
1937
EN BOUTEILLE AU CHÂTEAU

Die Reife der Botrytistrauben

Die Reben werden im Winter schon sehr stark zurückgeschnitten, damit die wenigen Trauben am Stock im Herbst eine möglichst hohe Zuckerkonzentration erreichen. Es sind aber der Himmel und das Wetter, die letztendlich über das „Sein oder Nichtsein" eines Jahrganges entscheiden. Mindestens 14% potenzielle Alkoholgrade (21,5°KMW, 107,2° Öchsle) sollen die Trauben schon erreicht haben, wenn der Botrytispilz seine Arbeit aufnimmt. Wenn die Trauben so reif sind und die Botrytis einsetzt, schätzt man, dass die Ernte 30 bis 35 hl/ha erbringen kann. Es gab wärmere Jahre, da hatten die Trauben beim Einsetzen der Botrytis schon eine Reife von 16vol% (25,5°KMW/124,4°Öchsle) erreicht.

Wenn der Botrytispilz sich zu entwickeln beginnt, werden die Flecken auf den Beerenhäuten größer, und sie färben sich rosa. Die Sporen des Botrytispilzes beginnen sich zu vermehren und durchlöchern die Beerenhaut. Die Beeren schrumpfen ein und werden „rosinenartig". Bei der Lese werden nur die mit Botrytis befallenen Beeren herausgesucht. Das Ziel ist, die ganze Ernte mit potenziellen 20vol% Alkohol zu lesen.

Die Traubenernte

Wie werden diese Botrytistrauben geerntet? Es ist eigentlich kein Abschneiden der Trauben, sondern vielmehr ein Pflücken der Beeren. Ein sorgfältiges Auslesen, bei dem jede Traube einzeln überprüft wird. Je nachdem, wie weit das Werk des Pilzes auf jeder Traube oder vielmehr jeder einzelnen Beere gediehen ist. Mehrere Lesedurchgänge, durchschnittlich fünf bis sechs, werden für das Einsammeln der einzelnen Beeren gerechnet. Die Ernte zieht sich oft bis zum November hin. Das Ernten geht sehr langsam vor sich, es werden immer nur die mit dem Botrytispilz überzogenen Teile aus den Trauben herausgeschnitten.

Die Trauben werden in einigen Durchgängen in kleine Körbe gelesen und kommen darin in den Keller. Bis zu 140 Personen sind für 2 Monate mit der Lese beschäftigt. Man kann nicht jeden Tag ernten, manchmal dauert es einige Tage, bis wieder ein Teil der Traube vom Botrytispilz befallen ist. Jeder Leser liest immer ein 100-Meter-Stück des Weingartens, dabei kann er viel oder ganz wenig ernten. Aber nur in Ausnahmefällen ist der Korb voll. An Ort und Stelle werden die Traubenteile, die auch mit der Grau- und Grünfäule befallen sein können, aussortiert.

Wenn alles optimal verläuft, ernten 140 Leser an einem Tag die Trauben für 3 bis 10 Barriques. Wenn es sehr gut geht, können es auch 20 Fässer sein. Das letzte Mal geschah dies bei der Ernte 1990, da war das Wetter für die Ausbreitung des Edelpilzes Botrytis cinerea besonders günstig, da wurden an einem Tag die Trauben für 50 Barriques gepflückt.

Die Semillon- und Sauvignontrauben haben bei der Lese eine Gesamtsäure zwischen 8,5 und 9,2 g/l.

Im Weinkeller

Im Keller angekommen, werden die Beeren gequetscht. Durch das selektive Pflücken gibt es sehr wenig Stängel, und beim Pressen mit den traditionellen, hydraulischen Korbpressen werden diese verbleibenden Stängel nicht entfernt. Drei der neuen Stempelpressen mit den Edelstahlkörben sind im Einsatz, das System ist erprobt, die Materialien der neueste Stand der Technik. Die Trauben werden ohne eine Maischestandzeit weiterverarbeitet. Das Pressen ist das wichtige Stadium für die weitere Qualität. Beim ersten Druck wird nur ein Durchschnittswert des Zuckergehaltes erreicht. Je stärker der Druck, desto höher die Zuckerkonzentration. Damit auch die eingeschrumpften Beeren das Saftkonzentrat abgeben, braucht es einen höheren Pressdruck. Nach dieser ersten Pressung erhält man ein Testresultat. Wenn der Most nicht konzentriert genug ist, werden die Leser angewiesen, die Beeren noch konsequenter auszulesen. Wenn der Most sehr intensiv ist, können auch einige frischere Beeren zugegeben werden.

Jeder Presskorb wird dreimal gepresst, nach jedem Durchgang muss wieder aufgelockert werden. Mit dem ersten Pressdurchgang werden 70% des Saftes gewonnen. In einem speziellen Zylinder wird der Presskorb aufgescheitert, zerkleinert und gelockert. Die Stängel werden dabei aussortiert. Beim ersten Pressdruck besteht noch keine Gefahr, dass man die Stängel beschädigt. Die zweite Pressung ist stärker, und dadurch würde man den Stängelgeschmack in den Most bekommen. Jetzt kommen 30% des Saftes, beim ersten Teil der zweiten Pressung ist die Zuckerkonzentration auch schon höher. Vor der dritten Pressung wird der Presskuchen noch einmal aufgelockert. Bei der dritten Pressung verfügt der Most über eine Konzentration von 500 g/l Zucker.

Es gibt Tage, an denen nur Semillon und Sauvignon Blanc geerntet werden. Die Rebsorten werden zuerst getrennt vergoren und ausgebaut. Es sind immer 80% Semillon und 20% Sauvignon blanc, die für den Yquem verwendet werden. Der Sauvignon Blanc bringt vielfältige Aromen in die Cuvée.

Die Moste fließen in einen unterirdischen Tank. Am Abend, wenn alle Pressen fertig sind, kommt der gesamte Most des Tages in die Barriques zur Gärung. Aus Gründen der Vorsicht wird an den ersten beiden Erntetagen dem Most ein wenig Schwefeldioxid zugesetzt, 3 g/hl – nachher nicht mehr.

Die Gärung

Direkt neben dem Pressraum liegen die Räume, in denen die Gärung in den Barriques stattfindet. Für die Gärung werden nur neue Barriques eingesetzt. Die Gärung soll durch die natürlichen Hefen einsetzen. Drei bis sechs Wochen dauert dann die Gärung. Sie endet spontan: Bei ungefähr 14vol% Alkohol hört die Gärung von selbst auf. Der Zuckerrest liegt dann zwischen 120 und 130g/l. Die einzelnen Fässer verfügen fast immer über 13,5 bis 14vol% Alkohol.

1

Die Infektion der Trauben mit dem Edelpilz

Neben den optimalen Bodenverhältnissen genießt d'Yquem auch ein ideales Kleinklima für die Entwicklung des Edelpilzes Botrytis cinerea. Das Kleinklima ist durch die Flüsse Garonne und Ciron geprägt, die dafür verantwortlich sind, dass im Herbst in den Morgenstunden stets dichter Nebel über den Weingärten des Sauternes liegt.

2,3

Grains rôtis, die Botrytis-Trauben

Dieser Schimmelpilz durchlöchert die Beerenhaut, wodurch die Flüssigkeit in der Beere verdunstet und sich die Inhaltsstoffe konzentrieren. Geerntet werden nur vollständig von der Edelfäule Botrytis cinerea befallene Trauben und Beeren, die im Sauternes „grains rôtis" (engl. „Noble Rot") genannt werden.

4,5

Viel händische Arbeit

Durch die Botrytis wird der Zucker (Süße), die Säuren und alle Geschmackselemente im Saft der Beeren stark konzentriert. Der Botrytispilz bringt auch ein spezielles Aroma mit, das für diese hochkonzentrierten, edelsüßen Weine charakteristisch ist.

6,7

Mehrere Lesedurchgänge

Wie viele Lesedurchgänge (tries) nötig sind, richtet sich nach dem Jahr und dem Wetter: manchmal sind es nur drei bis sechs Lesedurchgänge, in anderen Jahren mussten die Leser elfmal über einen Zeitraum von acht bis 10 Wochen durch die Weingärten streifen, um die Ernte dieses Jahres zum Keller (chai) zu bringen.

1

Der Gärkeller (chai)

Im alten Weinkeller angekommen, werden die Beeren sofort weiterverarbeitet. Durch das selektive Pflücken gibt es sehr wenig Stängel, und beim Pressen werden die Stängel nicht entfernt.

2,3

Das Pressen der Trauben

Drei der neuen vertikalen hydraulischen Stempelpressen mit den Edelstahlkörben sind im Einsatz. Das System ist erprobt, die Materialien der neueste Stand der Technik, und sie verfügen über eine elektronische Steuerung.

8,9

Gärung in neuen Barriques

Wenn höchste Qualität als Maßstab gilt, dann geht es nicht ohne mehrfaches Lesen. Durchschnittlich sind es 6 Lesedurchgänge, die notwendig sind, um alle Trauben zu ernten. Angestrebt wird eine Mindestreife von 20 vol% Alkohol (31°KMW/161,9°Öchsle), 1145 Dichte.

10

Natürliches Klären durch Umziehen der Weine

Der Most aus den einzelnen Tagesernten und Pressungen wird ohne vorhergehende Klärung direkt in die neuen Barriques gefüllt. Die Gärung beginnt spontan – nur mit den eigenen Hefen – bei einer Temperatur von 18°–20°C.

4,5

Liquid gold – der goldene Saft glänzt im Sonnenlicht

Das Pressen von Botrytistrauben ist eine harte und zeitaufwändige Arbeit. Die Trauben kommen als Ganzes in die Presse, sie werden weder gerebelt noch gequetscht. Die hochkonzentrierten Trauben kleben fest zusammen, sodass man mit viel Druck und langen Presszeiten arbeiten muß, um überhaupt den Saft herauspressen zu können. Der Presskuchen muss oftmals aufgelockert werden, immer wieder gepresst, nur so erhält man das „Flüssige Gold".

6,7

Maitre de Chai

Sandrine Garbay, Maitre de Chai im Chateau d'Yquem.

11,12

Der Lagerkeller im 1. Jahr

Für 10 Monate bleiben die Einheiten der Tagesernten getrennt in den Barriques. Jeder Lesetag als eigene Einheit, so wie die Trauben gelesen wurden. Alle drei Monate werden die Weine vorsichtig, von Fass zu Fass, umgezogen. Im ersten Jahr der Fassreife wird ein Glaspfropfen verkehrt auf das Spundloch gelegt.

13

Der neue Château d'Yquem Jahrgang reift

Das Resultat des langen Gärverlaufs und des Ausbaus in kleinen Fässern ist ein Wein mit intensivem Duft und Geschmack und mit geschmeidiger, öliger Konsistenz, wie er auf andere Art nicht entstehen kann.

1,2,3

Der neue Stil des Yquem

Sandrine Garbay kam im Jahr 1994 zu Yquem und arbeitete dann 3 Jahre gemeinsam mit Guy Latrille, dem früheren Kellermeister, bevor sie selbst diese verantwortungsvolle Tätigkeit übernahm. In dieser Zeit hat sie begonnen, den Ausbaustil des Yquem zu „verjüngen".

4

Der Yquem wurde jugendlicher und „femininer"

Die Kellermeisterin entwickelte eine eigene Methode, mit der die Gärung in den Barriques früher einsetzt und die Reifezeit in den Fässern verkürzt wird. Das Ergebnis: der Stil des Yquem wurde jugendlicher und „femininer", und die Größe der Weine zeigt sich schon früher. Die von ihr verantworteten Yquem-Jahrgänge seit der Ernte 1998 sind durchwegs sehr subtile, goldschimmernde, edelsüße, vollmundige und blumenduftige Weine.

5

Yquem und cuisine

Die internationalen Küchen haben sich verändert. Wurden früher edelsüße Weine meist zu Desserts oder als harmonischer Weinbegleiter zum absoluten Klassiker „foie gras", Gänseleber, oder Blauschimmelkäse gereicht, so ist die Bandbreite der Geschmacksharmonien wesentlich breiter geworden.

6,7

Französische und asiatische Küche

Pochierte Eier, serviert mit Ostera Kaviar, einer geräucherten Entenleber, verschiedenen Pasteten, gebratenen Hühnchen, Enten, Tauben oder Wachteln, Fasan oder anderen Wildvögeln, sind ideale Speisepartner für ein Glas Yquem. Auch zu asiatischer Küche ist der Yquem ein perfekter Begleiter.

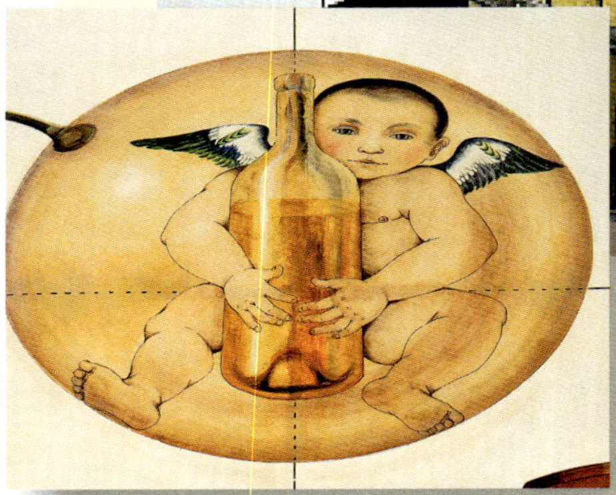

Michel Lablais gestaltete die Wandmalereien des Saint Vincent im Wirtschaftskeller von Château d'Yquem.

Jede einzelne Flasche wird zum Schutz der Etiketten einzeln in Seidenpapier gewickelt, bevor sie in die Holzkisten gelegt werden.

Château d'Yquem: Der Barriqueausbau

Die Barriques von vier Fassbindereien kommen zum Einsatz: Seguin Moreau, Demptos, Taransaud und eine kleine Tonnellerie aus der Region. Diese Tonnellerien liefern seit Jahrzehnten an das Château d'Yquem, sie wissen, welchem Anspruch sie gerecht werden müssen, und passen auf, nur das Beste zu liefern.
Die Weine bleiben dreieinhalb Jahre in den Barriques, die meisten Tannine werden durch das Holz schon bei der Gärung ausgelaugt. Das Toasting der Fässer soll deshalb nicht zu stark sein.
10 Monate bleiben die Einheiten getrennt in den Barriques. Jeder Lesetag als einzelne Einheit, so wie die Trauben gelesen wurden. Alle drei Monate werden die Weine vorsichtig umgezogen. Um gleich einen Oxidationsschutz zu haben, wird beim ersten Umziehen nach der Gärung die erste Schwefelung vorgenommen. Zu Beginn der Fassreife wird der Wein mit 150 mg/l aufgeschwefelt.
Im Mai, nach 8 Monaten der Fassreife, ist der Zeitpunkt gekommen, wo die Verkostungen der einzelnen Fässer beginnen. Die Proben der einzelnen Lesetage werden nummeriert, damit die Koster nicht wissen, ob von diesem Tag viele oder nur wenige Barriques vorhanden sind. Nach 14 Tagen findet dieselbe Verkostung statt, drei bis vier dieser Degustationen werden durchgeführt, dann kennt man das Qualitätsniveau der Weine der einzelnen Erntetage.
Nach dem zweiten Jahr der Reife werden die Fässer in den tiefer gelegenen Hauptkeller umgelagert. Auch dort werden die Fässer nur mit den Glasstoppeln verschlossen. Insgesamt drei Jahre dauert die Fassreife. Während dieser Zeit wird der Yquem alle 3 Monate von Fass zu Fass umgezogen (bis zu zehnmal), und wegen des hohen Eiweißgehaltes von edelsüßen Weinen wird, wenn notwendig, auch geschönt. Aber nur, wenn nicht in den 2 Wintern zuvor das Eiweiß auf natürliche Weise ausfällt und als Depot im Fass verbleibt.
Vor der Flaschenfüllung wird noch eine grobe Filtration durchgeführt. Nach der Flaschenfüllung ist der Wein leicht tanninbetont, diese momentan vorherrschenden Aromen binden sich im Lauf der Zeit wieder ein.
Bei Château d'Yquem strebt man bei der Lese einen Reifegrad von 20° Baumé an, sodass nach der Gärung im Wein etwa 14 Prozent Alkohol und etwa 6° Baumé an Restsüße verbleiben. Bei diesem Alkoholgehalt stellt der Wein von selbst die Gärung ein.
„Der Yquem ist ein einzigartiges Konzentrat, er entwickelt sich sehr langsam, und er altert sehr langsam. Wenn man ihn zu schnell von der Luft abschneidet, stoppt man dadurch den Reifeprozess. Manchmal dauert es sehr lange, bis sich die Sedimente absetzen. Je länger er in den Barriques bleibt, desto besser kann man auf natürliche Art diese Absonderungen geschehen lassen. Der Wein nimmt auch über der Barrique Sauerstoff auf, und das garantiert ein viel längeres Alterungspotenzial", erklärt Pierre Lurton, Directeur Général von Château d'Yquem.

Klassifikation o *Classification*
First Growth in 1855

Eigentümer o *Owner*
LVMH – Louis Vuitton Moët Hennessy

Weingärten o *Vineyards*
124,51 Hektar (308,8 acres)

Rebsorten o *Grape varietals*
80% Semillon, 20% Sauvignon Blanc

Weine o *Wines*
Châteaux d'Yquem, „Y" (trockener weißer Bordeaux)

Alter der Reben o *Average age of the vines*
30 Jahre (jedes Jahr werden 3 Hektar Weingarten ausgerissen und neu gepflanzt)

Pflanzdichte o *Density of plantation*
6.500 Rebstöcke/Hektar

Hektarerträge o *Average yield per hectar*
8 Hektoliter/Hektar

Jahresproduktion o *Annual production*
Châteaux d'Yquem: im Jahresdurchschnitt 110.000 Flaschen
"Y": Ein trockener weißer Bordeaux, der nicht alle Jahre produziert wird. Der erste Jahrgang wurde 1959 gekeltert.

General Direktor o *Director*
Pierre Lurton

Önologin/Kellermeisterin o *Maitre de Chai*
Sandrine Garbay

Technischer Direktor o *Technical Director*
Francis Mayeur

Besuch des Weingutes o *Visiting policy*
Besuche im Chateau d'Yquem nur nach schriftlicher Vereinbarung für alle Freunde von Yquem, Sammler, Brooker, Journalisten und Händler, Besuche Montag – Freitag um 14.00 und 15.30 Uhr.

Weinverkaufspreise o *Average price*
Variable nach Jahrgang zwischen € 150,-/800,–

Restaurant Weinkarte o *Winelist*
Weltweit in den besten Restaurants auf den Weinkarten

Besondere Jahrgänge o *Great recent vintages*
2005, 2003, 2001, 1999, 1998, 1997, 1995, 1990, 1989, 1988, 1986, 1983, 1976, 1975, 1967, 1962, 1959, 1955, 1947, 1945, 1943, 1938, 1937, 1934, 1929, 1928, 1926, 1924, 1921, 1909, 1906, 1904, 1899, 1896, 1874, 1847 (einer der größten Weine des 19. Jahrhunderts)

Château d'Yquem

F- 33 210 Sauternes, France
Tel.: +33(0)5 57 98 07 07, Fax: +33(0) 5 57 98 07 08
Contact: Valérie Lailheugue

www.yquem.com
e-mail:info@yquem.com

Bei der Weinbereitung setzte Luis Kracher auf „KISS“,
die Kurzform für sein „Keep it simple system“,
oder halt burgenländisch: „So einfach wie möglich.“

DER WEINLAUBENHOF KRACHER IN ILLMITZ

Fährt man vom Fuß der Parndorfer Platte über Podersdorf nach Illmitz, führt eine malerische, von Bäumen gesäumte Straße direkt hinein in den Seewinkel, den etwa 20 Kilometer breiten Landstreifen entlang dem Ostufer des Neusiedler Sees. Das Gebiet ist eine schier endlose Ebene, die mit zahlreichen kleinen und großen Lacken durchsetzt ist. Das pannonisch-kontinentale Klima sorgt hier für heisse trockene Sommer und sehr kalte Winter. Durch die riesige Wasserfläche des Neusiedler Sees werden die Extreme der Witterung gemildert, es entsteht ein ganz spezifisches Kleinklima, das große Bedeutung für den Süßweinanbau hat. Durch die Verdunstung entstehen im Herbst oft Abendnebel, die sich bis in den Vormittag des nächsten Tages hinein halten und dann schnell von der kräftigen Herbstsonne aufgetrocknet werden. Dieser feuchtwarme Witterungswechsel ist Voraussetzung für die Botrytis cinerea, die Edelfäule, die hier am See fast jährlich die Traubenbeeren befällt und dadurch phantastische Süßweine ermöglicht.

Im Herzen des Seewinkels liegt die Weinbaugemeinde Illmitz, deren Besucher am Ortseingang vom Schild „Illmitz – Boden der Weltmeister" empfangen werden. Im Zentrum des Ortes betrieb die Familie Kracher schon vor dem Zweiten Weltkrieg ein kleines Gut mit gemischter Landwirtschaft. Alois Kracher, der Senior, wurde 1929 in die kinderreiche Bauernfamilie hineingeboren.

Mitten in den Wirren des 2. Weltkrieges musste Alois mit 16 Jahren als einzig anwesender Mann der Familie die gesamte Ernte einbringen. Bald übernahm er den Betrieb allein. Ende 1950 heiratete er seine Frau Maria, und fortan bewältigten die beiden über Jahrzehnte hinweg gemeinsam die anfallenden Arbeiten. 1951 und 1959 wurden die Söhne Rudi und Alois geboren.

Früh schon setzte Vater Kracher mehrheitlich auf die Karte Wein. Er war fasziniert von der Natur, den Reben, dem Vegetationsverlauf und von der Weinbereitung. Autodidaktisch vervollkommnete er seine Kenntnisse in der Weingartenpflege und in der Vinifikation. Prämierungen und Goldmedaillen auf Landes- und Bundesebene drückten die große Anerkennung für die Weine des „Selfmademannes" aus. Anfang der 70er-Jahre entschied sich Alois Kracher, seinen Familienbetrieb ganz auf Weinbau umzustellen. Sohn Rudi studierte mittlerweile Jura in Wien, wo der promovierte Jurist auch heute noch arbeitet und sich aus der Ferne sehr für die Belange des Weinlaubenhofs interessiert.

Schon während seiner Ausbildung in der Pharmaindustrie arbeitete Alois tatkräftig im elterlichen Betrieb mit und zeichnet seit dem Jahr 1981 für die Weine mitverantwortlich. Noch Ende der 80er-Jahre wurde seine Vision belächelt, wenn er behauptete, dass die Seewinkel-Weine zur absoluten Weltspitze im Süßweinbereich gehören könnten. 1991, mit einem der größten Süßweinjahrgänge dieses Jahrhunderts, gelang dann Kracher der endgültige Durchbruch; die „amerikanische Karriere" von Fast-Quereinsteiger Alois nahm ihren rasanten Anfang. Ab Herbst desselben Jahres widmete er sich ausschließlich seinen Weinen. Jancis Robinson schrieb im renommierten „Wine Spectator": „Kracher is playing with the big boys", und für das Grande Cuvée 1991 wurde er in London zum „White Winemaker of the Year" gekürt. Seine anhaltend großartigen Leistungen erlebten 1995 den absoluten Höhepunkt. Nach langem inneren Ringen entschied sich Alois, nicht große Mengen eines einzigen Weines zu vinifizieren, sondern 15 unterschiedliche Trockenbeerenauslesen zu keltern. „Wann erhalte ich noch einmal eine solche Gelegenheit, mit einer einzigen Ernte soviel lernen zu können?"

Der Erfolg gab ihm auf der ganzen Linie Recht. Erstmals wurde eine Süßweinserie bei Robert Parker, dem wohl einflussreichsten Weinjournalisten unserer Zeit, im Detail beschrieben. Die Weine erreichten alle über 90 Punkte, eine Sensation. Trotz all den Auszeichnungen und Ehrungen blieb Kracher eben „der Luis aus Illmitz", ein Realist, der mit beiden Füßen auf dem Boden stand. „Ich hatte viel Glück. Einerseits durfte und konnte ich auf dem Können und der Vorarbeit meines Vaters aufbauen, andererseits war das internationale Interesse an hochqualitativen Süßweinen noch nie so groß wie Ende des vorigen Jahrhunderts."

Alois Kracher schwamm mit seiner Experimentierfreudigkeit immer gegen den Weinfluss der Zeit. Als sich Manfred Krankl, der erfolgreiche Österreicher in Kalifornien, und Luis das erste Mal trafen, wurde auf Anhieb klar, dass ein gemeinsames, möglichst verrücktes Projekt entstehen musste. 1998 pachteten die beiden Winemaker Weingärten mit der Absicht, unter dem Namen „Mr. K" Süßweine in Kalifornien zu produzieren. „Wir wollen mit „Mr. K" einen völlig eigenen Stil entwickeln und auf diese Art eine Ergänzung zu allen anderen Süßweinen der Welt anbieten", erklärte Kracher damals. „Es gibt hier keine Vorgaben aus der Weinbaugeschichte. Unsere Weine entstehen im Kopf, frei und neu." Und natürlich verfolgte Alois Kracher auch ein Ziel für das Thema „Süßwein" an sich: „Es ist wichtig für die Popularisierung des gesamten Süßweinmarktes, dass auch eine junge, dynamische und starke Lobby aus den USA dahinter steht."

In den Jahren 2000 und 2001 gründete Kracher zusätzlich zum Weingut zwei eigene Import-und Verteilfirmen: „Fine Wine Trade" und „Fine Food Trade". Durch diese diversen Projekte setzte sich der Winzer in die Lage, finanziell autark zu bleiben, um sich nicht durch Abhängigkeiten in seinen Visionen einschränken zu müssen.

Seit 2001 war bereits die nächste Krachergeneration mit im Spiel: Sohn Gerhard, Wirtschaftsstudent in Wien, verbrachte viel Zeit im Weingarten mit seinem Großvater und schaute sich dessen Geheimnisse ab. Daneben arbeitete er mit seinem Vater im Keller und vertrat, wann immer es die Zeit erlaubte, das Weingut an wichtigen Veranstaltungen auf der ganzen Welt. Alois Krachers Frau Michaela gab fast gleichzeitig ihren Lehrerinnenberuf auf und übernahm als Gesamtkoordinatorin die Administration des Weingutes. Seit 2003 überließ Luis seinem Sohn Gerhard Kracher immer öfter die Regie im Keller. Gerhard Kracher entwickelte dabei auch eigene Vorstellungen, wusste aber um den Wert der Tradition, die sich mit dem Namen Kracher verbindet.

Als dann Alois Kracher im Dezember 2007 nach schwerer Krankheit verstarb, musste Gerhard plötzlich in die Fußstapfen des „großen" Vaters treten. „Es war ein wortloser Übergang, weil wir beide wussten, dass es so ist. Im letzten Jahr habe ich noch so schnell und so viel lernen müssen. Ich habe den Vorteil gehabt, dass mich der Vater meist zu seinen Terminen mitgenommen hat. Ich bin daneben gesessen, habe alles aufgesaugt und gelernt. Dabei hat er mich oft um meine Meinung gefragt. Weil ich durch meine Mitarbeit in den letzten fünf Jahren die meisten Geschäftspartner kennen lernte, habe ich mir leichter getan, doch sie haben es mir auch leicht gemacht. Zudem habe ich gute Freunde als Unterstützung an meiner Seite. Aber ich weiß, dass ich die nächsten zwei, drei Jahre sehr achtsam sein muss, denn was den Namen Kracher ausmacht, ist die jahrelange Verlässlichkeit in der Weinqualität. Die Kunden kaufen unsere Weine blind, und dieses Vertrauen will ich nicht enttäuschen!" erklärt Gerhard.

Die Arbeit in den Weingärten

Mittlerweile bewirtschaftet Gerhard Kracher 34 Hektar Weingärten in den besten Illmitzer Lagen. Eine Dammstraße führt durch den dichten Schilfgürtel zum See, der fünf Kilometer von Illmitz entfernt liegt. Diese Distanz zeigt an, wie weit in die Ebene der See einst reichte. In verschiedenen Stufen hat er sich zurückgezogen und dabei viele Lacken und drei deutlich unterschiedliche Ufer- oder Dammzonen hinterlassen. Die entsprechenden Bodenstrukturen können in den Rieden von Illmitz gut wiedererkannt werden. Für die Krachers waren die Lagen in der Region des jüngsten und des ältesten Dammes die gefragtesten. „Der mittlere Damm liegt von der Struktur her dazwischen und ist manchmal weder Fisch noch Vogel."

So stehen denn ein Drittel der Weinberge im Sandriegel der jüngsten Zone. Hauptsächlich wachsen die Reben hier auf Schwemmsand mit einer Unterlage aus feinstem Kiesel, ideal für die fruchtig elegante, filigrane Struktur des Welschrieslings. Andere Sorten entwickeln hier eher zu wenig Säure. Damit die Reben entsprechend tief ins Grundwasser wurzeln, werden sie einem großen Konkurrenzdruck ausgesetzt. Die bestehenden alten Anlagen hat Alois Kracher noch von 4.500 auf 6.000 Rebstöcke nachgesetzt, und Neuanlagen wurden konsequent mit 6.000 Reben pro Hektar ausgepflanzt. Zwei Drittel der Weingärten liegen in der ältesten Dammregion, der Lage Römerstein. Hier finden sich grobschottrige Böden mit wenig Kies auf einer Unterlage von Lehm, mit vielen Muschelkalkeinschlüssen. Die Böden sind dadurch kühler und stark mineralstoffhaltig. Die Weine tendieren eher zu hohen Säuren, mit viel Extrakt und Kraft. Hier wachsen die Rebsorten Bouvier, Muskat Ottonel, Traminer, Chardonnay, Weißburgunder und Scheurebe, sowie neu auch der Rosenmuskateller.

Bezüglich der Rebsorten hatte Alois Kracher seine eigene Philosophie, die nun von Gerhard übernommen wurde. Schon vor einigen Jahren hat er den Vater davon überzeugt, auch den Rosenmuskateller in das Rebsortiment aufzunehmen. „Wir hatten damals einen alten edelsüßen Rosenmuskateller vom Weingut Massandra auf der Krim degustiert. Ich war Feuer und Flamme und begann mich intensiv mit der Sorte auseinander zu setzen. Doch ich will, wie alle Kracher vor mir, mit den traditionellen Rebsorten des Seewinkels international bedeutende Weine vinifizieren.

Weine, die nicht primär einem Vergleich zu den Sauternes, den Moselweinen, den Tokajern standhalten müssen, sondern die für sich stehen und sprechen. Ich vinifiziere Wein, der als Wein vom Weinlaubenhof seine persönliche Note besitzt und damit unverwechselbar ist."
Gerhard Kracher erklärt denn auch gleich, welche Bedeutung die Sorten für den Weinlaubenhof und seine Weine haben: „Den Bouvier findet man seit dem Jahre 1900 in dieser Region des Burgenlandes. Die Sorte braucht gute, fruchtbare Böden. Die Reife setzt sehr früh ein und bringt hohe Mostgewichte. Sie ist regional und eine alte traditionelle Sorte des Weinlaubenhofs, und sie bringt tolle Verschnittweine für alle Cuvées.

Die besten Rebsorten für edelsüße Weine

Der Muskat-Ottonel verlangt kräftige Böden mit guter Wasserversorgung. Er ist im Seewinkel seit langem heimisch und eignet sich hervorragend für Botrytisweine. Der Muskat gehört einfach ins Gebiet, also gehört er auch zum Weinlaubenhof. Nicht zuletzt auch, und deshalb habe ich auch auf meinen Vater eingewirkt, die Spielart Rosenmuskateller auszupflanzen. Sie ist dadurch gleichsam mein Beitrag zu den Sorten!
Den exakten Ursprung des Traminers zu nennen, ist nicht möglich; sicher ist jedoch, dass er eine alte Sorte ist und hohe Ansprüche an Boden und Lage stellt. Wichtig bei der Vinifikation ist es, die Säure zu bewahren. Der Traminer ist stets eine echte Herausforderung!
Die Scheurebe hat wenig Ansprüche an den Boden, dafür umso mehr an die Lage. Die Weine haben ein harmonisches, fruchtbetontes Bukett und eine feine reife Säure. Die Sorte ist der Ersatz für den Rheinriesling, der bei uns zu fett wird. Mich fasziniert vor allem die Klarheit und die Aromatik in den Weinen.
Chardonnay stellt keine großen Ansprüche. Diese Rebe bringt aber im Süßweinbereich noble, edle, kräftige und extraktreiche Weine, die durch eine stahlige Säure bestechen. Für mich ist es die Traube, die den Weinen Konzentration verleiht.
Der in Österreichs Weingärten seit langem heimische Welschriesling eignet sich infolge der späten Reife gut für Prädikatsweine. Diese qualitativ hochstehenden Weine erreichen infolge ihres Säuregehaltes oftmals internationales Spitzenniveau. Der Welschriesling ist und bleibt unsere Leitsorte. Diese Rebe ist das Beste, was das Gebiet kennt, um Weine mit Finesse zu erzeugen. "
Auch in den Weingärten trifft der Kellermeister des Weinlaubenhofes Hans Thyringer die Entscheidungen. Noch immer aktiv dabei ist Vater Alois Kracher. Zusammen mit einigen langjährigen Mitarbeitern verrichtet er nach wie vor wichtige Weingartenarbeiten. „Ich bin einfach stolz, wenn man einen Kracherweingarten an seinem Zustand erkennt!" lacht er verschmitzt.
Ab dem Zeitpunkt der Lese übernimmt dann Gerhard Kracher zusammen mit Hans Thyringer das Szepter. Schon das Warten auf den richtigen Erntezeitpunkt ist eine richtige Nervensache, doch über die Jahre hat sich dieses Prozedere als die richtige Lösung herauskristallisiert. So ist es üblich, dass die Weingärten manchmal bis zu achtmal durchkämmt und die Trauben dabei sorgfältig aus den Stöcken geschnitten werden, um so das Traubengut immer feiner zu selektionieren. Die botrytisbefallenen Trauben werden geerntet, die noch nicht befallenen Trauben bleiben weiter hängen. Jeden halben Tag wird so ein separates Lot in den Keller gebracht, das dann auch für sich vinifiziert wird. In manchen Jahren entstehen so bis zu 80 verschiedene Chargen von grossartiger Qualität, um damit alle Spielmöglichkeiten für die Cuvées offen zu halten.

Die Kracher-Weinstilistik

Die Kelleranlagen des Weinlaubenhofes sind mit zunehmender Rebfläche und mit der Entwicklung der Vinifikationsmöglichkeiten gewachsen. Jeder neue Anbau hatte immer zum Ziel, den Lebens- und Arbeitsraum zu verbessern. Heute, nach dem letzten großen Anbau, ist das Weingut ein burgenländisches Weingut mit ausgeklügelter Funktionalität. Der „Keller" ist eigentlich eine riesige raffiniert ausstaffierte Mehrzweckhalle, die den verschiedensten Funktionen der Weinbereitung gerecht wird. Bei der Weinbereitung setzte Luis Kracher auf „KISS", die Kurzform für sein „Keep it simple system", oder halt burgenländisch: „So einfach wie möglich."
Um einfach und klar zu bleiben, hat sich Alois Kracher vor mehr als 10 Jahren für zwei verschiedene Ausbaustile entschieden. „Zwischen den Seen" kennzeichnet Weine, die den regionalen Charakter betonen. Sie werden in traditionellen 300-Liter-Akazienfässern und in Stahltanks langsam vergoren und ausgebaut, sind im Alkohol eher niedrig und weisen eine relativ hohe Restsüße auf. „In diesen Weinen die Frische und die typische Frucht herauszuarbeiten, ist die große Herausforderung." „Nouvelle Vague" heisst die international ausgerichtete Linie. Die Weine haben oft gegen 13 Vol% Alkohol, einen niedrigeren Zuckerrest und sind charakterisiert durch den konsequenten Barriqueeinsatz.
Die gesamte Weinpalette wird in verschiedene Qualitätsstufen eingeteilt: Seit 1995 besteht das „Gold Lable". Hier werden alle Trockenbeerenauslesen der jährlichen „Collection" eingereiht. Sie bilden die Qualitätsspitze des Weinlaubenhofs. Die Platznummer innerhalb der Serie wird jeweils durch die Konzentration des Weines bestimmt. „Jahrgang, Zeit und Mensch entscheiden, wie groß die Serie wird", erklärte Gerhard Kracher. Zur Serie gehört immer auch der wichtigste Kracher-Wein, die „Grande Cuvée". Zielsetzung bei diesem Wein ist immer: In der Linie von „Nouvelle Vague" einen Wein mit der höchstmöglichen Eleganz bei bestmöglicher Konzentration zu keltern.
„An dieser Tradition und den Strukturen gibt es in nächster Zeit nichts Wesentliches zu ändern", meint Gerhard im Gespräch, „aber ich habe bei der Vinifikation schon während der letzten gemeinsamen Jahre mit meinem Vater begon-

nen, meine eigene Stilrichtung im Gefüge des Weinlaubenhofs zu entwickeln. Nach meiner Meinung ist es je nach Jahrgang sinnvoll, die Weine möglichst lange auf der Hefe zu belassen und nicht mehrmals zu filtrieren, um so eine nochmals andere Stilistik herausarbeiten zu können. Einzelne Weine seit 2005 tragen schon diese Merkmale. Besonders stolz bin ich auf meine Rosenmuskateller, die lebendige Beispiele für meine Idee sind. Wir haben zum Beispiel gemerkt, dass diese Trockenbeerenauslesen beim Altern interessante Sekundäraromen entwickeln. Deshalb arbeiten wir auch erstmals bei dieser Aromasorte mit behutsamem Holzeinsatz. Ich bin neugierig, wohin der Weg führen wird. Besonders freut mich, dass auch die internationale Fachpresse diese Weine positiv aufnimmt und bewertet. "

Die optimale Traubenreife für Süßweine

Das Ziel ist immer, Trauben mit einer Konzentration zwischen 32° und 35°KMW (167,8° und 185,9° Öchsle) zu ernten. Das geht aber nicht immer. Wenn man jetzt mehr Trockenbeeren hat, dann nimmt man mehr gesunde Trauben dazu, um mehr Flüssigkeit zu bekommen. Der Geschmack eines Weines soll nicht durch die Konzentration dominiert werden, sondern die Sortencharakteristik der Trauben und die Lage sollen auch erhalten bleiben. Je höher die Konzentration, umso weniger spürt man sie. Sie wird aber immer da sein."

Mit der Ernte des Jahres 2008 musste sehr lange zugewartet werden. Erst Ende Oktober ist der Regen gekommen. Die Botrytis cinerea hat dadurch sehr spät eingesetzt. Das hatte den Nachteil, dass die Karamellisierung der Trauben schon am Stock einsetzte. Bei dieser Oxidation des Zuckers entsteht ein Geschmacktston, der an Milchkaramell erinnert.

Bis Mitte November war die Lese mit nur drei Selektionen abgeschlossen. Es konnten Trauben mit einer Konzentration bis zu 40°KMW (216,8° Öchsle) geerntet werden.

Vergären nach der Lesegradation

Vergoren werden die Trauben je nach Rebsorte und der Lesegradation sowohl in Stahltanks, großen Holzfässern und in Barriques. Sind die Trauben über 30°KMW (156°Öchsle) konzentriert, werden sie in Barriques vergoren und auch weiter darin ausgebaut. Diese Entscheidung hängt auch von der Aromatik der Rebsorte ab. Der Welschriesling ist eine Rebsorte, die in allen Weinstilistiken, sowohl im Edelstahltank als auch in Barriques, seine Größe zeigt.

Die Weine der Linie „Zwischen den Seen" werden in Stahltanks vergoren, abgezogen und anschließend in Stahltanks weiter ausgebaut.

1

Vor der Lese

Ein Kracher-Weingarten liegt direkt am Schilfgürtel des Neusiedler Sees und zwischen den Lacken in Illmitz.

2

Schutz vor den Vögelschwärmen

Die Weingartenzeilen mit den Trauben werden zum Schutz gegen die riesigen Vögelschwärme mit Netzen eingehüllt. Das Laub fällt von den Stöcken und sammelt sich in den Netzen.

3

Wann beginnt die Lese?

Großvater Alois Kracher und Enkel Gerhard Kracher begutachten den Befall der Trauben durch die Botrytis und beraten den Erntezeitpunkt.

7

Schöne Botrytis

Diese botrytisbefallene Traube lässt das Winzerherz jubeln!

8,9

Eine Vorlese, um die Qualität zu bestimmen

Der Edelschimmelpilz ist in Europa seit der Antike bekannt. Er wächst nur unter bestimmten Witterungsbedingungen. Ideal ist das Wechselspiel von Feuchtigkeit und Sonne. Diese Voraussetzungen sind im Seewinkel ideal. Ab Anfang September entstehen täglich Morgennebel, die sich dann am späten Vormittag durch den strahlenden Sonnenschein wieder auflösen.

10

Der Neusiedler See

Die riesige Fläche des Neusiedler Sees und die vielen Lacken schaffen das einmalige Mikroklima rund um Illmitz. Ein unbezahlbares Kapital für die burgenländischen Süßweinwinzer!

4

Kosten der Beeren

Durch Kosten der Beeren prüft Gerhard Kracher ihre Konzentration.

5

Wenn das Wetter hält ...

In diesem Jahr ist die Botrytis schon sehr weit fortgeschritten. Jetzt darf es in der nächsten Zeit nicht mehr regnen.

6

Die Traubensorten für edelsüße Weine

Der Muskat Ottonel bringt im Wein erst nach dem Botrytisbefall sein kräftig fruchtig-würziges Bukett so richtig intensiv zur Geltung.

11,12

Botrytis cinerea - der edle Pilz

Der Schimmelpilz Botrytis cinerea frisst winzige Löcher in die Beerenhäute der Trauben, die Feuchtigkeit aus den Beeren kann dadurch entweichen, und ein Teil des Wassers verdunstet. Die Inhaltsstoffe des verbleibenden Saftes wie Zucker, Säuren und Extrakte werden durch dieses Naturphänomen hoch konzentriert.

13

Morgen beginnt die Traubenernte

Nach langem nervenaufreibendem Warten geben die Winzer das Startzeichen zum ersten der vielen Erntedurchgänge. Das Risiko des Zuwartens hat sich in diesem Jahr wieder einmal bezahlt gemacht!

1

Die Lese beginnt
Frühestens Mitte November beginnt der erste Lesedurchgang für die hochwertigen Süßweine.

2

Das Ernten der Botrytistrauben
Nur die Trauben, die ganz von der Edelfäule befallen sind, werden in einem Erntedurchgang von den Stöcken in die Plastikwannen geschnitten.

3

Ideale Botrytis
Großvater Kracher zeigt, wie stark der Befall durch die Botrytis sein soll. Trauben mit weniger Edelfäule warten auf den nächsten Lesedurchgang.

8,9

Das Warten hat sich gelohnt
Der Edelpilz Botrytis, feuchter Nebel, der Wind und die Sonne haben während der letzten Wochen ganze Arbeit geleistet. Die Traubenqualität ist hervorragend. Die vom Pilz befallenen Beeren sind geschrumpft, und die Sporen überziehen fast die ganze Oberfläche der Traube.

10,11

Es wird ein sehr guter Jahrgang
Der Transport zum Sammelwagen verlangt keine große Sorgfalt, denn die Trauben kleben durch den konzentrierten Saft in festen Klumpen zusammen. Über diesen schmalen, wackligen Steg führt der Weg zum bevorstehenden Transport zum Weingut.

4,5

Die burgenländische Erntemethode

Mit dem Schubkarren werden die Trauben über den gefrorenen Boden zur Sammelstelle auf dem Anhänger geführt. Die Wolken der Pilzsporen über der Ladefläche sind ein gutes Zeichen für die Qualität der Ernte.

6

Die Lesemannschaft

Die Morgennebel haben sich durch die wärmenden Strahlen der Sonne aufgelöst. Dick eingehüllt und trotzdem durchgefroren, zeigen zufriedene Erntehelfer ihre Ausbeute.

12

Das Ernten geht zügig voran

Die Rebstöcke sind nach mehreren Erntedurchgängen während der letzten Wochen und der fortgeschrittenen Jahreszeit fast kahl geworden. Die letzten Süßweintrauben dieses Jahres warten auf die Ernte.

13,14

Dicke Botrytisrasen auf den Trauben

Auch zum Abschluss der beschwerlichen Arbeiten werden nochmals herrliche Trauben für edelsüße Weine geerntet. Dort angekommen, müssen die Botrytistrauben so schnell wie möglich verarbeitet werden. Im Weingarten kehrt die verdiente Winterruhe ein.

1

Die Traubenübernahme

Kellermeister Hans Thyringer, Gerhard und Alois Kracher bei der kritischen Begutachtung des Lesegutes eines Erntetages.

2

Die Ernte und der Mostwäger

Enkel Gerhard, Großvater Alois, der amtliche Mostwäger, der die Gradation der geernteten Trauben überprüft, und Vater Luis freuen sich über das Messergebnis.

3

Die Qualität der Ernte

Fachmännisch klärt Großvater Kracher seinen Enkel Gerhard über die Qualität der diesjährigen Botrytistrauben auf.

7

Ein fester Block von Botrytistrauben

Die beste Presse wäre vom so beschaffenen Pressgut überfordert. Es bleibt nichts anderes, als die Klumpen händisch zu zerkleinern und so für die Presse vorzubereiten.

8,9

Viel Kraft und Schweiß

Ohne Hemmungen werden für diese Arbeit auch Schaufeln eingesetzt. Erst beim aufgelockerten Erntegut wird es möglich sein, selbst mit großem Pressdruck, den kostbaren Most zu gewinnen.

4

Die Qualitätskontrolle

Auch Luis Kracher will sich nochmals selbst über die außergewöhnlich hohe Gradation der Trauben dieser Tagesernte vergewissern.

5,6

Eine Zuckergradation von über 40°KMW

Bei einem Zuckergehalt der Trauben von über 40° KMW (216° Öchsle, 47,1° Brix, 26,1°Baumé) sind die Trockenbeeren durch ihren konzentrierten Saft fest zusammengeklebt.

10,11,12

Das Befüllen der Presse und das Pressen der Botrytistrauben

Nach der sehr beschwerlichen Arbeit des Zerkleinerns und Auflockerns des Lesegutes kann die Presse damit befüllt werden.

13

Liquid Gold – der dickflüssige Saft aus den edelsüßen Trauben beginnt zu rinnen

Das Gesicht von Luis Kracher spricht Bände: Der Saft rinnt, die Qualität ist ausgezeichnet, die Arbeit eines ganzen Jahres hat sich bezahlt gemacht!

Die Vinifikation

Die Botrytistrauben kommen mit den Stängeln in die Schlauchpresse, die ein Fassungsvermögen von 3.500 kg hat. Die Stängel sind zu diesem Zeitpunkt schon verholzt, die Gerbstoffe sind voll ausgereift. Eine kurze Maischestandzeit in der Presse gibt es immer, „wir verzichten lieber auf ein oder zwei Grad Zucker, die man noch auslaugen könnte, wenn man die Maische länger stehen lässt. Dafür haben wir feinere Fruchtnuancen. Zusätzlich steigt bei einer längeren Maischestandzeit das Risiko der flüchtigen Säure."

Pressen und Vergären

Alle Trauben mit einer Konzentration von über 30°KMW (156°Öchsle) werden in Barriques vergoren. Der Most vom 1. Pressdruck wird sofort in die Kleinfässer gefüllt. „Jeder Pressvorgang bringt verschiedene Qualitätsstufen. Der Most der ersten Pressung hat die geringste Konzentration, durch die Maischung und den Pressdruck werden die Beeren mehr ausgelaugt. Je länger der Pressdurchgang dauert, desto konzentrierter werden die gewonnenen Moste. Die Barrique, die mit dem zuletzt geronnenen Most angefüllt wird, verfügt über die höchste Konzentration an Inhaltsstoffen eines Pressdurchganges.
Verwendet werden die Barriques von mehreren Tonnellerien, den größten Anteil stellt Seguin Moreau, es gibt aber auch Vicard, Demptos, Sirugue. Zum überwiegenden Teil stammt das Holz für die Barriques aus französischen Wäldern.

Einleitung der Gärung in den Barriques

Es wird eine kleine Menge bereits gärenden Mostes in jedes frisch befüllte Fass zugesetzt. Die Gärung setzt dann sofort ein, nur mit den natürlichen Hefen. Wenn bei einem Fass nach fünf Tagen noch keine Kohlensäureentwicklung bemerkbar ist, wird eine Reinzuchthefe zugesetzt. Bei 90% der Moste beginnt die Gärung von selbst.
Enzyme werden grundsätzlich keine verwendet, nur das Vitamin B1. „Das ist das Einzige, was den Botrytistrauben fehlt, von allen anderen haben sie auch zuviel. Der Botrytispilz braucht bei der Gärung Vitamine. Das Vitamin B1 ist eine zusätzliche Nahrung für die Hefen." Die Kellertemperatur wird während der Gärung auf 15°C reguliert.
Je nach der Konzentration des Traubengutes kann die alkoholische Gärung zwischen zwei Monaten und einem Jahr dauern. Manchmal sogar noch länger. Ein Most mit 32°KMW (167,8°Öchsle) gärt ungefähr zwei, höchstens drei Monate.

Umziehen und leichtes Belüften der Weine

Alle edelsüßen Weine verfügen über einen Zuckerrest, der über 140 g/l liegt. Solange der Wein gärt, wird er nicht umgezogen. Wenn die Gärung eines Fasses natürlich beendet ist, wird der Wein das erste Mal umgezogen und auch stabilisiert. „Zu Beginn gebe ich 100 mg/l Schwefel." Umgezogen werden die Weine von Fass zu Fass, je nach Viskosität, alle zwei bis drei Monate. Je klarer der Wein wird, desto weniger wird er umgezogen. Beim Umziehen eines Fasses wird auch immer der freie Schwefel kontrolliert, der nicht unter 30 mg/l fallen soll.
Jede Weincharge kommt nach dem Umziehen in die gleichen Fässer zurück. Es liegen immer die Fässer mit 22 und 27 mm Wandstärke nebeneinander. „Der Sinn und Zweck, warum ich Fässer mit zwei verschiedenen Holzstärken

MANFRED TEMENT SAUVIGNON BLANC ZIEREGG

BERGHAUSEN, SÜDSTEIERMARK

Wenn heute von Weinen aus der Steiermark gesprochen wird, kommt man um Manfred Tement und sein Weingut nicht herum. Er war es, der den Aufstieg des steirischen Weines, insbesondere der Rebsorte Sauvignon Blanc, maßgeblich beeinflusst hat und heute zu den Topwinzern in Österreich zählt.

Das Weingut Tement ist ein Familienbetrieb, der der Tradition ebenso verbunden ist wie der Moderne. Es liegt am oberen Rand der Ried Zieregg auf einem schmalen Bergplateau und erschließt einen wunderbaren Ausblick bis ins Nachbarland Slowenien.

Der engagierte Winzer Manfred Tement hat schon im Alter von 16 Jahren seinen ersten Wein gemacht und im Jahre 1979, gleich nach der Matura in der Weinbauschule Klosterneuburg, die Verantwortung für die Weine des elterlichen Betriebes übernommen. Heute ist sein Weingut, das über eine Rebfläche von 65 Hektar verfügt, ein Vorzeigebetrieb, dessen Sauvignon Blancs auch international keine Vergleiche zu scheuen brauchen. Der Sauvignon ist bereits die Hauptsorte des Weingutes und macht rund 60 Prozent der Gesamtproduktion aus.

Den ersten durchschlagenden Erfolg erzielte Manfred Tement mit dem Jahrgang 1983, mit dem er als bester steirischer Betrieb gleich zehn Goldmedaillen erringen konnte. Die – wenn man so will – Paradelage von Manfred Tement ist die Ried Zieregg, eine hochgelegene, steile und warme Toplage, die nach Süden und Südwesten ausgerichtet ist. Die Weine von dort zeichnen sich durch eine bemerkenswerte Vielschichtigkeit aus. Aber auch die Sauvignons aus den Lagen Grassnitzberg oder Sernau zählen zu den Spitzengewächsen aus der Steiermark.

Tement, der sämtliche Reben in seinen Weingärten selbst gepflanzt hat, setzt höchste Ansprüche an seine Weine: „Ein großer Sauvignon Blanc ist wie ein Kunstwerk oder Sammlerstück", sagt er. Dass diese „Kunstwerke" ihren Preis haben, versteht sich von selbst.

Seine Sauvignons baut Manfred Tement in zwei Stilrichtungen aus. Einmal als „Steirische Klassik", so werden jene Weine bezeichnet, die sich frisch, fruchtig, mit viel Sortencharakter und eher wenig Alkohol präsentieren und vorwiegend im Stahltank ausgebaut werden, und dann die Lagenweine. Hier werden Trauben als besonderen Lagen, die über einen ausgeprägten Terroircharakter verfügen, im Holz ausgebaut.

Im Weingut Tement zeichnet sich mittlerweile ein Generationswechsel ab. Der 22jährige Sohn Armin arbeitet bereits ganz frei im Betrieb mit, holt sich aber – wenn nötig – immer noch Rat beim Vater. Ebenso wie dieser hat auch Armin Tement schon internationale Anerkennung gefunden. Er trat praktisch in die Fußstapfen des Vaters und übersiedelt regelmäßig im Winter nach Südafrika, um für ein dortiges Weingut den Sauvignon Blanc zu keltern. Auch der zweite Sohn von Manfred und Heidi Tement, der 17jährige Stefan, tendiert zum Wein. Er besucht die Weinbauschule Silberberg, die Kaderschmiede im steirischen Weinbau. Diese nächste Generation kann auf einer Basis aufbauen, die zu erreichen der Vater 20 Jahre lang gebraucht hat.

Im Weinkeller: Terroir zum Angreifen und zum Trinken

Das Weingut Tement, das auch Mitglied der „Steirischen Terroir- und Klassikweingüter" ist, erregt aber nicht nur mit seinen Weinen Aufmerksamkeit, sondern auch durch das neue Kellergebäude, das nach fünfjähriger Bauzeit im Jahre 2002 fertiggestellt wurde. Dieser neue Weinkeller wurde mit großer Anstrengung in das Korallenriff eingeschlagen, das vor etwa 20 Millionen Jahren knapp unter der damaligen Meeresoberfläche gewachsen war. „Wir haben die Felswände in die verschiedenen Kellerräumlichkeiten integriert", sagt Tement, „sie dienen uns nicht nur als Terroir-Schauobjekt für unsere Besucher, sondern auch als Feuchtigkeitsspender für den ganzen Weinkeller mit unseren Holzfässern."

Die aus dem Fels herausragenden Betonteile des Kellergebäudes wurden nach dessen Fertigstellung zum größten Teil wieder mit Erde bedeckt und diese Erde wieder mit Rebstöcken bepflanzt. Dergestalt fügt sich das mächtige Bauwerk, das nicht weniger als 3.500 Quadratmeter Keller- und Lagerräumlichkeiten umfasst, bestmöglich in die sensible Weinlandschaft ein. In der Mitte des Weinkellers befindet sich auf einer eigenen Ebene der großzügige Präsentations- und Verkostungsraum mit einer vorgelagerten Terrasse, von der aus man – wie ein Kapitän von der Kommandobrücke seines Schiffes – einen atemberaubenden Blick über die Weingärten genießen kann.

Aber nicht nur den Blick nach außen kann man vom Präsentationsraum aus genießen, sondern auch einen Blick nach „innen". Durch eine Glasscheibe öffnet sich nämlich ein Blick in den technisch anspruchsvollen Tankkeller, in dem die Weine der „Steirischen Klassik" gekeltert werden.

Möchte man den Werdegang der Lagenweine verfolgen, muss man sich auf die darunter liegende Kellerebene führen lassen.

Manfred Tement, ein wenig introvertiert, ist als Winzer ein Perfektionist, der sich dessen bewußt ist, dass die Qualität eines Weines im Weingarten wächst und die bestmögliche Qualität der Trauben nur mit großer Sorgfalt und viel Geführt zu erreichen ist. Aber auch bei der Arbeit im Weinkeller zieht Manfred Tement alle Register seines Könnens, um nuancenreiche, komplexe Weine zu keltern. Mit der Errichtung der modernen Arbeitsräume und Lagermöglichkeiten bleiben im Weingut Tement keinerlei technologische Wünsche offen. Der Wein kann unter idealen Bedingungen zunächst gekeltert und danach ausgebaut werden.

Verbesserungsmöglichkeiten sieht Tement, wenn überhaupt, nur noch im Weingarten, wo sein Hauptaugenmerk darin liegt, die jeweiligen Terroirbedingungen in den einzelnen Lagen richtig einzuschätzen. Schon jetzt billigt er jedem einzelnen Rebstock und jeder Traube den Freiraum zu, der benötigt wird, um eine bestmögliche Qualität zu erzielen.

Manfred Tement und sein Sohn Armin gehen freilich nicht mit Scheuklappen durch die Welt. Sie sind sehr aufgeschlossen und versuchen bei nationalen und internationalen Verkostungen den Blick auf andere Weinbauregionen zu richten und zu ergründen, was dort einen großen Wein ausmacht. Man will sich schließlich mit den Besten messen.

Die Aromatik der Sauvignon-Blanc-Rebe

Um die steirische Sauvignon-Blanc-Aromatik zu erzielen, sind einige wesentliche Arbeiten an jedem einzelnen Rebstock im Weingarten durchzuführen. Von Natur aus setzt ein Sauvignon-Rebstock sehr viele Trauben an. Wesentlich ist immer eine gute Wasserversorgung der Reben während des ganzen Vegetationsjahres, um die Sortenaromatik gut zu entwickeln.

Die Trauben sollen immer im Halbschatten gedeihen, ein ständiger direkter Sonnenkontakt soll vermieden werden. Die Beeren sind für einen Sonnenbrand sehr anfällig, und der wirkt sich sehr negativ auf die Aromatik aus. Jeder Weinstock wird im Inneren durch gezieltes Entblättern geöffnet, die äußere Laubwand bleibt geschlossen, um die Beschattung der Trauben zu erhalten.

Auf einem Rebstock finden sich immer beide Farbausprägungen, sowohl die „grünen" im Schatten gewachsenen und die gelben bis goldgelben Trauben, die durch mehrmaliges Lesen genau selektioniert werden, um dadurch eine Aroma-Vielschichtigkeit in den Weinen zu erreichen.

Die Reifestadien der Sauvignon-Blanc Trauben

Die Sauvignon-Blanc-Traube ist klein bis mittelgroß, konisch geformt, etwas geschultert und kompakt. Ein zusätzliches Merkmal sind die ausgeprägten Lentizellen, das sind mehrere dunkle Punkte auf der Beerenhaut. Die Bandbreite der Farbschattierungen der Beeren reicht von Gelblichgrün (wenn sie im Schatten reifen) bis Gelb und verändert sich mit zunehmender Reife bis in dunkles Goldgelb.

Der steirische Sauvignon Blanc mit einer Reife ab 16°KMW (78,3°Öchsle) ist sehr einfach an seinem markanten Duft und Geschmack zu erkennen: Grüner Paprika, Holunderblüten, manchmal Spargel, Fenchel und grüne Kräuter.

Traubenreife: Kabinett. Die Trauben müssen mindestens 17°KMW (83,5°Öchsle) als Most gewogen haben, und es darf nicht aufgebessert werden. Mit zunehmender Reife verändern sich Duft und Geschmack der Trauben: Beginn der Johannisbeeraromatik, Stachelbeeren, Holunder, exotische Früchte, das Aroma wird würziger. Bukettreife Trauben ab diesem Reifegrad und grünere – im Halbschatten gewachsene – werden für die steirischn Klassik-Weine verwendet.

Traubenreife: Spätlese. Vollreifer Zustand der Trauben bei der Ernte. Erreichen die Trauben die physiologische Traubenreife ab 19°KMW (94,2°Öchsle) verändern sich der Duft und die Aromatik des Weines hin zu gelben Früchten, gelbem und rotem Paprika, Senf und Dillkräutern. Markant dabei ist immer die fruchtige Säure, für die der steirische Sauvignon Blanc berühmt ist. Diese vollreifen Trauben werden hauptsächlich für die Lagenweine geerntet.

Manfred Tement: Wie verarbeite ich meine Trauben?

Die Aromen einer Rebsorte kommen bei unterschiedlichen Verarbeitungsmethoden anders zur Geltung. Je später die Trauben gelesen werden, desto bekömmlicher sind die Weine. Für mich sind die wesentlichen Qualitätsfaktoren die Haltbarkeit und Bekömmlichkeit eines Weines.

Den Ertrag am Stock zurückzunehmen, bringt eine frühere Reife der verbleibenden Trauben. Das genaue Arbeiten an jedem einzelnen Stock, alle einzelnen Weingarten-Arbeiten werden genau nach meinen Anweisungen ausgeführt. Bei jedem Rebstock werden die gewachsenen Triebe gezählt, nur eine festgelegte Anzahl verbleibt am Stock, alle anderen werden ausgebrochen, um dadurch einen gleichmäßigen Wuchs zu bekommen und den einzelnen Trauben genügend Platz zu verschaffen. Das Zählen der Triebe hat den Sinn, dass jeder Rebstock im Weingarten einen möglichst optimalen Stockaufbau erhält. Bei 30 Personen, die diese Arbeiten in den Weingärten durchführen, ist das eine notwendige Maßnahme für jede Rebsorte und deren Rebstöcke, schon zu Beginn der Wachstumsperiode einen möglichst hohen Qualitätsstandard für die Traubenernte im Herbst aufzubauen.

Beim Sauvignon Blanc im Weingut Tement sind rund 4.500 Reben auf einem Hektar ausgepflanzt, bis zu 15 kleinbeerige Trauben, ca 2,5 kg, wachsen auf einem Stock, das ergibt etwa 6.000–7.000 kg Trauben. Bei den Lagenweinen ist der Ertrag bei gleicher Stockanzahl um die Hälfte reduziert.

Im Laufe der letzten Jahre wurde das Potenzial jeder der vielen Einzellagen genau ausgelotet. Für die Tement-Klassik-Weinlinie werden Trauben aus bestimmten Lagen, die Trauben von tiefer gelegenen Teilen der Weingärten, die wegen der humusreicheren Bodenstruktur über mehr „grüne" Aromen verfügen, und die Trauben aus noch jungen Weingärten – bis zu 10 Jahre alt – verwendet.

Die Reben in Junganlagen sind stark im Wachstum, die Weine von diesen Trauben sind sehr duftig und haben viel Bukett.

1,2,3

Die Rebsorte Sauvignon Blanc

In der Steiermark werden alle Trauben händisch geerntet. Mehrere Lesedurchgänge – immer mit einer selektiven Auswahl – sind notwendig, um das Optimum an reifen Trauben aus jedem Weingarten herauszulesen.

4, 5

Mehrmaliges Ernten jedes Weingartens

Jeder Weingarten wird 3- bis 5mal selektiv geerntet, damit bei jedem Erntedurchgang nur die Trauben mit dem momentan gewünschten Reifestadium herausgelesen werden.

9,10,11

Die 2. Traubenernte

Bei dieser Ernte müssen die Trauben eine Reife von mindestens 17°KMW (83,5°Öchsle) aufweisen. Mit zunehmender Reife verändern sich Duft und Geschmack: Beginn der Johannisbeeraromatik, Stachelbeeren, Holunder, exotische Früchte, das Aroma wird würziger.

12

Die 3. Selektion von Trauben im Weingarten

Die Sauvignon Blanc-Trauben werden in mehreren Lesedurchgängen geerntet. Bei der 2. Lese, die 10 bis 14 Tage später stattfindet, haben die Trauben eine Gradation 17°–19°KMW (83°–94,2°Öchsle) erreicht und verfügen dann über mehr der gelben Aromen.

6

Längeres Reifen am Stock, mehr Nuancen im Wein

Bei der Traubenernte ist viel Gefühl und Erfahrung notwendig. Ein Teil der Trauben reift noch länger auf den Rebstöcken, dadurch werden eine höhere Reife und damit Nuancenreichtum und Vielfältigkeit erzielt.

7,8

Die Bandbreite der Aromen des Sauvignon Blanc

Der steirische Sauvignon Blanc mit einer Reife ab 16°KMW (78,3°Öchsle) ist sehr einfach an seinem markanten Duft und Geschmack zu erkennen: Grüner Paprika, Holunderblüten, manchmal Spargel, Fenchel und grüne Kräuter.

13

Vollreife der Sauvignon Blanc-Trauben

Bei der physiologische Traubenreife ab 19°KMW (94,2°Öchsle) verändern sich der Duft und die Aromatik des Weines hin zu gelben Früchten, gelbem und rotem Paprika, Senf und Dillkräutern. Markant dabei ist immer die fruchtige Säure, für die der steirische Sauvignon Blanc berühmt ist.

14,15

Die Lesekisten

Alle Trauben werden händisch geerntet und mit Kübeln oder Leseboxen gesammelt. Die roten, 10–12 kg Trauben fassenden Boxen werden in die 300-kg-Lesecontainer umgefüllt oder auch direkt zum Weinkeller angeliefert.

1,2

Anlieferung der Trauben zum Keller

Die Weingärten liegen zum größten Teil in der Nähe der Weinkellerei, sodass die Anlieferungszeiten nicht zu lang sind und Manfred Tement und sein Kellerteam die Trauben so rasch wie möglich weiterverarbeiten können.

3

Rasches Verarbeiten der Trauben

Die Leseboxen haben eine ideale Größe für die Handhabung sowohl im Weingarten als auch im Weinkeller. Nicht zu groß, dass das Gewicht der geernteten Trauben die unterhalb liegenden zerquetscht, und trotzdem leicht zu handhaben.

8,9

Entfernen der Grünteile (Rebeln, Entrappen)

Ohne Handarbeit geht's nie, die Trauben werden mit dem Förderband zum Rebeln (Abbeeren) geschickt. Alle Trauben werden gerebelt, die grünen Teile und Stängel werden vorsichtig maschinell entfernt.

10,11

Das Rüttelpult – Sortieren der Beeren

Zusätzlich zu der im Weingarten erfolgten Selektionierung der Trauben wird im Keller mit Sortier- und Vibrationstischen eine weitere Sortierung der Trauben, Beeren und Grünteile vorgenommen.

4,5

Die Größe ist auf die Verarbeitung abgestimmt

Die Traubenübernahme ist ein neuralgischer Punkt bei der Weinproduktion. Die Auswahl der eingesetzten Technik spielt eine wesentliche Rolle für die weitere Weinqualität.

6,7

Maschinelles Verarbeiten der Trauben

Die steirischen Trauben werden zum größten Teil gerebelt, das heißt, alle grünen Teile und Stängel werden maschinell entfernt. Erst danach werden die Beeren gequetscht, damit der Traubensaft (Most) ausrinnen kann.

12,13

Alle grünen Teile werden aussortiert

Der Grünteilsortierer ist ein Gitter am zweiten Rütteltisch, hier trennt ein Gebläse die Grünteile von den ganzen Beeren. Alle noch so kleinen Grünteile werden weggeblasen, sodass nur die ganzen und gesunden Beeren zur weiteren Sortierung gelangen.

14,15

Die Ganzbeerenverarbeitung

Am Rütteltisch kann der bisher ausgetretene Saft abrinnen, dieser wird getrennt verarbeitet. Erst dann werden die Beeren leicht gequetscht, bevor sie in eine der 5 Pressen zur Weiterverarbeitung kommen.

1,2

Modernste Technik und Sauberkeit im Weinkeller

Die Kellereiausrüstung allein kann keine Garantie für Qualität bieten, keine Identität schaffen und auch keinen Stil formen. Das alles stammt vielmehr von der Traube und deren Wachstumsbedingungen und der prägenden Hand des Kellermeisters.

3,4

Maischestandzeiten

Die Sauvignon-Blanc-Maische wird für einige Stunden (3 bis 30) unter Luftabschluss entweder in der Presse oder in eigenen Maischetanks belassen, um in dieser Zeit zusätzliche Aromen aus den Beerenhäuten auszulaugen. Erst danach erfolgt das Vorentsaften der Maische und das eigentliche Pressen.

8,9

Klärung des Mostes durch kühle Temperaturen

Die Absetztanks (Entschleimungstanks) spielen bei der Vinifizierung von aromatischen Weißweinen wie dem Sauvignon Blanc eine entscheidende Rolle. Um den Most von den dicken Trubteilen zu trennen, wird er gekühlt. Die schweren Trubstoffe sinken zu Boden, der Most darüber ist klar und kommt so zur Vergärung.

10

Temperaturgesteuerte Edelstahltanks

Der schimmernde Glanz der Inox-Tanks prägt heute das Bild moderner Weinkeller. Die Edelstahltanks haben einen breiten Einsatzbereich, zuerst für die alkoholische Gärung, dann zum Umziehen von Tank zu Tank, zur Kaltstabilisierung und dann noch als Reifetank für die Lagerung von Weinen.

5,6

Die Entschleimungstanks

Vor Beginn der Gärung muß der Most von den groben Trubstoffen geklärt werden. Die Entschleimungstanks haben einen konischen Boden, in dem sich der Trub natürlich – nur durch Kühlen und der Schwerkraft – absetzt.

6,7

Verschiedene Pressen werden eingesetzt

Zum Pressen des Traubengutes werden von Manfred Tement insgesamt 6 verschiedene Pressen eingesetzt. Die Befüllgrößen variieren zwischen 1.800 und 8.000 kg. Eine Maischestandzeit bei aromatischen Rebsorten bewirkt die bessere Auslaugung vielschichtiger Schalenaromen.

11,12

Angestrebt wird eine Vielschichtigkeit im Wein

Wie das Würzen beim Kochen ist das Ernten von Trauben aus demselben Weingarten zu unterschiedlichen Tagen zu verstehen. Jede Woche mehr Reife verändert und verstärkt die Aromen. Diese Weine werden -- jeder für sich – ihrer Herkunft entsprechend, getrennt ausgebaut und finden in der Sortencuvée ihren Platz.

13

Die Wahl der Hefen

Alle Lagenweine wie Zieregg, Graßnitzberg, Sernau und Hochkittenberg werden nur mit den natürlichen, aus dem Weingarten mitgebrachten Hefen vergoren.

GRASSNITZ
BERG
SAUVIGNON BLANC
TEMENT
BERGHAUSEN

Manfred Tement und sein Sohn Armin sind gemeinsam für die Vinifizierung der Tement-Weine verantwortlich.

Das Vergären ganzer Beeren – die Interzellulare Gärung (IZ)

Für die Vergärung ganzer Beeren werden zuerst alle Grünteile der Trauben vorsichtig entfernt. Die ganzen Beeren kommen ohne Saft zur Gärung in einen Stahltank mit Überdruckventil (bis 2 bar). In den Tank wird vorher Kohlensäure eingepresst, dann werden die Beeren eingefüllt, bis der Tank voll ist. Nach einigen Tagen beginnt in den Beeren die Spontangärung. Im Laufe von 30–60 Tagen ist ein Alkoholgehalt von 8–10vol% zu messen. Die Hefen aus den Zellen können nicht mehr Zucker umwandeln, die Beerenhaut ist auch schon zersetzt. Mit diesem Alkoholgehalt werden die fast vergorenen Beeren abgepresst. Der halbfertige Wein kommt von der Presse direkt in die Barriques, worin die Gärung langsam abgeschlossen wird. Es wird der ganze Trub in die Barriques gefüllt, wo die IZ-Weine für weitere 18 Monate reifen.

Beim Pressen von IZ-Beeren ist die Flüssigkeitsausbeute 45% Seihwein, 45% Presswein und 10 % Nachdruckwein. Die sensorische Überprüfung des weiteren Gärverlaufes jedes einzelnen Fasses ist sehr wichtig. Beim 2007er Sauvignon wurde am Ende der Gärung – je nach Fass – ein Alkoholgehalt von 14–15vol% erreicht. Diese Sauvignons sind eine neue Dimension, trotz des hohen Alkohols schmecken sie leicht, sind feingliedrig, haben viel Frucht und sind sehr würzig.

Eigentümer o *Owner*

Familie Tement

Weingärten o *Vineyards*

55 ha (132 acres) + 25 ha (60 acres) Traubenlieferanten

Lagen: Zieregg, Grassnitzberg, Sulz, Wielitsch, Sernau, Steinbach, Hochkittenberg (TOMS-Weine)

Weine o *Wines*

Sauvignon Blanc „Steirische Klassik", Grassnitzberg Sauvignon Blanc, Sernau Sauvignon Blanc, Zieregg Sauvignon Blanc, Hochkittenberg Sauvignon Blanc

Bodenstruktur o *Soils*

Bodenstruktur Zieregg: Mittel- bis tiefgründige kalkhaltige, lehmige Sande aus Kalksandstein. Zusammensetzung in 40 cm Tiefe: 37% Sand, 48% Schluff, 15% Ton; ab 75 cm angewitterter Kalksandstein; stark kalkhaltig (14,4%)

Alter der Reben o *Average age of the vines*

3–30+ Jahre

Pflanzdichte o *Density of plantation*

4.500 Stöcke/Hektar in Sauvignon Blanc-Anlagen

Hektarerträge o *Average yields*

3.500–4.500 Liter/Hektar beim Sauvignon Blanc

Kellermeister/Önologe o *Winemaker*

Manfred und Armin Tement

Jahresproduktion o *Annual production*

300.000 Flaschen

Besondere Jahrgänge o *Great recent vintages*

2008, 2007, 2006, 2004, 2003, 2002, 2001, 2000, 1997

Ab-Hof-Verkauf o *Sale at the premises*

Täglich 9–18 Uhr, nach telefonischer Voranmeldung

Ansprechperson: Heidi Tement

Weinseminare o *Wine-seminar*

Nach telefonischer Voranmeldung o By appointment only

Kellerführung o *Visiting policy*

Nach telefonischer Voranmeldung o By appointment only

Weinverkaufspreise o *Average price*

Variable nach Jahrgang zwischen € 5,70/25,–

Vertrieb / Vermarktung der Weine

Ab-Hof-Verkauf, Fachhandel, Vinotheken und die Gastronomie österreichweit

Restaurant Weinkarte o *Winelist*

Tantris, Königshof (München), Adlon, Regents (Berlin), Poletto, Luis C. Jacob, Fischer's Fritz (Hamburg), Victorians (Düsseldorf), Steirereck (Wien) und Steirereck Pogusch, Palais Coburg (Wien), Taubenkobel (Schützen/Gebirge), Meinl am Graben (Wien) und fast die gesamte Gastronomie Österreichs mit Weinkultur

Weingut Tement

A-8461 Ehrenhausen, Zieregg 13

Tel.: +43 (0)3453 41 01-0, Fax: -30

www.tement.at

e-mail: weingut@tement.at

FX Pichler: „Für mich sind der Jahreszyklus und die Vinifikation vergleichbar mit der Geburt und dem Leben eines Menschen. Auch der Wein bedarf im Laufe seines Entwicklungsprozesses der Zuneigung, der Pflege und der Führung bis hin zu seiner Vollkommenheit.“

FX PICHLER, WACHAU DER RIESLING „UNENDLICH“

Die Weinbauregion Wachau

Die Wachau ist ein rund 30 km langer, stark gewundener Abschnitt der Donau zwischen Melk und Krems. Im Osten öffnet sie sich in einem breiten Trichter zur pannonischen Tiefebene. Der Landstrich ist uraltes Siedlungsgebiet, und er bildete einst einen stark befestigten Abschnitt der Nordgrenze des Römischen Reichs. Zudem ist die Wachau von alters her Handelsstrasse und Heeresdurchzugsweg, woran heute noch die wehrhaften Orte und Kirchen sowie die Burgruinen erinnern.

Das milde Klima der Wachau, der Frühling beginnt hier eineinhalb Monate früher als im nördlich gelegenen Waldviertel, und die fruchtbaren Böden schaffen ausgezeichnete Bedingungen für Weinbau und Obstkulturen. Ein spezielles Mikroklima begünstigt die besondere Reife bei den Trauben. In diesem Talabschnitt der Donau treffen auf engstem Raum drei Klimazonen zusammen. Die von Osten aus dem Kremser Becken kommenden warmen pannonischen Strömungen sind verantwortlich für die Fülle und den Bukettreichtum der Weine, die westlich-kontinental geprägten Winde aus dem Gebiet des Oberlaufs der Donau fungieren als nützliche Wärmespeicher, und die kalten Luftströmungen aus dem nördlich gelegenen Waldviertel zeichnen verantwortlich für die großen Temperaturschwankungen zwischen Tag und Nacht. Dieser „Klimazusammenstoss“, zusammen mit den kleinklimatischen Faktoren, begünstigen die besondere filigrane Aromabildung und die rassige Säure der Wachauer Weine.

Die heutige Wachau wurde im Jahr 2000 von der UNESCO zum Weltkulturerbe erklärt. Die Landschaft ist reizvoll; steile, meist terrassierte Weinlagen prägen das Bild und geben dem Betrachter einen Eindruck von der harten Arbeit der Winzer. Bei Weinliebhabern bekannte Orte wie Spitz, Weissenkirchen, Joching und Loiben warten mit liebevoll restaurierten Häusern auf. Dürnstein mit seiner prächtigen Kirche und der Ruine als Wahrzeichen hoch über der Stadt hat sich eine eigene mittelalterliche Atmosphäre bewahrt.

Der österreichische Wein zählt mittlerweile ohne Zweifel zur Weltspitze, und die Wachauer Winzer waren die ersten, die diesen Siegeszug einleiteten. Ein Großteil der Produzenten hat sich zum Gebietsschutzverband "Vinea Wachau Nobilis Districtus" zusammengeschlossen, der entscheidende Impulse für eine klare Klassifizierung der Wachau-Weine setzt.

Pichler
RIESLING SMARAGD
DÜRNSTEINER KELLERBERG
WACHAU · ÖSTERREICH

Diese sind in drei Kategorien unterteilt: Die Steinfeder-Weine sind leicht und spritzig mit weniger Alkohol, die Federspiele sind mittelgewichtig und elegant, sie sind ideale Essensbegleiter. Die Qualitätsspitze bilden die „Smaragde“. Die Trauben werden hochreif geerntet, sind entsprechend kraftvoll und lagerfähig und unterliegen strengen Qualitätsbestimmungen. Die besten Smaragde haben mittlerweile Weltruf erlangt.

Das Weingut FX Pichler

In Oberloiben, im Knick der Donau, wo sie ihren Lauf von Nord-Süd nach West-Ost ändert, liegt nur wenige Meter vom Ufer entfernt das Weingut FX Pichler.

Der Durchbruch kam anlässlich einer Degustation, die der bekannte Weinjournalist Stuart Pigott durchführte. Der Kellerberg Smaragd 1990 schwang zusammen mit Hirtzbergers Singerriedel weit obenaus. Die Presseberichte trugen die Ergebnisse durch Europas Weinwelt, die Weine wurden gekauft und starteten so ihren eigentlichen Triumphzug rund um die Welt.

Begonnen hat die Geschichte allerdings weit früher. 1971 übernahm Franz Xaver Pichler den Betrieb von seinem Vater und setzte damit den von der Familie schon seit 1840 betriebenen Weinbau traditionsgemäß fort. Schon sehr früh machte sich der Weinfanatiker, der Grübler in ihm bemerkbar. FX konnte tage-, wenn nötig wochenlang über bestimmte Probleme und Vorkommnisse in seiner Kellerarbeit nachdenken, bis er eine perfekte Lösung fand.

Das Weingut umfasst heute 18 Hektar Rebfläche. Die Angebotspalette ist klein und beschränkt sich auf Riesling, Grüner Veltliner und eine Kleinstmenge Sauvignon Blanc. Zusammen mit seiner Frau Rudolfine und den beiden erwachsenen Kindern Lucas und seiner Gattin Johanna-Elisabeth, einer charmanten Winzerin aus Rheinhessen und Elisabeth bewirtschaftet die Familie Pichler das Weingut. Tatkräftig wird er seit 1996 von seinem Sohn Lukas bei der Weinberg- und Kellerarbeit unterstützt. Nach einigen Praktika, unter anderem auch bei Müller-Catoir in der Pfalz ist Lucas nach Hause zurückgekommen, um den elterlichen Betrieb mitzugestalten und in einiger Zeit zu übernehmen. Seit dem Jahrgang 1999 ist Lucas für die Kellerwirtschaft und Vinifikation alleine verantwortlich, während FX sich um die Weingärten kümmert. Im Gespräch bei der Zusammenarbeit offenbart FX seinem Sohn Lucas seine kleinen und großen Geheimnisse. „Keiner kann einen guten Wein machen, der nicht das Alle Weingärten befinden sich in Südlagen und in so berühmten Rieden wie „Dürnsteiner Kellerberg“, „Loibenberg“ und „Steinertal“. Die Pichlers sind stolz auf ihre Lagen. Stolz, weil jede Lage für sich die Basis für die Authentizität eines Weines ist. Deshalb sind Lagenweine ihr Bekenntnis zum Wein, ihre Herausforderung, Ziel und Ideal in einem.

Der „Dürnsteiner Kellerberg“ gilt als die Wachauer Paradelage schlechthin. Er ist eine steile, karge und puristische Urgesteins-Terrassenlage, nach Südosten ausgerichtet, und er liegt am Ausgang eines Seitentals, welches ein ganz spezielles Mikroklima schafft. Der Kellerberg bekommt schon frühe Morgensonne. Nachts sorgt kühle Luft aus dem Wald für die komplexe Textur und die fein nuancierte, meist exotische Aromatik dieses Weines. Die mineralische Komponente ist gleichsam die Mitgift des kargen Verwitterungsbodens, in den die alten Rebstöcke tief wurzeln. Das Zusammenspiel macht die Weine aus dieser Lage einzigartig und eigenständig. FX meint: „Unser vornehmster Wein, der Aristokrat!“

Der „Loibner Berg“ ist eine der steilsten und kargsten Urgesteinslagen und zugleich die größte zusammenhängende Einzellage in der Wachau. Er ist ganz nach Süden ausgerichtet und dem entsprechend warm. Der sehr hochwertige Boden prägt durch seine ganz spezielle Zusammensetzung die Weine aus dieser Lage und macht sie sehr lagerfähig. Von hier kommen opulente, dichte und trotzdem filigrane Weine, beim Riesling mit fruchtiger Textur und beim Veltliner mit vollem, mineralischem Körper.

Es sind überwiegend steile Steinterrassen, ein außergewöhnliches Kulturgut aus dem 12. und 13. Jahrhundert, die die Pichlers mit großem Respekt pflegen. Diese Pflege ist enorm wichtig, um das Terroir, die natürliche Grundlage für die Weine, zu erhalten. Dieses einmalige Terroir, verwitterte, karge Urgesteinsböden, oft eisenhaltig, Gneis-, Granit- und Glimmerschieferlagen, schaffen Weine mit unverwechselbarer Komplexität, Rasse, Tiefe, Feinheit und Mineralität. Weinbergarbeit bedeutet darum immer auch harte Arbeit im steilen Berg, doch nebst den guten Lagen dürfte die Sorgfalt und die große Erfahrung von Franz Xaver Pichler in den Weinbergen sowie die akribische Beobachtung der Natur ein weiterer Grund sein für die hervorragende Weinqualität des Weingutes. FX wäre nicht FX, wenn er nicht auch im Rebberg seine eigenen Wege gehen würde. Er bevorzugt mehr kleinbeerige Trauben – und erntet dann einfach, was er braucht. Pichler sagt von sich: „Ich liebe die Arbeit im Weinberg. Mit ihr beginnt im Frühling der schöpferische Akt des Weinwerdens. Für einen großen Wein benötigt man eine Spitzenlage und darüber hinaus einen unbändigen Willen und das Gefühl für die Materie. Das ist nicht erlernbar, das ist Intuition.“

Ein weiteres wichtiges Qualitätselement im Weingarten sind die alten Grünen Veltlinerstöcke. Sein Vater hat 1929 begonnen, eigene Selektionen zu machen. In großen Versuchsreihen, über die genau Buch geführt wurde, hat er, zusammen mit Professor Steingruber, dem späteren Direktor in Klosterneuburg, seine Stöcke selektioniert und auch gepflanzt. So verfügt das Weingut heute über einen klassischen kleinbeerigen Typ dieser Rebsorte, der zwar wenig Ertrag, dafür höhere Mostgewicht und größere Extraktfülle erreicht. Vielleicht mit ein Grund, weshalb Pichler, der einst im Riesling die Zukunft der Wachau sah, sich wieder mehr dem Grünen Veltliner zuneigte und seine Qualitäten hervorhebt: „Wir haben eine einzigartige Sorte, die auf der Welt nirgends so hervorragend wächst wie bei uns, im Kremstal und im Kamptal. Es ist der Grüne Veltliner.“

1

Vor der Lese

Zufrieden ist FX Pichler nie. Und noch heute hat er vor jeder Lese wahlweise schlaflose Nächte oder Albträume.

2

Die Traubenernte beginnt

Blick von den Terrassenweingärten in das Donautal. Alles ist bereit zur Lese. „Der September ist für mich der wichtigste Monat. Alle Weine wachsen zuerst im Kopf, verändern sich – die momentanen Ideen werden über den Haufen geworfen, wachsen wieder neu.

3

Alles händisch

Das Wetter ist spätherbstlich warm. Die Trauben in den verfärbten Weingärten sind reif und versprechen ein gutes Jahr.

7,8,9

Mühevoll und aufwändig ist die Arbeit auf den Terrassen

Im ganzen Weinberg sind die Trauben regelmäßig reif und erntebereit. Das Messinstrument wird sorgsam wieder in das Tuch gewickelt und hat seinen Dienst getan. Jetzt wird geerntet, und die ersten Trauben liegen schon auf dem Transporter.

10

Die Trauben schmecken

Immer einmal wieder vertraut Rudolfine Pichler ihrem „Messinstrument" – und kostet ganz einfach mit zufriedenem Gesicht direkt vom Rebstock.

4,5

Der Loibner Berg

Ganz oben in den terrassierten, steilen Weinbergen hängen die wertvollsten Trauben. Bernsteinfarben, vollreif und ohne jeglichen Botrytisbefall. Früchte für die Smaragdweine.

6

Die Kontrolle der Traubenreife

Der erste Saft liegt zur Prüfung auf dem Refraktometer. Gespannt warten Rudolfine und FX Pichler auf das Ergebnis. Wie hoch wird das Mostgewicht wohl sein?

11

FX Pichler und die Kraft des „Terroir“

Stolz ist FX Pichler auf seinen Weingarten am Loibnerberg, aus dem die Trauben für den besten Weißwein Österreichs kommen, dem „Unendlich“. Der Beruf des Winzers ist untrennbar mit dem Boden und der Weinrebe verbunden und ganz besonders mit den Rebstöcken. Der Winzer ist eins mit seiner Parzelle, mit der er oft eine lebenslange Beziehung pflegt.

12,13

Der „Unendlich“

FX: „Irgendwann mache ich noch einen Wein, der heißt dann ‚Unendlich‘, weil man beim Abgang lange nachschlucken muß, bis er weg ist.“ 1998 war's dann so weit, der erste dieser Serie wurde geerntet und vinifiziert.

1,2

Die Weinlese im „Unendlich"-Weingarten
Auch in der Wachau werden die Trauben von Riesling und Grünem Veltliner von der Edelfäule „Botrytis cinerea" befallen. Das geschieht meist sehr spät, sodass durch die kühlen Temperaturen die Beeren nur einschrumpfen und nicht mit dem Pilzrasen bedeckt sind.

3

Die „Smaragd"-Trauben
Ein Teil der eingetrockneten Trauben wird auch für den „M" und den „Unendlich" verwendet. Diese Weine erhalten dadurch eine ganz besondere Fülle und zusätzliche Komponenten in der Aromatik.

7

Die Trauben kommen ins Presshaus
Kritisch prüft Lucas Pichler die eingebrachten Trauben, bevor sie in den Rebler fallen.

8,9

Die Erntekisten stehen im Hof des Weingutes
Lucas bestimmt eine genaue Reihenfolge, wie diese vom Hubstapler zum Rebler geführt werden.

4

Herrliches Lesewetter

Bei schönstem Spätherbstwetter zeigt eine strahlende Helferin ihre Ausbeute: Kostbare Trauben für die höchsten Qualitäten der Weinproduktion.

5,6

Die Erntehelfer

In einem eigenen Erntedurchgang werden die überreifen Trauben gelesen. In Jahrgängen mit Edelfäule keltert Lucas Pichler kleine Mengen von Trockenbeerenauslesen. Neben der letzten gefüllten Erntekiste verabschieden sich die Helfer gemeinsam für ein Jahr von den Weinbergen.

10

Rebeln und Quetschen

Nach dem Hochheben der Boxen fallen die Trauben durch ihr Eigengewicht direkt in den Rebler und müssen nicht gepumpt werden. Schonend werden die gesunden Beeren von den Kämmen getrennt.

11,12

Unterschiedliche Maischestandzeiten

Die Beeren gelangen vom Rebler direkt in die Leseboxen, und Lucas Pichler bestimmt dann die Maischestandzeit, die – je nach Rebsorte und Reifegrad – unterschiedlich lang ist. Die Grünteile fallen in bereitstehende Kisten und werden kompostiert und in den Weingärten ausgebracht.

Vinifikation Riesling und Grüner Veltliner

Gekeltert werden im Hause Pichler ausschließlich sortenreine Weine. Nach der Handlese in mehreren Durchgängen und unter strenger Aufsicht von FX und seinem Sohn Lucas werden die der hochwertigen, physiologisch reifen Trauben schonend gepresst und bei kontrollierter Temperatur im Stahltank vergoren. Alle Weine sind naturbelassen, Aufzuckerung gibt es ebensowenig wie Entsäuerung.

Seit 1999 ist Lucas Kellermeister im Weingut FX Pichler. Seine Philosophie ist es, aus dem hervorragenden Potenzial, das die Natur bietet, das Beste zu machen. Kellerarbeit sieht er auch als Verantwortung gegenüber seiner Familie, aber auch gegenüber der Natur, der Geschichte und dem Wein. Er bezeichnet die Weingärten, die Reben und das erfahrene Wissen aus der Tradition in Verbindung mit Intuition und Weltoffenheit als das größte Familienkapital.

Die Weine sollen ein getreues Abbild des Jahres, des Bodens und des speziellen Mikroklimas jeder einzelnen Lage sein. Die feinen Nuancen der jeweiligen Lage sollen in ihrer vielschichtigen Einzigartigkeit spürbar und schmeckbar sein. Das Vorbild für diese Zielsetzung findet Lucas Pichler in den Weinen des Burgunds.

Maischestandzeiten von bis zu 36 Stunden sind keine Seltenheit. Vergoren wird spontan im Edelstahl. Nebst der schonenden Verarbeitung ist der traditionelle Ausbau der Weine in 30- bis 70-jährigen großen Eichenholzfässern für Lucas Pichler eine entscheidende Voraussetzung für die Ausdrucksfülle seiner Terroirweine. „Für mich ist der Jahreszyklus und die Vinifikation vergleichbar mit der Geburt und dem Leben eines Menschen. Auch der Wein bedarf im Laufe seines Entwicklungsprozesses der Zuneigung, der Pflege und der Führung bis hin zu seiner Vollkommenheit." Gerne zitiert Vater Pichler in Gespräche die französische Dichterin Colette: „Im Pflanzenreich macht uns allein der Wein verständlich, wie Erde schmeckt!" Geleitet von diesem Satz, sucht er weiter die Perfektion. Und noch heute hat er vor jeder Lese wahlweise schlaflose Nächte oder Albträume: „Der September ist der wichtigste Monat. Alle Weine wachsen im Kopf, verändern sich – die Ideen werden über den Haufen geworfen, wachsen wieder neu. Die blöden Analysen bringen dann zusätzlich noch einmal alles durcheinander."

Entwurf des neuen Weinkellers des Weinguts FX Pichler, der sich gerade im Bau befindet und der für die nächste Ernte fertiggestellt sein wird.

Seine Vision zu verwirklichen, zusammen mit seinem Sohn Lucas nur noch große Weine zu machen, keine Konzessionen mehr einzugehen, lässt ihn manchmal ruhe- und rastlos werden: „Große Weine sind Weine aus einem Guss, von vorn bis hinten, es fällt einem nichts ein, was nicht sein dürfte und was noch sein müsste." Fast scheint es, als treibe ihn der Ehrgeiz an, sich selbst mit jeder Ernte zu übertreffen. Dies wiederum ist beileibe nicht so einfach, liegt doch die Latte des Weingutes ziemlich hoch, und das schon seit Jahren.

Die Meisterwerke aus dem Weingut Pichler erhalten eigenwillige Namen, die die Kraft und Tiefe der Rieslinge und der Grünen Veltliner in Metaphern ausdrücken. So stand FX 1991 zusammen mit Weinpfarrer Hans Denk neugierig im Keller, um den jungen Wein aus einem Fass zu kosten. Die Trauben wurden sehr spät gelesen, Frost hat die Riede schon überzogen, doch die Beeren waren gesund, halt schon ein wenig mit Falten. „Monumental, das ist ein Monument, ein monumentaler Wein!" rief Denk begeistert aus – ohne zu ahnen, dass er sich indirekt damit ein Denkmal schuf. Nach dem Füllen wurde der Grüne Veltliner „M" getauft, eben für „Monumental"! Viele hielten dieses Prädikat für anmaßend, was aber nichts daran ändern konnte, dass auch in den Folgejahren „M" sowohl als Grüner Veltliner als auch als Riesling vinifiziert wurden, die allesamt Kultstatus erlangten.

Keineswegs verschwinden daneben die Smaragde aus dem „Loibenberg" und dem „Kellerberg", seien es die Rieslinge oder die Grünen Veltliner. Sie alle tragen die Handschrift von Vater und Sohn Picher: „Opulent, reif, fruchtig, mineralisch,

wie wir sie lieben! Wir machen Weine, wie wir es können. Die Japaner staunen dann und schütteln den Kopf. Da freut man sich dann schon!"

Durchwegs weisen die Weine in ihrer Jugend eine brillante Frucht mit einem verführerischen Duft auf. Sie sind von einer überragenden Finesse und spielen daneben mit ihrer ganzen Kraft und Eleganz. Pichler Smaragdweine zählen zu den unmittelbarsten Weinen der Wachau, sie sprechen eine klare, präzise Sprache.

„Irgendwann mache ich noch einen Wein mit einem so langen Abgang, dass man unendlich nachschlucken muss, bis der Geschmack weg ist, der heisst dann ‚Unendlich'." 1998 war's dann soweit. Die erste Kost der Jungweine macht die Familie immer zusammen, das ist so Tradition. Frau Rudolfine bezeichnete den Nachhall einer Probe als unendlich lang. Damit war er geboren, der Riesling „Unendlich". Eigentlich sollte dieser Wein einmalig bleiben, doch das Echo war derart gross, dass die Pichlers auch in den folgenden Jahren einen Riesling oder als Ausnahme 2003 einen Grünen Veltliner als „Unendlich" bezeichneten.

Sagen Sie „FX" und jeder in Österreichs Weinwelt weiß sofort, wer gemeint ist: Franz Xaver Pichler, der kompromisslose Winzer in Oberloiben bei Dürnstein in der Wachau. Dieses markante „Effix" stammeln auch Weinfreunde von Los Angeles bis Tokio voll Vorfreude, wenn man sie fragt, ob sie einen österreichischen Winzer kennen. Das ließe einen denken, der weltberühmte Wachauer wäre ein gewiefter PR-Mensch, der als Botschafter des rot-weiß-roten Weines durch die ganze Welt jettet. Weit gefehlt, Franz Xaver Pichler sucht sich die Leute, an die er das Wort richtet, sehr sorgfältig aus. Sein Platz ist im Weingarten und im Weinkeller; an Weinmessen sucht man ihn meist vergeblich. „Das ist Sache der Jugend – und sonst gibt's bei uns keinen Generationenkonflikt, wir tragen gemeinsam die Verantwortung für unsere Produkte!"

Eigentümer o *Owner*
Familie Pichler

Weingärten o *Vineyards*
18 Hektar (43,2 acres) in der Wachau, Niederösterreich

Rebsorten o *Grape varietals*
50% Grüner Veltliner, 49% Riesling, 1% Sauvignon Blanc

Weine o *Wines*
Lagenweine Riesling und Grüner Veltliner, „M" Riesling und Grüner Veltliner, Riesling „Unendlich"

Alter der Reben o *Average age of the vines*
30+ Jahre

Pflanzdichte o *Density of plantation*
6.000–8.000 Weinstöcke in alten Weingärten

Hektarerträge o *Average yield per hectar*
Riesling: 35-45 Hektoliter/Hektar

Kellermeister/Önologe o *Winemaker*
Lucas Pichler

Weingärten o *Vineyardmanager*
FX Pichler

Visiting policy o *Contact*
Nur nach telefonischer Vereinbarung

Weinverkaufspreise o *Average price*
Variable zwischen € 10,-/75,-

Restaurant Weinkarte o *Winelist*
Weltweit in den besten Restaurants

Besondere Jahrgänge o *Great recent vintages*
2008, 2007, 2006, 2005, 2002, 2000, 1999, 1998, 1997, 1993, 1990

Weingut FX Pichler

A- 3601 Oberloiben 27, Österreich
Tel.: +43(0)27 32 85 375,
Fax: +43(0)27 32 85 375 - 11
e-mail: winery@fx-pichler.at
www.fx-pichler.at

Gernot Langes: „Wir wollen den Charakter der Trauben genauso zur Geltung bringen, wie die Qualität des Bodens unterstreichen.“

BODEGA LANGES GROSSES CHINESISCHES TERROIR

CHANGLI, CHINA

Der „Goldene Gürtel" für den Weinanbau auf dieser Welt liegt irgendwo zwischen 30 und 50 Grad nördlicher Breite und 30 bis 40 Grad südlicher Breite. In diesem Bereich liegt auch Changli in der chinesischen Provinz Hebei, wo der österreichische Unternehmer Gernot Langes-Swarowski im Jahre 1999 ein Weingut errichten ließ und dafür knapp 30 Millionen Dollar investierte. Die „Bodega Langes", wie das Weingut heißt, kann durchaus als Gesamtkunstwerk gesehen werden. Eingebettet zwischen den Jieshi Bergen und der „Golden Coast", bietet die Bodega Langes, die nach den 3-S-Prinzipien „Sea, Sand und Sunshine" konzipiert wurde, den Besuchern nicht nur das Weingut selbst, sondern auch einen sehenswerten italienischen Garten sowie ein Luxus-Ferienresort, in dem die Gäste auch die Vorzüge einer einzigartigen Vino-Therapie genießen können. Wer möchte, kann sich auch im Herbst an der Weinlese beteiligen und sich selbst als Winzer versuchen.

Die Region Changli bietet sowohl von der Bodenstruktur als auch von den klimatischen Bedingungen her ideale Voraussetzungen für den Weinbau und gilt als das „Bordeaux des Orients". Der sandige Boden, die stetige Brise vom Meer und die hohen Temperaturunterschiede zwischen Tag und Nacht erlauben es, höchste Traubenqualitäten zu erzielen. Das Weingut umfasst eine Rebfläche von knapp 200 Hektar (500 Acres) und ist im Hinblick auf die Ökologie ein Musterbetrieb in China. Gepflanzt wurden die Reborten Cabernet Sauvignon, Merlot und Cabernet Franc, wobei die Weinstöcke in Rebzeilen in einem Eindraht-Reberziehungssystem gepflanzt wurden. Die Einbogen-Rebkultur und der kurze Rebschnitt optimieren die Durchlüftung und ermöglichen den Trauben eine optimale Sonnenbestrahlung, die ihrerseits für eine gute Ausreifung, hohe Zuckergrade und Ausfärbung der Trauben sorgt. „Wir haben uns zum Ziel gesetzt, mit unseren Weinen das jeweilige Terroir der Region herauszustreichen", sagt Gernot Langes, „das heißt, wir wollen den Charakter der Trauben genauso zur Geltung bringen wie die Qualität des Bodens."

Eine Faustregel im Weinbau besagt, dass für einen großen Wein eine 70:30-Regelung gilt. 70 Prozent eines sehr guten Weines macht die Weingartenarbeit aus, für die restlichen 30 Prozent ist die Kellerarbeit verantwortlich. Dementsprechend penibel wird während des Vegetationsjahres in den Weingärten der Bodega Langes gearbeitet und die Trauben bei der Ernte selektioniert. Im Sinne eines ökologischen Weinbaus wird bewusst auf den Einsatz von Herbiziden verzichtet, und um die Qualität der Trauben hoch zu halten, werden pro acre (4.166 m^2) Weingarten lediglich 3.000 Kilo Trauben geerntet.

Durch die Größe des Weingutes von 200 ha und die doch unterschiedlichen Bodenstrukturen und Topographien ist man in der Lage, von den Trauben aus den verschiedenen Lagen auch die dafür charakteristischen Weine zu produzieren. Im Weinkeller setzt man in der Bodega Langes auf Vinifizierungstechniken, wie sie in den berühmtesten französischen Châteaus angewandt werden. Dementsprechend wurde das nötige Keller-Equipment aus Frankreich und Italien eingeführt. Im Keller vertraut man bei der Verarbeitung der Trauben und auch später der Weine auf das Prinzip der Schwerkraft und kann somit auf den Einsatz von Pumpen verzichten. Vergärung der Rotweine erfolgt in temperaturkontrollierten Edelstahltanks, und der weitere Ausbau erfolgt in stets neuen 225-Liter-Barriques.

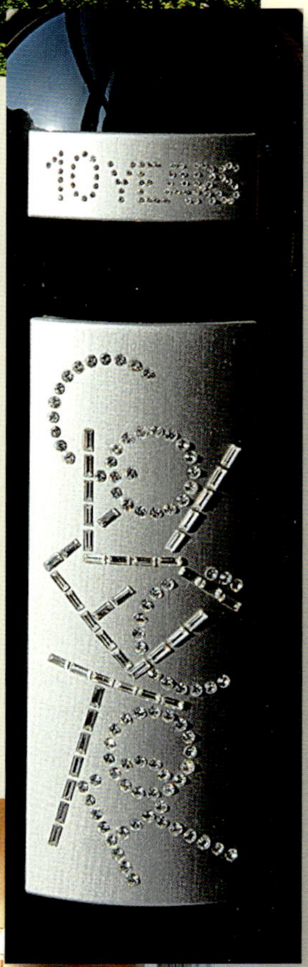

Das Bodega Langes Hotel

Das Bodega Langes Hotel hat vor sich die „Golden Coast", eine gleichermaßen bekannte, wie beliebte Urlaubsdestination in China, liegen und ist zum Landesinneren hin durch die Jieshi Hügel begrenzt. Beim Betreten der Anlage fallen dem Besucher ein Gebäudekomplex mit roten Dächern und gelben Wänden auf, die einen Hauch von Italien spüren lassen. Das 4-Sterne-Haus verfügt über 30 Standardzimmer, 12 Deluxe-Suiten und 8 Veranstaltungsräume. Für das leibliche Wohl sorgen ein chinesisches Restaurant und ein westliches Restaurant, in denen zugleich 300 Personen verköstigt werden können. Während im chinesischen Restaurant à la carte gegessen werden kann, werden im westlichen Restaurant hauptsächlich Menüs serviert.

Das Vino-therapy center

An die Bodega Langes ist ein Spa mit einem Vino-Theraphie-Center angeschlossen, das in China einzigartig ist und sowohl der Fitness als auch Wellness dient. Grundlage der angebotenen Behandlungen ist ein vitaminreiches Traubenkern-Öl, das die Haut nährt. Zusätzlich werden Spa-Behandlungen mit reinstem Wasser angeboten. Gesunde Gäste können im Voni-Theraphie-Center ihre Haut pflegen, Herz-Kreislauf-Funktionen stärken und ihre Fitness steigern. Da liegen Erhohlung und Vergnügen auf einer Linie. Gäste, die an Beschwerden leiden, können dort ihre Nerven beruhigen und Vitalität steigern.

Das Wine Appreciation Center

Im Wein-Appreciation-Center (Zentrum der Weinkultur) findet der Besucher all jene Informationen und Geräte, die erforderlich sind, um aus Trauben einen Wein zu keltern, und umfassen auch unterschiedlichste Ausstellungsstücke, die die Kultur des Weintrinkens verkörpern. Der so dargebotene geschichtliche Überblick einerseits und die gezeigte moderne Technologie andererseits wurden bereits zu einem Paradies für Weinliebhaber. Für die Produktion erstklassiger Weine hat die Bodega Langes Kellertechnologien eingeführt, die dem letzten Stand der Entwicklung entsprechen. Bodega Langes arbeitet mit mehrfachem Selektionieren der Trauben, gekühlter Vergärung und allen qualitätserhaltenden und schonenden Methoden der Vinifizierung und auch mit den Fässern aus der eigenen Fassbinderei. Klarerweise verfügt man auch über eine eigene, moderne Flaschenfüllanlage.

Weinkeller und die Traubenverarbeitung

Im Zuge der Weinbereitung werden die Trauben mittels eines Förderbandes auf eine höhere Plattform gehoben, wo sie zunächst gerebelt und dann zart gequetscht werden. Die Rotweinmaische fließt, der Schwerkraft folgend, direkt in einen der 70 temperaturkontrollierten Edelstahlgärtanks zur alkoholischen Gärung. Für die Vergärung werden absolut keine Zusätze verwendet. Die Gärtanks sind temperaturkontrolliert. Die Reifung der Weine erfolgt im Holzfasskeller in den eigenen 225-l-Eichenfässern, die in der eigenen Küferei hergestellt werden. Mittels Aircondition wird ein eigener Teil des Fasskellers auf 20°C gebracht, jenes Temperaturniveau, das für die Einleitung der malolaktischen Vergärung notwendig ist. Nach der Malo kommen die Fässer zur 18 bis 24 Monate dauernden Reife in einen kühleren Teil des Fasskellers.

Eine eigene Tonnellerie (Küferei)

Die Bodega Langes in Chang ist das erste Weingut in Asien, das eine eigene Faßbinderei errichtet hat. Man verwendet für die 225 Liter fassenden Barriques Eichenholz von den Changbei-Bergen in Nordchina und ist nun nicht mehr darauf angewiesen, Eichenfässer aus Europa, Australien oder Amerika zu importieren. Die gegenwärtige eigene Produktion beläuft sich auf 3.500 Barriques (Weinfass mit einem Fassungsvermögen von 225 Litern) pro Jahr.

Dieser Schritt – die Qualitätssicherung der Barriques – spielt eine wichtige Rolle bei der Weinherstellung. Durch den technischen Charakter der Fassherstellung trägt der Küfer eine hohe Verantwortung, die er mit Sorgfalt ausübt.

1

Die Rebblüte

Die Rebblüte setzt in Changli Anfang Juni ein. Das Klima entspricht dem des Bordeaux.

2

Die Arbeiten im Weingarten im Laufe eines Vegetationsjahres

Sehr viele einzelne Arbeitsschritte im Laufe eines Vegetationsjahres sind notwendig, um im Herbst vollreife Trauben ernten zu können.

3

Die Rebsorten

Cabernet Sauvignon, Merlot und Cabernet Franc sind die Hauptrebsorten der Bodega Langes.

7,8,9

Lange Mazeration der Beerenhäute

Die Rotweinmaische fließt, der Schwerkraft folgend, direkt in einen der 70 temperaturkontrollierten Edelstahlgärtanks zur alkoholischen Gärung, die 5 bis 7 Tage dauert und die Gärtemperatur bis zu 30°C ansteigen kann. Die Fermentations- und Mazerationszeit ist zwischen zwei und drei Wochen.

10

Die Faßreife in den eigenen Barriques

Nach der alkoholischen Gärung und der Mazeration wird der Wein für den weiteren Säureabbau in die neuen Barriques gefüllt. Das frische Eichenholz, kombiniert mit der reifen Frucht, entwickelt die weichen, geschmeidigen Tannine, die die Bodega Langes-Weine auszeichnet.

4,5

Die Ernte

Die Trauben werden händisch geerntet und in kleine Lesekisten gelegt. Erntehelfer tragen die Trauben zu einem der Selektionstische im Weingarten.

6

Selektion der Trauben im Weingarten

Gesund, kleinbeerig und kompakt sind die Cabernet Franc-Trauben bei der Ernte. Die zweite, händische Selektion der Trauben erfolgt noch im Weingarten.

11,12

Natürliches Klären der Weine

Sofort nach der Malolaktik werden die Weine von Fass zu Fass umgezogen, einen Monat später ein weiteres Mal. Danach wird der Wein alle 3 Monate von Fass zu Fass umgezogen. Die Dauer des Fassausbaus ist je nach Jahrgang variabel, zwischen 12 und 18 Monate reifen die Weine in 100% neuen Barriques.

13

18 bis 24 Monate reifen die Weine

Selektion und Verschnitt der Weine, die noch nach den Erntetagen und den Weingartenblöcken getrennt ausgebaut werden, im ersten Sommer nach der Ernte. Danach wieder für einige Monate weiterer Reife zurück in die Barriques. Keine Filtration vor dem Flaschenfüllen.

Die eigene Faßbinderei der Bodega Langes stellt die Barriques her, in denen später der Wein viele Monate lang reifen wird. Dieser Schritt spielt eine wichtige Rolle bei der Vinifizierung großer Rotweine.
Durch die handwerklichen Anforderungen bei der Fassherstellung tragen die Küfer eine hohe Verantwortung. Die Qualität der Fässer hängt von der Auswahl des Holzes, dem Aussortieren während der Herstellung, der Genauigkeit bei der Vorbereitung der Fassdauben und der Sorgfalt beim Zusammenbau der Fässer ab.

Die Küferei der Bodega Langes befindet sich einige Kilometer vom Weingut entfernt. Der Tradition großer französischer Weingüter folgend, gibt es eine eigene Fassbinderei. Heute arbeiten dort das ganze Jahr über fünfzehn Küfer und stellen die 3.500 Barriques (Weinfässer mit einem Fassungsvermögen von 225 Litern) her, die teilweise vom Weingut Bodega Langes benötigt werden.
Das Eichenholz stammt aus den grossen Wäldern der Mandschurei und wird zwei Jahre lang in Changli luftgetrocknet, bevor es verarbeitet wird. Diese Autonomie erlaubt es, sowohl den geographischen Ursprung des Holzes und die Qualität des Trocknungsprozesses genau zu kontrollieren, als auch das Erhitzen der Holzes während des Zusammenbaus, mit dem, je nach Qualität des Weines, ein mehr oder weniger starker Holzgeschmack erzielt wird

Die Bodega Langes Cooperage (Küferei)

Die „hauseigene" Faßbinderei der Bodega Langes ist die erste dieser Art in Asien und bezog das Equipment aus Frankreich und Deutschland. Bislang gibt es lediglich drei derartige Produktionslinien auf der ganzen Welt. Die Jahresproduktion der Bodega Langes Küferei liegt derzeit bei etwa 3.500 Fässern pro Jahr, wobei ein Teil von der Bodega Langes selbst benötigt wird. Die restliche Produktion wird innerhalb Chinas verkauft. Damit ist China nicht mehr darauf angewiesen, die benötigten Eichenfässer – wie bisher – aus Übersee einzuführen.

Der Bodega Langes Wine Collectors Club

Weltweit mögen sich heute an die 100.000 verschiedene Rebsorten finden. Das beweist, dass in einer Epoche, in der ziemlich alles vereinheitlicht wird, der Wein ein Produkt ist, das seine eigenen Charakteristika bewahrt hat. Diese Vielfalt reizt Sammler von Weinen auf der ganzen Welt. Weinsammeln benötigt freilich nicht nur einen entsprechenden finanziellen Background, es erfordert auch stetiges Lernen und professionelles Wissen um den Wein.

In China gewinnt Wein zunehmend an Bedeutung. Es gibt zwar derzeit noch mehr Weintrinker als Weingenießer, aber es hat sich das Bewußtsein durchgesetzt, dass Wein ein nobles Getränk ist und nicht nur eine Modeerscheinung. Der Bodega Langes Wine Collectors Club bietet seinen Mitgliedern nicht nur Einblick in die komplette Kellerwirtschaft, sondern auch die Möglichkeit, seine Weine in einem tiefen, klimatisierten Keller einzulagern.

Diese Einrichtungen machten den Bodega Langes Wine Collectors Club zu einem kleinen Paradies für Weinliebhaber und Sammler, der weltweit einzigartig ist. Die Clubmitglieder können sich in einem gediegenem Ambiente genüsslich zurücklehnen und einen lebendigen Wein im Glas mit Herz und Seele genießen.

Eine Bodegs Langes Wine Collectors Club Mitgliedschaft

Die Mitgliedschaft im Bodega Langes Wine Collectors Club ist in drei Stufen unterteilt. Die erste Stufe um fasst „VIP card holders", die zweite „Silver Card holders" und die dritte Stufe die „Gold Card holders". In welche Stufe ein Mitglied eingereiht wird, hängt davon ab, wieviel Bodega Langes Wein er gekauft hat. Je höher der Umsatz, desto höher die Stufe der Mitgliedschaft.

Durch das Erwärmen der Holzes während des Zusammenbaus – dem „toasting" – wird dem Wein später bei der Fassreife ein mehr oder weniger starker Holzgeschmack mitgegeben.

*Zhang Junyi, Maître Tonnellerie,
Ren Jing (Managing Director) und
Cui Yanzhi, Kellermeister und Önologe
der Bodega Langes.*

Die Weingärten

Weingarten: Die 200 Hektar (500 acres, 3.000 Chinese mu) Weingärten sind rund ums Weingut ausgepflanzt.
Geografische Lage der Weingarten: An einem südseitig abfallenden Hang von Changli, am Fuße der Jieshi (Boulders) Berge gelegen.
Bodenstruktur: Lehm-Kalkstein im höher gelegenen Teil, Lehm-Sand-Kalkstein im unteren Teil des Hügels.
Pflanzdichte der Reben: 6.500 Reben/Hektar
Rebsorten: 50% Cabernet Sauvignon 30% Merlot und 15% Cabernet Franc
Alter der Reben: 10+ Jahre
Reberziehung und Rebkultivierung: Die Reben gedeihen in der einer europäischen Erziehungsform, Reberziehung mit 2 Bogen. Begrünung zwischen den Rebzeilen durch Einsaat von Gras und anderen Pflanzen. Ausbrechen von überschüssigen Knospen nach dem Austrieb und Reduzieren der Anzahl an Trauben im August, Freistellen der Traubenzone.
Traubenernte: Alle Trauben werden zu 100% händisch geerntet. Die Trauben werden das erste Mal im Weingarten selektioniert. Im Keller gibt es noch 2 weitere Sortiertische zum Auslesen der besten Trauben und Beeren.
Entrappen der Trauben: 100%
Hektarerträge: 30 bis 35 Hektoliter/Hektar

Vinifikation Cabernet Sauvignon, Merlot

Kellermeister/Önologe: Cui Yanzhi
Alkoholische Gärung/Fermentation: Sehr schonender Transport der Maische beim Befüllen der Gärbehälter. Vergärung in temperaturgesteuerten Edelstahltanks bei einer Gärtemperatur zwischen 28° und 30°C.
Mazeration: 3 bis 4 Wochen. Während der langen Mazerationszeit wird für die Befeuchtung und Zerkleinerung des Tresterhutes mit zwei Methoden gearbeitet, sowohl das manuelle Unterstoßen als auch Rundpumpen mit Jungwein.
Seihwein/Presswein: Der Seihwein kommt direkt in 100% neue Barriques. Presswein vorerst getrennt ausgebaut.
Blending: Die Selektion der Fässer und das 1. Blending (innerhalb der Rebsorten) beginnt im ersten Sommer nach der Ernte.
Fassreife: 18 bis 24 Monate in den neuen Barriques.
Schönungen: Traditionelle Gerbstoffschönung mit frischen Eiweißen. Keine Filtrationen.

Eigentümer o *Owner*
Bodega Langes Co. Ltd, Gernot Langes-Swarowsky

Weingärten o *Vineyards*
Surface area: 200 Hektar (480 acres, 3000 Chinese mu)

Rebsorten o *Grape varietals*
Rot: Cabernet Sauvignon, Syrah, Merlot, Cabernet Franc
Weiss: Grüner Veltliner

Weine o *Wines*
Cabernet Sauvignon, Bodega Langes Cuvée,
Bodega Langes Reserve (Cabernet Sauvignon, Merlot),
10 Years Collector (Cabernet Sauvignon, Merlot)
Grüner Veltliner (white)

Alter der Reben o *Average age of the vines*
Cabernet Sauvignon, Syrah, Merlot, Cabernet Franc: 10+ years

Pflanzdichte o *Density of plantation*
Cabernet Sauvignon: 6.500 Rebstöcke per Hektar

Hektarerträge o *Average yield per hectar*
Cabernet Sauvignon, Merlot: unter 3.000 kg per acre
(22–25 Hektoliter per acre)

Jahresproduktion o *Annual production*
140.000 Flaschen, „Collector 2005": 20.000 Flaschen,
„10 Years Collector": 1.000 Flaschen

Managing director o *Director*
Ren Jing, Managing Director

Kellermeister/Önologe o *Winemaker*
Cui Yanzhi, Kellermeister seit 2001

Manager der Barrelmanufaktur o *Barrelmaker*
Zhang Junji

Besuch im Weingut o Visiting policy, *Contact*
Besuch und Weinkost nach telefonischer Vereinbarung o
Visits and tastings by appointment; contact the cellar.

Weinverkaufspreise o *Average price*
Variable nach Jahrgang zwischen € 15,-/350,–

Besondere Jahrgänge o *Great recent vintages*
2008, 2007, 2005, 2003, 2002, 2001

Distribution o *Vermarktung der Weine*
All over China and in the best restaurants on the winelist for chinese redwines

Bodega Langes
Changli, Hebei, China, Postcode 066600

Selling Department: + 86(0)335-2186828
Restaurant: + 86(0)335-2186866
Hotel Room Reservation: + 86(0)335-2186889
Telefax: +86(0) 335 2186808

Beijing Office: + 86(0)10-84513633
Telefax: +86(0)10-64649856

www: bodega-langes.com

"... and good storys to go with the wine."

The editors owes a great debt to these and many more both directly and indirectly and would like to apologise most sincerly to those who may have been overlooked.

Danksagung

Die Autoren möchten sich bei allen, die am Zustandekommen dieses Buches mitgewirkt haben, recht herzlich bedanken. Besonderer Dank gilt:

Helmut Sporer, Edmund Kaufmann und Walter Patak.

These who made a particular effort to help with this book: Stephan Neipperg, Paul Pontallier, Sandrine Garbay, Valerie Lailheugue, Christian Moueix, Edouard Moueix, Marc Plantagenet, Jacques Thienpont, Toine van Gorp, Max Gerstl, Didier Dagueneau, Alois Kracher, Martha und Daniel Gantenbein, Manfred Tement, Kurt Schwarzenberger.

UmschlagLayoutAussenUndInnen:
Ivan Gabrovec
TitelFotosAussenUndInnen:
Rudolf Lantschbauer

Fotocredits:
Jean-Pierre Bost (Château d'Yquem) 183 (3), 186 (6), 188 (5), 191 (1), 192 (3).
Bodega Langes-Swarowsky 230 (2), 231 (1), 232 (5), 233 (2), 234 (5), 235 (3), 236 (2), 239 (1).
FX Pichler 220 (1), 222 (3), 228 (1).
Alle anderen Fotos von Rudolf Lantschbauer, und Yulan Müller-Cai.

A-8020 Graz, Kantgasse 15, Österreich
Tel/Fax: +43 (0) 316-27 23 72

e-mail: lantschbauer@utanet.at
www.ausverkauft.at
www.state-of-art-winemaking.com

ISBN 978-3-900582-35-7

Rudolf Lantschbauer

Wein- und Foodjournalist, Fotograf, Foodstylist, hat zum Thema Wein und Küche, Tourismus schon 38 Bücher verfasst, fotografiert und im Vinothek Verlag publiziert:

- Zum „Best Book in the World" wurde „Wachau – Wein und Kulinarisches" von Rudolf Lantschbauer und Georges Spengler in der Kategorie „Wineatlas" beim „Gourmand World Cookbook Awards 2004" gewählt.
- Mit dem Titel „Best Book in the World" wurde „Burgenland – Wein und Kulinarisches" von Rudolf Lantschbauer und Georges Spengler in der Kategorie „Wineatlas" beim „Gourmand World Cookbook Awards 2005" ausgezeichnet.
- Mit dem Titel „Best Book in the World" wurde „Hainan – Tropical Paradise" von Rudolf Lantschbauer und Siegmund Kahlbacher in der Kategorie „Best Asian Cuisine" beim „Gourmand World Cookbook Awards 2007" in Beijing ausgezeichnet.
- Mit einem „Special Award of the Jury" wurde das Buch „China: Hainan – Tropical Paradise" von Rudolf Lantschbauer und Siegmund Kahlbacher beim Gourmand World Cookbook Awards „Best of the Best" Frankfurt 2008, als eines von 100 ausgewählten Büchern, erschienen in den Jahren von 1996-2008, ausgezeichnet.

Sepp L. Barwirsch

Lebt in Graz, ist seit 1971 im Journalismus tätig und hat als Reisejournalist die schönsten und interessantesten Plätze dieser Welt bereist und darüber berichtet.
Als Weinautor hat er zusammen mit Rudolf Lantschbauer bereits vier Weinbücher verfasst. Im Jahre 1987 erschien „Das Buch vom Steirischen Wein", 1989 das Buch „Weinland Österreich", 1991 das Buch „Die Weine Kaliforniens" und 2008 das Buch „Sauvignon Blanc, Steiermark und der Rest der Weinwelt".
Im Zuge der Recherchen für diese Bücher hatte Sepp L. Barwirsch Gelegenheit, die wichtigsten Weingüter Europas und Kaliforniens kennenzulernen und mit Menschen Gespräche zu führen, die die Weinwelt diesseits und jenseits des Atlantiks geprägt haben.
Für das Buch „Die Weine Kaliforniens" wurde der Autor zusammen mit Rudolf Lantschbauer von der GAD Deutschland mit einer Silbermedaille ausgezeichnet.
Für seine journalistische Tätigkeit erhielt Sepp L. Barwirsch das „Goldene Ehrenzeichen des Landes Steiermark".

Georges Spengler

Lebt in Zürich and arbeitet seit seiner Promotion als Psychotherapeut in eigener Praxis. Während längerer Zeit in verschiedenen europäischen Weinbaugebieten hat er sich mit großer Leidenschaft ein profundes Wissen über Winzer und Weine erworben.